浙江省高校自选主题重点教材

中西建筑文化

主编　徐公芳

科学出版社
北　京

内 容 简 介

本书以建筑文化的基本属性为逻辑起点，让学生了解建筑是一种文化现象。由此出发，介绍中西传统建筑文化的特征及其当代发展；介绍中西建筑文化的思潮及其交流；介绍中西著名建筑家及其成就和精神；介绍中西著名建筑的文化内涵和建筑特色。本书体系比较完整，体现了建筑是文化的基本理念。

本书适合多层次建筑类专业学生学习，也可供建筑文化爱好者阅读与参考。

图书在版编目(CIP)数据

中西建筑文化/徐公芳主编．—北京：科学出版社，2014

浙江省高校自选主题重点教材

ISBN 978-7-03-039497-2

Ⅰ.①中… Ⅱ.①徐… Ⅲ.①建筑艺术-对比研究-中国、西方国家-高等学校-教材 Ⅳ.①TU-861

中国版本图书馆 CIP 数据核字(2013)第 315826 号

责任编辑：胡云志 / 责任校对：桂伟利

责任印制：赵 博 / 封面设计：华路天然工作室

科学出版社出版

北京东黄城根北街 16 号

邮政编码：100717

http://www.sciencep.com

北京九州迅驰传媒文化有限公司印刷

科学出版社发行 各地新华书店经销

*

2014 年 1 月第 一 版 开本：720×1000 B5

2025 年 1 月第二十五次印刷 印张：13

字数：262 000

定价：39.00 元

（如有印装质量问题，我社负责调换）

前　言

建筑是一个物质对象，也是一个精神对象，建筑作为人类生产、生活活动和文化的一种重要载体，具有精神和物质的两重性。它是文化的反映，是物质文化遗产的重要组成元素之一，也是民族思想的集中体现。在物质和精神的结合上，大概没有什么比建筑更能体现人和物、主体和客体之间的密切关系了。许多深邃的思想、哲学命题往往就存在于人们习以为常的建筑中。从传统的建筑语言中，人们不仅可以认识自己的历史，还可以了解一个民族的发展轨迹和精神所在。文化因素中的宗教、文化、风土人情、习惯、生活观念和生活方式等产生的影响占首要的地位。因此，在建筑设计的过程中，针对每一个建筑，我们都必须重视建筑的文化社会环境，了解人们的生活观念和生活方式，同时对相应的自然气候、场地条件以及物质技术能力有深入的理解，使其在设计的过程中最大程度地满足人们对建筑的多重需求。从文化的角度看，建筑物本身就是建筑文化的载体，不同年代的建筑物能够反映建筑物所建年代不同的文化，不同民族的建筑物在风格上也会有所不同，不同科技水平下建造的建筑物的建筑工艺也不尽相同。21 世纪以来，随着世界范围内经济的不断发展以及文化的充分繁荣，各种文化元素不断地被应用到建筑的设计中来，而建筑设计师也会在建筑的设计上大胆地杂糅进自己对艺术、对建筑的理解，不断丰富了建筑文化的内容。从本质上来说，建筑从某种意义上体现了人们的审美取向。

基于建筑的文化属性，作为建筑类高职院校的学生，只掌握与建筑相关的技术、技能是不够的。我们必须提高学生的建筑人文素养，为社会培养既懂得建筑技术，具备建筑技能，又有深厚的建筑人文底蕴和修养的建筑人才。使他们将来在从事建筑设计和建筑施工的时候，具有既可以在研究建筑的过程中剖析出各种文化的元素和内容，又可以在建筑的设计过程中融入各种文化元素的能力。

基于此，浙江建设职业技术学院将“中西建筑文化”作为学生的必选课开设。然而，目前国内还没有比较完善的此类教材。已经见到的几本相关教材，都存在着一些不足，比如有的教材，从学科上讲，整个体系存在建筑学、建筑史和建筑文化混杂的情况；有的教材本身，章节之间的内在逻辑性还不够严密。为了满足教学的需要，我们编写了本书。

本书以建筑文化的基本属性为逻辑起点，让学生了解建筑是一种文化现象。

由此出发，介绍中西传统建筑文化的特征及其当代发展；介绍中西建筑文化的思潮及其交流；介绍中西著名建筑家及其成就和精神；介绍中西著名建筑的文化内涵和建筑特色。本书体系比较完整，体现了建筑是文化的基本理念。

可以说，本书是集体智慧的结晶，是在曾经编写的《中国传统建筑文化读本》、《中外建筑文化》以及校本教材《中西建筑文化概论》的基础上，经过取舍、增删，写作而成的。浙江建设职业技术学院党委书记徐公芳研究员亲自主持、统筹与审定这几本教材的编写；参与《中国传统建筑文化读本》、《中外建筑文化》、《中西建筑文化概论》编写的有胡颖、邓文华、汤宗礼、李标晶、杨方、葛玲霞、梅婷、沈利民等。参加本书写作和对保留章节进行修改的教师如下：李标晶编写第一章“建筑文化的基本属性”，并对全书进行了修订；杨方编写第二章“中西传统建筑文化的特征”并对附录“鲁班精神和鲁班文化”进行了修改；周爱华、张立编写第三章“中西方建筑文化思潮”；崔巍、张立编写第四章“中西建筑文化的交流”；沈利民、张科丽、周爱华改编第五章“中西著名建筑家”；汪幼辛改编第六章“中西著名建筑掇英”，并参加附录的修改工作。

所有参加者虽然竭尽所能认真编写与修改本书，但是因为主客观条件的局限，书中难免存在不足之处，欢迎使用本书的师生对本书的内容提出批评和修改意见！

最后要声明的是本书之中采用的插图因为条件限制，没有能够一一联系到作者，请有需要的作者与编者联系。

编　者

2013 年 6 月

目　录

第一章　建筑文化的基本属性

建筑是用技术手段和物质材料构成的，用来提供人们进行正常生活、生产和其他活动的空间。建筑除了满足人的物质需求，具有一定的实用价值外，还能满足人的种种精神活动的需要，如心理、宗教、审美等，反映了一定历史时期的文化。世界上没有完全相同的建筑，人们根据自己的喜好，可以建造出质地、形式、风格各不相同的建筑，让人居住得舒适和安全，同时这些建筑也体现出人们的审美情趣和价值观。建筑中蕴涵着人们的生活理念、理性意识和人文精神等。建筑与文化的密切联系，使建筑成为文化的载体。作为文化的载体，建筑广泛而深刻地反映着包含了哲学、政治学、伦理学、美学、心理学，以及民风、民俗和工艺技术等诸多方面的人类文化，具有传承社会文化的重要历史作用。这样，建筑本身也就成了一种文化——建筑文化。

建筑不是一种毫无根据的形式堆砌，而是文化的记载；文化不是附着在建筑外部的表象，而是建筑本身就体现出一定的文化内涵。因此，建筑文化就是人们通过设计思维，在建筑布局、空间组合、风格造型和细部处理等建筑形象要素上所表现出来的文化精神和审美情趣，是人们的观念形态在建筑上的反映或体现。雨果有句名言："人类没有任何一种重要的思想不被建筑艺术写在石头上。"就是用形象化的语言表述了建筑文化是人们的观念形态（思想）在建筑上的反映。说得具体一些，建筑文化是以建筑为载体，以人文精神为主导，综合建筑思想、建筑观念、建筑意识、建筑意念、建筑情感、建筑思潮等相应的文化要素，通过技术手段和艺术方法所形成的能给人以意境想象和教化效果的物体化的文化形态。

第一节　建筑的文化性

建筑史上有一句名言："建筑是石头的史书。"这句话，涵盖了建筑的文化内涵，即建筑的文化性。建筑是文化的载体，而文化是建筑的灵魂。一个时代最重要的建筑往往反映出整个民族的文明和社会的形态。例如，中国的长城、故宫、布达拉宫；古埃及的金字塔等。这些建筑稳固地承载着一个民族的古老传统。各个时代的建筑的建造方法和材料的变化，是一份历史生活的记录和不同时期社会的画卷。那些流传于世的经典建筑艺术作品，都是那个时代文化最鲜明、最深刻，也是最长久的体现。不同民族、不同地域、不同时代、不同文化圈的人群会有不同的建筑观念、不同的建筑艺术手法和趣味，他们的建筑艺术作品也就有不同的风貌，反映出各异的、深刻的文化内涵。俄国作家果戈理说过：“建筑是历史的年鉴。”当代艺术家简森在《世界美术史》中也说：“当我们想起任何一种重要文明的时候，我们有一种习惯，就是用伟大的建筑来代表它。”这些不谋而合的论断，都说明建筑艺术反映人类深刻的文化。在人类文明发展的历史长河中，建筑是文化的载体，是人类文化的重要组成部分。世界各地至今保存着的古代建筑，从中国的万里长城到古罗马的斗兽场，都是人类文明发展的瑰宝，都折射着人类文化的光辉。

一、建筑的文化内涵

就文化而言，包含着物质文化、艺术文化和精神文化三大范畴。文化的表层是物质，即人类的物质产品，是可触、可见的；中层是心物结合，直接指导着物的创造，可以由物感觉出来；深层的是心，就是精神文化，直接影响着中间层次的创造，也最终决定着物的本质特性。建筑作为文化的一部分，同样包含这三大范畴。

1. 表层

建筑表层是建筑的物化形态，指的是具体的建筑物的形态、结构，以及建筑所用的材质等，体现的是建筑的物质文化。例如，北京故宫的建筑布局特点是中轴线对称，由层层的院落组合而成，建筑的屋檐屋顶、台阶的设计、宫殿的颜色等都是可见的因素，体现了建筑文化的表层。

2. 中层

中层即心物层，包括建筑技术、建筑制度、建筑语言等。庄严、雄伟和壮丽等概念体现了心物结合的中层。

（1）建筑技术包括结构技术、施工技术和设备技术等。建筑技术体现了一个时代建筑发展的水平，是建筑创作发展重要的推动力量。

（2）建筑制度是在整个建筑的过程中建筑企业的管理制度、施工制度、审查制度、安全制度等的总和。

（3）建筑作为“无声的音乐”、“石头的史书”，确实也可以从语言学的角度来加以认识。建筑语言体现在一位设计师或一件建筑作品上所使用的建构和规范上，也体现在建筑的过程中所注入的思想与感情上。这种思想和感情，才是建筑艺术的精髓。

建筑语言可以从形式、本质、纪念、环境四个方面表达出来。建筑外部形象的直接表达是形式的语言；建筑内在质素的间接表达是本质的语言；某种联想和感情触动引发的美感是纪念的语言；空间背景的和谐运筹烘托出的美感是环境的语言。对“建筑语言”这个概念的理解不应仅仅停留在建筑造型格律或者规范的层次上，它还应该是建筑师创作技能、手法、思想或感情的表现。优秀作品的产生和评价不是不可捉摸的，而一定是有章可循的。

3. 深层

深层——建筑所体现的整体文化精神，包括建筑思想、建筑意识、建筑观念、建筑情感、建筑意念、建筑思潮这类心理层方面的要素。建筑文化是建筑思想、建筑意识、建筑观念、建筑情感、建筑意念、建筑思潮的总和。建筑的文化内涵也主要体现在深层中。

二、文化的多元性对建筑的影响

所谓文化多元性，指的是国家或民族在社会发展的过程中，一方面继承本民族的优秀文化传统，另一方面以开放的心态吸收其他国家或民族的优秀文化，从而形成以本国或本民族文化为主导，外来文化为辅的“百花齐放、百家争鸣”的和谐氛围。正如费孝通曾说过的“各美其美，美人之美，美美与共，天下大同”[①]，这是对文化多元性的最好表述。

在文化多元性的过程中，处在同一时代、同一文化体系中的多元文化具有各自鲜明的民族特色，但各种文化之间进行的相互作用、相互交流、相互融合是时刻不停的。融合是“我中有你，你中有我”。一方面，在相互融合的过程中，每一种文化都会进行自主的选择，这种融合是按照自己的价值观念和标准进行的，用异质文化的精髓来不断丰富和发展自己。因此，文化是一个开放的、不断变化着的系统，任何一种文化的发展、壮大，都离不开与其他文化的沟通、交流和传播。另一方面，多元文化在融合的过程中也会有冲突，而且融合本身就包含着冲突或矛盾，没有冲突就没有融合。多元文化之间是相互对话、渗透、融合和竞争的关系，而不是天然对立的关系。多元性的文化只有正视冲突，注意吸收、借鉴其他文化的有益成分，才能使自身文化得以更新和发展，永远保持其生命力。一种文化只有迎接挑战，善于取长补短，不断吸收其他文化的养料，才能在不利于自身存在的条件下获得生存的机会，而整个世界文化也是在各种文化的交流和发展中不断繁荣、创新的。

在多元文化影响下，建筑文化的多元性已成为不争的事实。不同的地域、不同的环境、不同的民族必然产生不同的建筑文化。不仅北方和南方、草原和沙漠、平原和山区、城市和农村、沿海和内地的建筑文化存在区别，就是同一地区、同一民族，也由于其社会的、自然的、历史的原因和特定的客观条件，其建

---

① 费孝通．2001．二十世纪：文化自觉与跨文化对话．北京：北京大学出版社．

筑形式也存在着一定的差别。建筑文化以各种不同的现象体现着建筑文化的本质、发展和差异。

建筑文化是人类文明活动的历史积淀。它是人类在社会历史实践过程中，共同创造出来的建筑的物质财富和精神财富的综合。建筑文化，不论是世界建筑文化，还是具体到中华各民族各地区的建筑文化，都整合和吸收了各民族共有的物质财富和精神财富，而这种整合过程不是所有特点的相加，也不是简单的综合，而是形成了一种新的整体。

中国幅员辽阔，各地的民居由于社会文化背景和自然环境不同，呈现出异彩纷呈的细节特色。比如，广东、云南、川北、湘西的民居都呈现出不同的特色。就拿云南民居来说，由于云南各地的特定的自然条件与社会条件，其民居在外观造型、空间布局、结构构造等方面就呈现出差别。例如，干栏式民居、土掌房、院落式民居等。同处红河两岸的哈尼族、彝族，同属封建领主经济，民居虽均为土掌房，风格质朴、浑厚，但哈尼族的土掌房与四坡草顶结合，又形成风格不一的“蘑菇房”。此外，永宁纳西族的木楞房风格自然、古朴，别具一格。

不同的民族、不同的地域、不同的国家，都有不同的社会历史形态。欧洲、美洲、非洲、亚洲等国家，国度不同，经济发展状况不同，宗教信仰不同，文化习俗也不尽相同。因此，不同地区的人居时空环境有着明显的差异，因而产生了各地不同的建筑文化，这就造成了建筑文化的时空性和多元性。中国古代建筑、南亚的古印度建筑、古埃及建筑、欧洲的古希腊建筑是世界民族建筑文化的历史源流。另外，宗教对建筑也有深刻的影响。不同的宗教信仰，深刻地影响着这些地区的建筑，如佛教、天主教、印度教、伊斯兰教等不同宗教信仰的国家和地区形成了丰富多彩的宗教建筑文化。

在一定条件下，建筑文化是可以转化的。在当今世界上，各民族的建筑文化有着广泛的交流，国际性建筑文化可以被地域、民族性建筑文化所吸收与融合；民族性的建筑文化在一定条件下也可以转化为国际性建筑文化。两者之间彼此影响，相互补充，共同发展，不断促进人类建筑文化的发展。在保护和发展丰富多彩的各民族建筑文化的同时，以开放的胸襟，迎纳、促进世界建筑文化的多元化构成，才能最终建立一个“和而不同”的人类建筑文化。

在中国博大精深的传统文化影响下的中国建筑文化也同样博大深厚。我们必须从文化的深度来理解传统建筑，传统建筑中具有古典美的屋顶、斗拱、廊柱的造型特征，诗文、书画与工艺结合的装饰形式；自然与建筑互补的环境设计，庭院式布局的空间韵律，诗情画意、充满人文精神的造园艺术；注重环境效应的“风水”思想，“天人合一”的自然观，“身、心、气”合一的养生观，阴阳对立、互动的哲学思维；等等。它们之中蕴涵着深邃的哲理和智慧，有着丰富的内涵，都体现了传统建筑思想的当代价值，我们在新建筑的创作中需要去发掘、去感知、去应用。

以紫禁城为例，它宏伟壮观、气势恢宏，色调以大红、金黄为主，红色象征着权力，黄色象征着财富。当年马可·波罗误把皇宫顶部的琉璃瓦当做金子，是对这个强盛的东方帝国的无比敬仰与崇敬的最典型的体现。而在江南的建筑风格中，最具代表性的建筑主要是以亭台楼阁为主，展现了江南诗画的优雅风情，象征着温柔而细腻的文化属性，体现了惬意、恬淡的生活态度与品味。

作为人类文化的一部分，建筑是反映时代特征的特定的社会存在。今天，社会正趋向多元，反映这种时代文化特征的建筑也必然会趋于多价、多元、多样的状态，从多元论的角度来说，就是人与建筑整合关系的多样化。随着世界范围内人与人交往的日趋频繁，每个民族、社会群体和个人都日益处于一种开放状态，各种文化、意识、观念日益相互渗透和融合。在这种竞争和比较的格局中，每个社会单元和个人都在寻求新的突破，建筑文化也在不断地更新、变异、重组。信息传播和交通的现代化使某一类型的建筑文化有可能迅速超越地域界限，达到地球的每一个角落，一种多样、统一的世界性建筑文化正不可避免地逐渐形成。

第二节　建筑的艺术性

建筑既是一个实用的对象，又是一个艺术的对象。也就是说，建筑既是实用的、又是艺术的。建筑既不是纯粹的技术产品，也不是纯粹的艺术产品，属于实用艺术的范畴。现代建筑发起人格罗皮乌斯（Gropius，1883～1969 年）高度强调建筑的艺术性，认为“建筑是艺术之母”。他写道：“我认为建筑作为艺术起源于人类存在的心理方面超乎构造和经济之外，它发源于人类存在的心理方面，对于充分文明的生活说来，人类心灵上美的满足比起解决物质上的舒适要求是同等的甚至是更加的重要。”①

适用、经济、美观是人们对建筑的要求。其中，美观，就是对建筑的艺术要求。按照维特鲁威的说法，“当建筑物的外貌优美悦人，细部的比例符合于正确的均衡时，就会保持美观的原则”。

建筑艺术是人类最古老的艺术之一。真正的建筑的艺术性是以建筑的美为其目的的。所谓美，就是使人引起审美心理上的愉悦。为了达到这一点，建筑艺术有自己的“语言”。建筑艺术的“语言”，也就是建筑的形式美法则，它是由线条、形体、色彩、质感、光影及装饰等建筑“语言”要素，按照人的审美理想构建起来的。建筑作为最大的造型艺术品，它的形体和色彩使它成为人们不可以视而不见的庞大的审美对象。建筑艺术必须遵循建筑构图法则，追求变化与统一、

① 同济大学．1982. 外国近现代建筑史．北京：中国建筑工业出版社．

对比与微差、比例与尺度、均衡与稳定、节奏与韵律的和谐一致。

建筑作为艺术，它的造型必须具有个性，具有独创性。没有个性、没有独创性的建筑造型，缺乏审美意味，也就没有艺术生命力。建筑造型的个性化是形成建筑视觉美和独特风格的基础，是审美价值的重要体现，缺乏审美个性的建筑，就会缺乏艺术活力。世界上，那些公认为杰作的建筑艺术，如北京故宫、悉尼歌剧院、巴黎圣母院和美国宾夕法尼亚州的流水别墅等，它们被人们称道的很重要的原因就是，这些建筑都具有鲜明的个性和不可重复的独创性。

建筑艺术更是一种表现性的艺术，它是通过建筑的外在形象和建筑空间的艺术性来体现的。建筑形象可以具有朦胧性和几何的抽象性。建筑空间、环境的艺术性主要体现为意境美，它是由一定气氛、情调、韵味构成的。意境美是在人的视觉、听觉、触觉、运动感觉基础上，产生的一种综合的心理感受，是人对空间的一种精神心理的审美需要，主要由优美、欢快、悲伤、和谐等审美形式来体现，如太和殿的“威严”、流水别墅的“优雅”、朗香教堂的“神秘”、佛罗伦萨运动场大看台的“力量”等，所有这些都是建筑艺术性的一种体现，是建筑意境的一种表达。它们所表达的是从人的角度对建筑氛围意境的描述，是人与建筑之间的情感互动，体现的是人在建筑审美过程中所形成的一种心理意象、心理体验，即审美心理。

一、建筑的艺术内涵

建筑艺术是环境美、空间美、造型美、符号美、装饰美的综合，其审美内涵相当丰富。

1. 建筑环境美

建筑本身就是人类生活、生存的环境。从本质上说，建筑活动就是人们对环境的再创造过程。人对建筑艺术的审美认识和审美情趣不仅来自建筑本身，环境也给予了建筑生动而美丽的光彩和神韵。这是因为建筑不是抽象、独立地存在于外部世界，而是依托于周围的环境，与周围的环境氛围融合为有机的统一体。环境是建筑的有机组成部分，可以说，离开了环境，人们就很难感受到建筑的美。试想，如果一栋建筑物四周是一片空旷沙石土地的话，会让人感到十分萧条冷落。而如果周围是绿树成荫，满目翠叶红花的话，就会让人感到庄严优雅，轻松愉快，充满生机和活力。

所以，建筑必须依靠环境才能构成完整的艺术形象。比如，埃及的金字塔，在广袤无垠的沙漠之中，骄傲地面对着碧蓝的天空，才显示出伟岸神秘的永恒性格，如果把它搬到中国的江南水乡，那会让人感到不可思议。同样，我国的万里长城，只有在崇山峻岭之中蜿蜒盘旋，犹如一条长龙，才显示出它的壮观雄伟，如果是建筑在一望无垠的广阔平原上，那也是不可思议的。

美籍华裔建筑大师贝聿铭说过，“一座好的建筑物应该能适应周围环境，它不是力求在那里表现自己，而是应该去改善、美化和丰富周围环境，这是设计一座建筑最起码的要求”①。因此，处理好建筑与周围环境的关系，是建筑艺术的重要原则。

建筑设计师在构思建筑时，他们的关注点往往不仅在于求得建筑自身形象的尽善尽美，而是把注意力更多地放在追求建筑在整体环境中的和谐统一上，强调建筑与环境的有机结合。这就是建筑环境的整体美。另外，所谓建筑环境的美，是指经过艺术加工的环境，并不完全是指自然环境。因此，建筑环境艺术，不仅是指创造和谐统一的“环境建筑”，而且还包括造成丰富多彩的“建筑环境”。散落在建筑中间的水池、喷泉、花木、山石等景观，室内外的雕塑小品、油画等陈设和装饰等人工创造的环境，也都会直接增添建筑环境的艺术美感。

建筑环境，可分为自然环境、园林环境、建筑内外环境等。

（1）自然环境包括山水、经过艺术加工的地形地貌、植被、人工配置的雕塑等。这种环境经过构思，可以达到某种艺术效果，营造一种独特的意境。

（2）园林环境包括绿地、山水、花木、喷泉、石雕、装饰画等。园林环境创造出幽静、舒适的氛围，给人优雅之感，产生耐人寻味的气氛和情趣。

（3）建筑内外环境包括室外的街景、建筑群、为建筑而选择和营造的周围环境，以及水池、喷泉、树木等的整体规划。室内环境艺术则包括室内建筑结构、壁画、雕塑、家具陈设及室内小景等。

在人类发展中，各个时代都留下了许多建筑环境艺术的代表作。建筑艺术有着不容忽视的艺术表现力。

2. 建筑空间美

建筑、绘画、雕塑同属造型艺术。所不同的是，绘画、雕塑没有中空空间，而建筑有。空间是建筑独有的艺术语言，是建筑的灵魂。因此，空间艺术是建筑艺术的重要组成部分，即以空间为存在方式的艺术。

建筑空间是人们人为地为了满足生产或生活的需要，运用各种建筑主要要素与形式所构成的内部空间与外部空间的统称。

建筑空间除了满足物质功能需求外，它还要满足人们精神上所必不可少的需求。空间布局的合理化能够给人们以美的感受。建筑师们利用空间来表现更深层次的意义，不同的空间会给人带来不同的感受。空间的形体语言可以传达不同的感觉效果，如宽阔、高大而明亮的大厅，给人以崇高的感觉，令人心情开朗，精神振奋；宽而不高、低矮黑暗的大厅，会给人压抑、宗教的神秘感，甚至让人感到恐怖；高、长而窄，会使人想到上帝的崇高和人自身的渺小；金字塔式的空间

---

① 转引自许祖华．1997．建筑美学原理及应用．南宁：广西科学技术出版社．

让人觉得安稳。

建筑空间有单一围合空间，包括房间的四面墙壁、地面、屋顶、门窗等围成的内部空间，这是一种最基本、最普通的空间形体，追求静态的美。还有有机复合空间，即在建筑组群中间，与周围环境中的树木、山峦、水面、庭院、街道、广场等组成的建筑的外部空间。它的基本特征是外向、连续、流通、渗透、穿插、模糊等，表现出独特的动态空间美。

园林建筑空间，它的美感形态更加繁复、深邃，因而呈现出更加奇妙多变的动感效果。漫游和观赏中国园林，就会感到空间动静交织，回味无穷，让人流连忘返。

3. 建筑造型美

建筑师利用一定的物质、技术手段，在满足建筑功能目的的同时，在建筑创作中运用建筑构图的规律进行有意识的组织与加工，综合反映建筑的环境布局、空间处理、外部形象，称之为建筑造型。

建筑内外的空间造型，历来是建筑的主要审美对象。

(1) 建筑造型体现在体形美和立面美两方面。

体形美是指三维空间的立体造型，运用基本几何形体的搭接、叠合、切割、架空的不同而使建筑的外观形体和立体构成产生不同的美感。它是构成建筑造型美的基本特征。北京国家体育场主体建筑是由一系列钢桁架围绕碗状座席区编织而成的，形成鸟巢状的外部空间，结构新颖，浑然一体，光影斑驳，错落有致，独特美观，具有很强的震撼力和视觉冲击力，充分体现了自然和谐之美。水立方，作为一个摹写水的建筑，由于建筑体系巧妙而简单的变异，形成纷繁自由的结构形式；各自的灵性，由于不同气质的对比而趣味盎然。沙滩、人造海浪、椰树……奥林匹克的竞技场，因此升华为人们心目中永远的水上乐园。

立面美是指建筑的立面的门窗、线条、装饰、色彩等由于比例尺度、对称均衡、节奏韵律、色彩搭配的不同塑造的建筑形象，让人感受到平面的美。

(2) 静态美和动态美的概念，是由体形美和立面美派生出来的。

一般来说，立体风格、非对称，不规则、曲线，曲面的流线型的建筑造型，容易产生动态感。例如，由沙里宁设计的美国肯尼迪机场，是一个凭借现代技术把建筑和雕塑结合起来的作品。它的极具表现力的混凝土外部造型和高大的内部空间，使人们产生丰富的想象，屋顶由四块钢筋混凝土组合而成，几片壳体只在几个点上连接，空隙处布置天窗，楼内的空间富于变化。建筑外形像展开翅膀的大鸟，动感很强也使它成为极富魅力的建筑之一。

而平面风格、对称，规则的造型、直角，直线的矩形体容易产生静态感。

(3) 修饰美和素质美也是建筑造型美的重要表现因素。追求立面美的古典建筑风格注重对建筑原型外壳进行修饰美化，而追求体形美的现代建筑，则更重视发挥建筑原型本身的素质美。

“统一中求变化，变化中求统一”是建筑造型美应该遵循的原则。建筑造型必须考虑到以下几方面因素：①环境因素，建筑本身的固定性，要求建筑造型要与自然环境和所处的建筑环境相协调。就是说，建筑造型的形态不是单凭建筑师主观意向确定的，而是由建筑所处的环境条件所决定的。②空间因素，建筑造型形式不是单从外部立体构成角度就能确定的，它必须顾及室内空间构成的制约，包括建筑机能所规定的空间量和不同的空间形式等。③抽象的象征因素，建筑造型不善于用典型的具体形象来隐喻事物和思想，它只通过造型形式的各种关系要素，如色彩组合、虚实安排、质地效果、光影处理等抽象的构成形式来创造某种抽象的心理感觉，如庄重、华贵、高雅、明快等。

4. 建筑装饰美

作为空间造型艺术和环境艺术的建筑，常常融合多种其他的艺术形式，属于内涵丰富的综合艺术范畴。雕刻、绘画、工艺美术是建筑艺术中不可缺少的组成部分。建筑装饰是为保护建筑物的主体结构、完善建筑物的物理性能、使用功能和美化建筑物，采用装饰装修材料或饰物对建筑物的内外表面及空间进行的各种处理过程。装饰是建筑艺术的表现形式之一，建筑风格特性很大程度上来源于建筑装饰。

如果说建筑是一部人类文明史，那么，建筑装饰艺术就是其中最精美的语言，是人类建筑活动的基本内容，体现了人类对美的追求的天性。它记载着科学技术的发展和文化艺术的进步，它描绘出风土人情和时代风尚。每一个时代的历史、文化都通过建筑装饰，在建筑中留下了深刻的印迹。

作为建筑文化的一个因素，装饰是我国古代建筑的一个重要组成部分。“雕梁画栋”是对我国古代建筑装饰特色的高度概括。中国古代建筑装饰常用的装饰手法有绘画、匾牌楹联、雕刻等。中国古代建筑是木构架建筑，为了防潮、防腐、防虫蛀，需要在木材表面涂上油漆。建筑上的彩画最初的功能，就是保护建筑物，后来才逐渐突出其装饰性。

匾牌楹联多以名人书画为内容。在殿堂庙宇亭台楼阁的门柱上，可以看到左右两边字数相等、工整对仗的诗句，这就是楹联，它可以使古建筑显得更加高贵典雅，诗意盎然。这一形式与唐诗的繁荣有关，在我国已有上千年的历史。彩绘壁画、匾牌楹联，使绘画艺术与建筑艺术、文学艺术与书法艺术融为一体，使古建筑意境更为深远，内涵更为丰富。

古建筑的雕刻分为木雕与砖雕。木雕用于梁柱、额枋、门窗上，以神话传说、历史人物、戏曲故事、花鸟、动物为题材，采用圆雕、透雕、浮雕等手法，使其成为独特的工艺品。砖雕用来装饰民居住宅、园林、官邸、祠堂、祠庙的大门与墙壁。汉代出现的瓦当，起到防水和装饰屋顶的作用。

在古建筑上经常出现的装饰纹样有龙、虎、凤、龟四神兽和狮子、麒麟、鹿、鹤、鸳鸯等动物。植物中的松、柏、桃、竹、梅、菊、兰、荷等花草树木也是古建筑中常见的装饰素材。这些装饰素材组合起来，在形象上产生一定的形式美感，而且聪慧的古人把吉祥、富贵、高洁、长寿等象征意义注入其间。各式各样的器物图案，也成为古代建筑的装饰，如琴、棋、书、画，以及山水、人物、饰物等。千百年来，作为中国古代建筑装饰题材的这些主要内容，始终具有很旺盛的生命力。

中国的当代建筑努力适应新的潮流、满足新的需要，在新的条件下，把传统的装饰元素与现代形式融合于一处，在设计中创造出前所未有的新东西，使传统建筑装饰艺术披上时代的彩霞，洋溢生命的气息。

当代建筑的装饰体现了生态设计的理念，比如，注重绿色建筑装饰，采用节能材料，并将绿色植物应用于建筑的装饰，在建筑装饰中运用生态技术等。

在西方，古罗马和古希腊的建筑装饰艺术秉承了原始装饰艺术的意蕴与内涵，呈现出了简繁多样的风格和形式。

随着经济的发展和受天主教神秘奇异思想的影响，建筑装饰艺术发展到了一个新的鼎盛时期——巴洛克（Baraque)、洛可可（Rococo）时期。这一时期的建筑形成了特定时代的新艺术装饰风格，装饰采用象征主义的造型和图案，加入历史风格的装饰元素，使观者产生特殊的联想。

受工业文明影响，19 世纪，工艺美术领域出现了新的变革，印象派、后期印象派逐渐脱离传统学院派绘画，表现出抽象艺术的萌芽。装饰艺术与美术分化是这一时期艺术发展的另一种现象。艺术大师沙利文在《建筑中的装饰》中写道：“有机的装饰应该随先行出场所有装饰的清除而登上舞台。”装饰与艺术呈现出一种异同整合的趋向。

20 世纪初，随着新建筑向理性主义的发展，以及在新艺术思潮的影响下，摆脱传统建筑的装饰形式，寻求适合于混凝土、铸铁、玻璃特性的装饰形式，对传统材料自然特性的追求，对新建筑材料艺术性的追求，对装饰手法简洁性的追求，成为这一时期建筑装饰的主要特点。

伴随着后工业革命的发展，西方建筑潮流产生显著转变，建筑装饰进入“装饰主义”运动时期，也可以说是否定之否定时期。为了营造特定的视觉效果，装饰重新被作为建筑设计中一种合理手法，通过装饰，给人以某种气氛感染。装饰主义在色彩处理上，打破常规，把山花、柱式、基座等历史母题进行重构，回归典雅与庄重的对称式建筑，美术与装饰界限被打破了。当代建筑装饰形成了多元化、多层次发展的趋向，已突破了现代主义饰面装修工程的范畴。

二、建筑与音乐

建筑属于空间艺术，而音乐属于时间艺术，两者之间有明显的区别。然而，建筑与音乐又有着天然的内在联系。

相传古代西方，有一位著名的青年歌手奥尔菲斯，嗓音非凡，可以使一堆木石具有盎然的生命。阿波罗授之以七弦竖琴，又请文艺女神缪斯教授其音乐艺术。有一天他弹奏起美妙动听的音乐。一曲终了，山岳动容，万物起舞，连周围的房屋建筑、砖瓦木石，也翩翩响应，转而化为固体的“音符”，音乐的节奏和旋律，就永远凝固为建筑了。这则古希腊神话传说充满了丰富奇特的想象，它的主题却触及了建筑文化与音乐艺术之间的关系。

中世纪初期的教堂建筑就已经从音乐中汲取创作灵感，建筑家们从当时的音乐艺术奥尔加农、迪斯康特、孔杜克图斯中得到启发，由此利用砖质的结构配以烧制的陶竹，建造了极为灵巧、有利于弯穹出现的教堂建筑。

17 世纪后期至 18 世纪中期的欧洲，建筑家们从玲珑纤巧、装饰华丽的洛可可音乐中得到创作灵感，法国的建筑艺术和装饰艺术形成了一种线条繁复、装饰富丽、精致典雅的风格。

19 世纪中期，音乐理论作曲家姆尼兹·豪普德曼在他的名作《和声与节拍的本性》里说“音乐是流动的建筑”，即音乐虽然在时间流动中不停地演奏着，但它的内部却有着严谨的结构和形式美，按照旋律、节奏、调式、和声的规律流淌。

在国内建筑界探索建筑与音乐共通性的论述中，广为人知的一例是建筑学家梁思成的文章《建筑和建筑的艺术》。其中写道：“建筑的节奏、韵律有时候和音乐很相像。例如，有一座建筑，由左到右或者由右到左，是一柱，一窗；一柱，一窗地排列过去，就像‘柱，窗，柱，窗；柱，窗，柱，窗……’的 2/4 拍子。若是一柱二窗的排列法，就有点像‘柱，窗，窗；柱，窗，窗……’的圆舞曲。若是一柱三窗的排列法，就是‘柱，窗，窗，窗；柱，窗，窗，窗……’的 4/4 拍子了。”

“在垂直方向上，也同样有节奏、韵律；北京广安门外的天宁寺塔就是一个有趣的例子。由下看上去，最下面是一个扁平的不显著的月台；上面是两层大致同样高的重叠的须弥座；再上去是一周小挑台，专门名词叫平坐；平坐上面是一圈栏杆，栏杆上是一个三层莲瓣座，再上去是塔的本身，高度和两层须弥座大致相等；再上去是十三层檐子；最上是攒尖瓦顶，顶尖就是塔尖的宝珠。按照这个层次和它们高低不同的比例，我们大致（只是大致）可以看到（而不是听到）这样一段节奏……”① 从本质上来说，建筑更接近音乐。建筑与音乐在诸如旋律、节奏及和声等许多艺术手段上具有相似性。

建筑和音乐在情感表达上，都具有抽象的特征。音乐的情感是通过乐曲的节

① 梁思成．2006．中国建筑艺术二十讲．北京：线装书局．

奏、旋律作用于人们的听觉，使人们感受到某种情感。建筑也是抽象地造成某种情绪氛围，通过粗犷和沉重的构造造成人们压抑、沉闷的心境，通过雄伟和壮丽的结构激发起人们豪放、振奋的热情，通过对称构图渲染出庄重严肃的氛围，通过精致和华丽形成高贵典雅的格调。黑格尔曾经这样提示音乐与建筑的关系："弗列德里希·许莱格尔曾经把建筑比作凝固的音乐，实际上这两种艺术都要靠各种比例关系的和谐，而这些比例关系都可以归结到数，因此在基本特点上都是容易了解的。""音乐和建筑最相近，因为像建筑一样，音乐把它的创造放在比例和结构上。"

建筑与音乐最为相似之处就是都能体现出节奏感和韵律感。节奏，是由事物运动与存在的时间长度或空间跨度的连续重复所产生的。旋律，是由节奏所产生的回旋。同音乐艺术形象一样，建筑形象也具有一定的节奏与旋律。古希腊的毕达哥拉斯学派认为，"数的原则是一切事物的原则"。音质、音色和音阶的变化，同发声体的体积大小、长度等因素之间存在一定的因果比例关系，比如，一架琴，对这架琴的发音、音质、音色及音阶等具有决定性影响的是琴斗体积的大小、琴弦的长度等，音的高低与弦的长短、松紧、粗细是成反比的。他们把对琴与发音的关系的原理推广到建筑设计上。在建筑设计时，同样注意建筑形体之间各种数据的比例关系。建筑形体的高低起伏、大小错落，布局的疏密、主从呼应和虚实有致，线条的柔和或刚健，色彩的浓淡或冷暖，质感的细腻或粗糙，以及同周围环境的关系是否和谐等，大都依据一定的数与数的比例。音乐与建筑两者都运用数比例。音乐和建筑的和谐都来源于一定的数量比例关系。毕达哥拉斯及其以后的一些美学家、建筑家都认为，建筑物的长度、宽度、体积如果符合一定的比例关系，就会在视觉上产生类似于音乐的节奏感。黑格尔就曾以古希腊建筑三种不同格式的石柱为例，说明了由于台基、柱身和檐部的体积、长短、间距的比例不同，而形成庄重、秀美、富丽等不同的风格，这就分别会产生乐曲中的歌颂、抒情曲和多声部的合唱的不同效果。这说明了音乐与建筑都具有一种数比美。在音乐形式美里可以把握住某些建筑的因素。

感受建筑艺术的音乐美，要善于调动自己的通感，以动态的视觉对建筑造型显现的空间序列进行审美观照。对建筑的空间序列，从空间的开合、视野的远近大小、视点的高低、视角的俯仰、视觉的分隔联系中去观照，才能感受到空间序列的节奏感和音乐感。也只有从这个意义上才可以说，建筑是凝固的音乐，音乐是流动的建筑。

作曲技巧最重要的基本手法之一是"重复"，建筑设计也同样有重复，并且两者之间有惊人的相似之处。一个建筑物的大部分效果，就是依靠韵律关系的协调性、简洁性及威力感来取得的。罗马大角斗场重复的连拱、希腊神庙重复的柱廊、哥特式教堂重复的尖拱和垂直及北京颐和园重复的长廊等都如同古典音乐的规则式的重复。许多古典音乐形式的交响乐和奏鸣曲能得以久远流传，其重要原因就在于此。

在建筑物中，韵律形式是特别重要的。首先是形状的重复，如窗、门、柱、墙面等。其次是尺寸的重复，像柱间或跨距的尺寸。前者是形状的重复，其间距具有可以改变而不破坏韵律的特点。后者间距尺寸相等，而只变化单元大小或形状，其韵律依然存在。

所以，那些高低起伏的建筑群那样的和谐、协调，是因为它们富有美的“旋律”，体现了建筑美的特有法则。那些宏伟壮丽的交响乐那样的匀称完整，是因为它们具有严谨的结构，体现了音乐美的特有法则。

作曲家在创作乐曲时，的确常常有意或无意地受到建筑艺术的影响，建筑中的对称、比例、均衡等造型特点在音乐中都能找到相应的体现。建筑群体的结构布局，以及外观的高低曲折、错落有致的节奏，与音乐的结构、节奏有着内在的相似之处。据说，贝多芬在巴黎建筑群的启示下，创作了《第三（英雄）交响曲》。而舒曼把对《第三交响曲》英雄壮阔的感受，用来表现科隆大教堂的宏伟壮丽。中国南方园林独具特色的建筑的假山曲水，曲径通幽，依依修竹，花木扶疏，构成了秀美、幽静的审美意境，孕育出了秀丽清新的江南丝竹音乐，如《梅花三弄》、《中花六板》等，具有极高的审美价值。音乐也可以给建筑设计带来灵感。丹尼尔·利贝斯金德（Daniel Libeskind，1946～ ）曾在以色列和美国学习音乐，后来在纽约学习建筑，犹太人博物馆（图 1-1）的设计灵感来源于奥地利 20 世纪作曲家阿诺尔德·勋伯格（Arnold Schoenberg，1874～1951 年）的十二音序列音乐作品《摩西与亚伦》的乐章，作为设计的起点，建筑平面的生成过程直接表达了这种序列的思想。建筑设计中讲究主题与形象、统一与均衡、对比与调和、比例与尺度、韵律与节奏、重复与变化、性格与风格、色彩与色调等建筑的艺术法则，与音乐创作的艺术法则，在传达的美学信息方面，更是息息相通。建筑工程设计者如果能更多地了解一点音乐知识，全面提高自己的艺术素质与修养，一定会在建筑设计创作中获得更为奇妙的灵感和有益的启迪，获得更多、更大的自由。

图 1-1 柏林犹太人博物馆

德国的大诗人歌德说，他在米开朗基罗设计的罗马大教堂前广场的廊柱内散步时，深切地感受到了音乐的旋律。我国建筑大师梁思成还为北京天宁寺辽代砖塔的立面谱出了乐章，北京天宁寺塔为密檐十三层式，自第一层塔身以上层层密檐显得十分紧窄，故其形体节奏感显得很快，有一气呵成之势，其韵律也产生在形体结构的这种“紧迫”之中（图 1-2）。

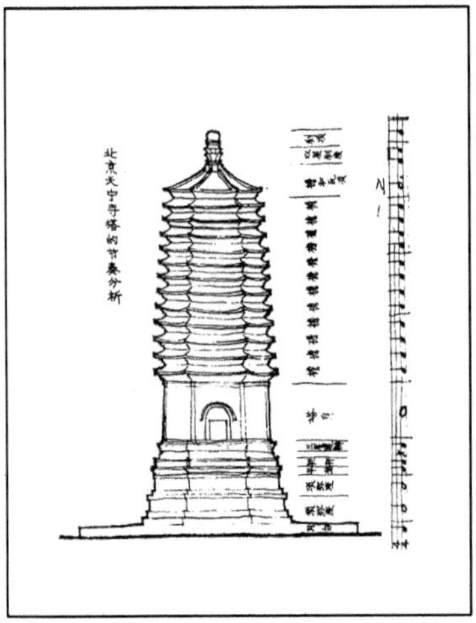

图 1-2　北京天宁寺塔的节奏分析

一个大殿上立柱的多寡与疏密，影响殿内空间的节奏与旋律。同是大殿，太和殿与明十三陵之长陵的祾恩殿虽然都是皇家大殿，庄严肃穆、金碧辉煌、象征王权，但前者为理政之所，后者乃陵寝之制，在内部空间处理上就注意掌握不同的节奏和旋律，前者相对疏朗而后者相对肃杀与紧窄。长陵祾恩殿内有大型立柱 32 根，最大的四根巨柱高为 14.3 米，柱径为 1.17 米，由整段楠木制成，密密地排列在大殿之中，整齐而富有节奏感。立柱的粗细与柱距的关系也对空间节奏与旋律造成影响。同样粗细的立柱，柱距大者，看上去就显得细弱一些，它所造成的空间旋律也必显得疏朗一些、放松一些；相反，同样柱距，立柱粗壮一些的，它所造成的空间旋律就显得紧凑。人对几何形体与空间感受存在生理性错觉，若柱距较近，柱子形象显得粗硕一些，相反，则显得细弱苗条一些。

建筑形象的色彩处理，也在一定程度上影响建筑形象的节奏与旋律。如果一幢建筑物色彩单一，节奏就显得平稳；如果各个立面的色彩变化过繁，过于跳跃，其节奏必然过分摇荡，甚至杂乱而失去节奏感与旋律感。建筑文化的色彩还有冷暖之区别，中国皇家之宫殿的色彩偏于暖色调，常以红、黄为基调，有时配以白色，即红柱、红墙、黄琉璃瓦与汉白玉台基，是一种比较强烈的建筑节奏与旋律。江南民居及与民居相谐的江南文人园林建筑，其色彩偏于冷色调，白墙、灰瓦配以棕色的立柱、梁架，其节奏、旋律显得朴素、冷静与平和。由于中华民族的整体性格是相对平和的，中国建筑实物，包括宫殿、坛庙、陵寝与民居等类型，非常跳跃的色彩节律是很少见的。

建筑物质材料合乎规律的组合，能给人以音乐的节奏和韵律的美感。建筑是一种空间造型艺术，但它也有时间艺术的某些特点。因为建筑空间的序列参观和感受是一个需要在运动中逐步铺陈开来的时间过程。空间序列的抑扬顿挫的律动是通过起伏、高低、疏密、浓淡、进退、虚实、间隔等有规律的变化产生的；同样，单纯而明确的节奏，是通过空间的连续和重复产生的。这就好像音乐中激动人心的旋律感是靠序曲、扩展、渐强、高潮、重复、休止的变化产生的一样。站在景山顶上俯视北京故宫建筑群时，沿着中轴线上我们可以看到中国古建筑中交响乐的主题旋律和对位法，从正阳门、端门、午门、太和门到太和殿、保和殿、中和殿一直到景山，沿着长达7华里[①]的中轴线展开，十几个院落纵横交错，几百所殿宇高低错落，有主体、有陪衬、有烘托，雄伟壮观的空间序列形成一组“巨大的交响乐”，就好像音乐一样，有前奏、渐强、高潮、收束。我国古代的回音建筑，是非常富有音乐性的建筑，它是劳动人民的音乐天赋在建筑中的智慧闪耀。北京天坛回音壁内侧的墙面平整光洁，它使外来的音响沿着墙的内弧传递，久久回荡。站在壁前轻轻哼唱，和声随之而起；放声高歌，则回声四起，粗犷洪亮。建于清康熙年间的河南省陕县的蛤蟆音塔。塔身虽不高，但游人用手掌击塔，塔内就会发出“咯咯咯咯”的声响，就好像万千只蛤蟆在鼓膜低唱。无独有偶，在外国的古代建筑中，也有富有“音乐性”的塔建筑，如意大利比萨教堂的钟塔。塔的顶层装有七只音阶钟，分别能发出“do、re、mi、fa、so、la、si”七个音，成了一座有趣的音乐塔。日本丰田市的人行音乐桥，长31米，桥上两侧栏杆上装有109块音响栏板，行人按顺序来敲打一侧的栏板，就能奏出日本民歌《故乡》，敲击另一侧的栏板，则能奏出法国民谣《在桥上》。印度泰米尔地区的一座古老的庙宇里有一座“音乐楼梯”。人踏着楼梯上楼，或轻轻敲击楼梯，就会发出不同的音高，这架楼梯是按音高规律，利用不同材质的花岗石，经过反复加工砌起来的。

随着电子科技的日益发展，建筑、音乐、电子技术相结合可以创造出三位一体的建筑物。1984年法国马赛地铁内，一堵神奇的绿墙会发出一阵阵伴随行人脚步节奏的乐曲。这堵音乐墙借助计算机的功能来奏出乐曲，计算机构成一个作曲系统，存储器储存着各种基本音符、短句。行人走过音乐墙时，光电管的进光强度就随之改变。这一信息被计算机接收，经过特殊程序处理，就产生一组音乐。行走着的人既是音乐演奏者，又是音乐欣赏者。

音乐和建筑是不同门类的艺术，虽是不同性质的学科，但“音乐是流动的建筑”、“建筑是凝固的音乐”。这两句富于哲理的话，确实是形象地道出了音乐和建筑之间有着内在的与外在的密切关系，以及共通的美学信息、法则及其深刻的内涵。

三、建筑与绘画

建筑和绘画同属空间艺术和视觉艺术。

绘画是画家在平面上将现实或想象的景物画在图纸上，再现光影下的物体，在主观的意念支配下，塑造客观的形与色。建筑是建筑师在图纸上画出想象中的建筑，并在客观条件的制约下建造空间物体。绘画与建筑一直有着十分密切的关系，早期的人类建筑中就有墙上涂抹图画用来装饰的传统，绘画中则常以建筑为

---

① 1华里=500米.

表现和观赏的对象或背景。

绘画技术是随着建筑物建造技术的发展而发展的。在古建筑中，绘画的最初目的是保护木材表面，免受自然界日光风雨的侵害，也为了掩盖木材表面的结疤、斑痕，以及纹理、色泽的不均匀等自然缺陷。后来，逐渐发展成为一门技术。古建筑的绘画，在绘制上多沥以突起的粉条，再在粉条上或两粉条之间贴上金箔，再用各种颜色绘出花纹。它不仅能保护木骨的外表，防潮、防风化剥蚀、防腐蚀、防虫蛀，还可以起到装饰作用，增加建筑的美感。

在西方，早在古希腊和古罗马时代，壁画、地面的镶嵌画，就是建筑不可分割的部分。文艺复兴时期，天顶画、湿壁画已经是建筑艺术的重要表现手段，并发明了用透视法画出大量壁画。透视法之所以得名，是因为它是一种科学的组成部分，该种科学目的在于确切而又合理地制定人看远近物体（诸如建筑物、原野、山峰和各种风景）时的不同大小，以及分派给人物和其他东西的与他们在画上位置相适应的恰当尺寸。法国新古典主义建筑师克劳德·尼古拉斯·勒杜曾经说过："如果你想成为一名建筑师，先从一名画家做起。"米开朗基罗就是集画家、雕塑家、建筑师于一身。西方教堂内的壁画既是事件的记录，也是建筑的室内装饰。例如，米开朗基罗在梵蒂冈西斯廷教堂的天棚画《创世纪》（图 1-3），此作品场面宏大，人物刻画震撼人心，整幅画通过神与人、人与自然间的关系，歌颂神的创造力、精神美和人体美。无论中外，将颜料涂于建筑表面，除去精神作用，还保护建筑构件的耐久与长远。一部《西方美术史》几乎是建筑史，从中世纪、文艺复兴、巴洛克、古典艺术至现代主义，美术走过的历程也是建筑艺术走过的历程。盖里于 1998 年设计建造完成的西班牙毕尔巴鄂市的古根汉姆博物馆，如同飘浮的云彩——将结构重组，如同立体派的绘画。

图 1-3　米开朗基罗《创世纪》

中国古代偏爱将彩绘用于建筑构件，图案寓意吉祥，不重写实，重精神。中国画约在魏晋时期始有署名画家画作留下，因为不讲几何透视及人体解剖，所以直至近代，画法没有根本变革，内容一直徘徊于写实与写意之间，未上升至抽象境界，如同中国的建筑物，数千年来，始终以木为主要构材，砖石常居辅材之位。市镇、乡村建筑，未有大的格局与形态的变化。由此可见，中国人对待事物的基本哲学观，可说是“天人合一”、顺其自然，也可说是恪守旧道、缺乏变革。

中国古代大约从 11 世纪开始，有一种称之为“界画”，按比例以宫室、楼台、屋宇等建筑为题材的绘画门类，与建筑有着十分密切的关系，界画就是用界笔和直尺作为工具绘成的建筑画。界笔是将笔管剖开，将毛笔夹在中间，依照直尺的引导而作画。界画又按照题材称为“台阁”、“屋木”、“宫室”、“宫观”，按照绘画方式称为“界笔”、“界作”、“界划”等。

现存长卷古画《清明上河图》（图 1-4）、《千里江山图》（图 1-5），通过密集线条绘出的建筑物、构筑物及山峦长河反映宋时汴梁场景，画中所绘住宅、园林、村落、寺观、店铺、酒肆，提供了大量的历史考证依据。木结构的建筑不长久，留存至今的古建筑大多是明清时期的，建筑历史学家要考证中国更早期的建筑形制，通过存世古画是最好的办法。当年的画家不曾与建造工匠为伍，却把工匠作品记录在画中，为当今中国建筑考证、保护、修复提供了无以替代的珍贵案本。王维晚年归隐蓝田辋川，购居“蓝田别墅”，尝于清源寺壁上画《辋川图》（图 1-6）。画面远处群山环抱，树林掩映，近处亭台楼榭，古朴端庄。别墅外，偶有舟楫过往，云水流肆，呈现出淡泊超尘、悠然自得的意境，给人精神上的陶冶和身心上的审美愉悦，旷古驰誉。苏轼称他“诗中有画，画中有诗”。

图 1-4　清明上河图（局部）

图 1-5　千里江山图

图 1-6　辋川图（局部）

《清溪渔隐图》全卷描绘钱塘一带山区雨后景色，绿树浓覆，坡泥湿翠，溪水湍流，前端有一村翁垂钓江苇间。此图用阔笔湿墨画树、坡地、石块，用劲细流畅的线条写水流、芦苇，用重笔焦刻画人物、板桥、渔舟和木屋。画面粗中有细，纵中有涩，重中有轻，使人感到力的运行的节奏美。

明代吴越人计成积其数十年经验写成《园冶》，书中写道：三分匠，七分主人。而造园的主人，大多为文人，古代文人无不精通琴棋书画，融入山水画意境于其造园之术，也就理所当然的了。福州市“黄楼”，是福州市目前保存最完好的古代园林楼阁。小小的花厅有山、有亭、有水、有桥、有楼，设计精巧，富有情趣。清代楹联大师梁章钜曾住进黄楼，他以文人的诗情画意修葺了黄楼。清代李渔，诗、词、曲、戏剧、绘画、音乐样样精通。他置宅、造园、装饰室内、设计家具，都达到专业水平，可以说是将文学与建筑结合得十分完美的人物。几千年间，中国不知有多少文学家、诗人热心参与风景名胜建设，柳宗元、白居易、范仲淹、欧阳修、苏东坡……他们几乎每到一地，就要给那里增添几处景观，如王之涣的《登鹳雀楼》，陆游的《沈园》，李白的《敬亭独坐》，归有光的《沧浪亭记》，王羲之的《兰亭集序》。梁思成曾经说过，“中国园林（包括园林建筑），就是一幅幅立体的中国山水画，这就是中国园林最基本的特点”。园林建筑的布局安排疏密有致、意境深邃，情趣横溢。注意景与景之间的主从、显隐、争让、润枯、连隔、大小、向背、呼应、虚实、浓淡等的布局特点，颇近于画理，以有限的建筑空间来显示无限的人生情趣。中国的民族审美心理中，呈现于眼前的一定的空间，给人以美感的首先不是那种数理形式，而是充溢于一定建筑空间形象的人生无涯的绵绵情思。江南园林建筑的用色，崇尚淡雅素朴而忌浓丽绚烂。屋面为灰色或黑色，梁柱栗色，配以灰白色粉墙，对比既强烈又谐调，视觉上，取冷色调，这与江南多见的灰白天色及温湿天气相协调。唐人张彦远《历代名画记》中，仅隋唐西京寺观的壁画，已是洋洋大观。中国古人对“涂壁”具有特殊的爱好与雅兴。隋唐之际寺观壁画正处于鼎盛期，由于题材的限制，渲染的多是佛教主题，以满足礼佛之需，但有时也表现世俗性的山水、人物，兼备审美情趣。敦煌石窟从北魏到宋代，都有灿烂的壁画艺术耀目于其间。

四、建筑与雕塑

建筑是可以被自由创作、抽象表现的具有三维内在空间的造型艺术。雕塑是用雕、刻、塑等操作手段制作三维空间形象的艺术。从建筑与雕塑的概念看，它们都是三维空间的艺术，都是以空间的形态来表达内容意义的。雕塑和建筑在空间和造型的运用规律上也有相通之处。

雕塑和建筑也有不同。建筑的空间表现，是以外部的空间造型和内部的空间结构共同构成的；雕塑的内在意义则主要是通过外部空间造型来反映的。一般来说，建筑的空间尺度要远远大于雕塑。

雕塑与建筑之间的关系十分密切。这首先体现在雕塑对建筑的影响上。

雕塑首先是作为一种美化建筑、装饰建筑的因素而存在，在建筑中作为建筑的附属而存在。雕塑对建筑的这种影响还只是外在的、表面的，雕塑与建筑之间的关系也仅仅是局部与整体的主从关系。

古代建筑中的庙宇、塔、庭园、祠堂、住宅，宫殿的梁柱、窗格、栏杆上都雕刻着极精巧的圆雕、浮雕及镂空雕，它们与建筑结合得非常巧妙，构成一体，具有很高的艺术水平。

比如，柱头、檐壁、大门、屋顶、内墙等都用雕塑来进行装饰，再有一些则是代表了建筑空间的主题内容，如神庙里的神像、教堂的圣像、纪念物上的帝王像或者是宫廷园林里点缀的装饰。

雕饰也是古建筑装饰的重要组成部分，它通过丰富的装修造型、图案及雕饰题材，借助象形、借喻、比拟、会意、谐音等表现手法和艺术语言，来寄托人们对于吉祥、幸福、美好、富庶生活的追求和向往。和绘画相比，雕刻装饰在应用的范围、材料的选择、题材的选取上更加丰富和广泛。雕刻的材质可以是石头、木材、砖，也可以是金、银、铜、铁等各种金属材料。从现存古建筑中雕刻作品的具体情况来看，木雕、石雕、砖雕的数量相对较多，它们大多以吉祥题材为主，表达着祈福纳吉、驱邪攘灾的寓意。因此，人们把砖雕、石雕和木雕称为“吉祥三宝”。通常情况下，门窗扇的雕刻相对较多，这是由于门窗是非承重构件，拆装、移动方便，随意性大。

木雕是常用的雕饰手段。不仅皇家建筑使用，而且在一般民居中也较为常见。木雕作品的图案层次分明，细腻严谨，是建筑装饰独特的工艺品，其主要的艺术表现手法是圆雕、浮雕、透雕等。装饰木雕表现的题材有神话传说、戏曲故事、历史人物，也有狮子、龙凤、梅兰竹菊和花鸟等动植物，构成精美别致、内涵丰富且内容广泛的木雕装饰。

砖雕则是运用浮雕、镂雕、圆雕等不同的雕刻形式，通过对称的构图，在素砖上雕刻出各种图案花纹，广泛应用于民居住宅、园林、官邸、祠堂、祠庙等的大门与墙面的装饰上。从装饰题材上看，砖雕艺术的装饰纹样也非常丰富，主要有自然花草类、吉祥图案类、博古图案类、锦纹图案类、蕃草图案类、宗教法器类、人文故事类、龙凤纹类。四合院的砖雕艺术则以“福”、“禄”、“寿”三星的题材最为常见。这些砖雕古朴厚重、技艺精湛，表达人们对福、寿、官禄，以及美好生活的追求和渴望。

石雕作为建筑的装饰经过了一个漫长的发展过程。它是通过切割、雕、刻、研磨等手段在石料上制作的艺术品。石材相对较早地应用在建筑构造中，经过艺人们的修葺和雕刻，赋予其新的生命和活力。随着朝代的变迁和建造技术的进步，我国古建筑的石雕技术得到了很大的发展。跟砖雕相似，石雕艺术在涉及的题材上也逐渐趋于丰富化和广泛化，而且能够根据建筑物的阶级等级与装饰部位的不同饰以不同的人物、生肖或动植物形象，并赋予对吉祥、平安的一种渴盼。我国现存古建筑中的石雕作品，通常构图饱满，布局舒展，是传统建筑艺术中的瑰宝。在我国现存古建筑中，最具代表性、最为世人惊叹的雕刻作品就在我国皇家建筑——故宫内。故宫建筑群各大殿前龙凤呈祥的石雕及汉白玉栏杆上的雕刻足以让世人惊叹，是我国雕刻技术的精华。

雕塑对建筑更为内在和本质的影响，是建筑对雕塑语汇的吸收和应用。构成主义和立体主义的雕塑家们，把空间看做实体，雕塑作品被看做是实体中虚空部分，这为建筑与雕塑语言的进一步交融提供了契机。赖特对流水别墅进行设计时，其内部空间组织的设计就遵循了雕塑形体的构图逻辑，讲究变化与统一、对称与均衡、对比与协调、节奏与韵律、条理与反复、虚与实、动与静、隐与现等诸多因素的变化。有些建筑对雕塑语言的借鉴更为彻底，不管是内部空间还是外部造型，以及单位形体间的组织都追求一种雕塑的美感。例如，悉尼歌剧院（图1-7），建设在海港上的白色的外表，贝壳般的雕塑体，就好像风浪中鼓帆前行的巨型帆船，又好像飘浮在空中的花瓣。它成为澳大利亚的标志性建筑，是举世闻名的建筑杰作。建筑的雕塑化无疑为建筑的发展提供了一条切实的发展路线。

图 1-7　悉尼歌剧院

在雕塑影响下的建筑作品打破了原有建筑规则的秩序性，吸收了雕塑造型的特长，以个性化的建筑形象建立了前人难以想象的多元化空间形体，带来别开生面的戏剧性和超凡绝伦的震撼力。

建筑对雕塑的影响体现在以下三方面。

首先，建筑对雕塑的影响体现在雕塑对建筑功能的借鉴上，建筑的功能主要是内部空间的使用功能，一些纪念性、主题性的雕塑作品也具有了使用功能，除了雕塑本身外，内部还有可供游人游览的空间。例如，中华世纪坛，主体结构一层中央是世纪大厅，大厅直径为 39 米，面积为 1171 平方米。世纪大厅内设有《中华千秋颂》（图1-8）的大型浮雕环形壁画，采用主题分类与编年体相结合的形式，展示了中华民族的过去、现在和未来发展的脉络与沿革，周长 117 米，是目前国内最大的同类品种的壁画。二层的环形艺术大厅，装备有当今国际最先进的展览技术和设备，这里将成为世界各国及全国各地的艺术精品来京巡回展示的场所。中华世纪坛的世界艺术馆，是以世界艺术为收藏、展示、研究对象的公益性国家文化事业机构。由世界文明陈列馆、专题陈列馆和数字艺术馆三部分组成，展览展示面积约 2 万平方米。

图 1-8　中华千秋颂

其次，建筑对雕塑的影响体现在雕塑对建筑形态、建筑工艺、建筑材料的借鉴上。武汉江滩公园的“鸟笼”雕塑，放置在公园一个通向江边廊道的尽头。鸟笼是按一个亭子的建筑尺度来设计的。从平面构图看，就像是一个感叹号，亭子就是感叹号下端的那一点。这样的构图关系非常完整，也新颖别致。

现代建筑促使很多新技术及材料得以开发和使用，技术及材料的发展给雕塑的创作元素提供了更多想象力，很多特殊的结构技术帮助艺术家们实现了梦想般创作。20 世纪后期，钢材、铝材、塑料、玻璃等不断出现的新材料，经过模压、铸造等新工艺、新技术的广泛使用，极大地满足了雕塑化的建筑的需要，能够创造出各种有声有色的形态。

美国 1964 年建成的圣路易斯拱门高 192 米，使用不锈钢建成。它被认为是“东部和西部、过去与未来、工程和艺术之间的一座桥梁”。现代雕塑借助先进的工业技术帮助实现了表现形式的突破，工艺技术成为现代雕塑中必备的物质基础。

最后，现代建筑的构件元素、组织语言、形式美感等都为现代雕塑的创作提供了灵感。

现代建筑中，对于环境、生态、可持续发展的关注也影响了雕塑的创作观念，在创作上出现了绿色雕塑、生态雕塑和智能雕塑的新形式。

现代雕塑的发展，尤其是以抽象造型为元素的雕塑，在空间的序列、限定、维合及逻辑关系上借鉴和引用了现代建筑的空间形式规律，表现出一种建造性的秩序。它为现代雕塑的创作提供了启发性的空间样式，促生出更多样的表现方法。

从建筑和雕塑的发展历史可以看出，雕塑与建筑的交融关系在不断地深化，从最初的局部对整体的装饰关系，发展到现代艺术语言的互相转化，如果说古典时期，雕塑处于建筑的附属地位，那么，现代环境中雕塑与建筑的关系是相辅相成、互动互补的。我们探讨雕塑化的建筑和建筑的雕塑化，不是为了区分这两者有多大的不同，或者是雕塑和建筑这两门学科到底谁对另一方的影响更甚。而是为了更加自觉、更加主动地运用雕塑艺术为建筑设计的发展找寻新的思路。

建筑与雕塑的融合体现在以下两方面。

（一）雕塑化的建筑

雕塑化的建筑是指建筑领域出现的一种新的建筑形式，这种建筑形式力图打破传统建筑语言，注重空间结构的变化，建筑语言深受雕塑的影响，寓意抽象。在建筑的造型表现和功能性的矛盾取舍方面更注重外形。我们把这种深受雕塑影响的建筑称为“雕塑化的建筑”。

雕塑化的建筑的主要有以下几个特点。

1. 具有地标的特征

位于巴黎拉德芳斯金融商业区中心的新凯旋门，是一座划时代的标志性建筑。它所处的中轴线更是一条串起了众多巴黎最富有魅力的名胜古迹的著名道路。虽然称之为“门”，但实际上它是一幢很摩登的现代化大楼。从外观上看是一个坐落在12个深达30米的地基柱之上高100多米的巨大方框体，具有雕塑形体的构图特征，运用雕塑语汇强调造型的抽象感。这是一个连通了历史，标志着今天和面向未来的“不封闭”式的纪念性设计，简洁的形体具有强烈的雕塑意味。

2. 建筑外部形态直接雕塑化

前面提到的悉尼歌剧院其外形是雕塑化的。勒·柯布西耶（Le Corbusier，1887～1966年）设计的朗香教堂把重点放在建筑造型上和建筑形体给人的感受上。他摒弃了传统教堂的模式和现代建筑的一般手法，把它当做一件混凝土雕塑作品加以塑造。教堂的造型很独特，平面是不规则的；墙体几乎都是弯曲的，有的甚至是倾斜的；祈祷室是塔楼式的外形，像是一座粮仓；屋顶向上翻卷着，它与墙体之间留有一条带形空隙，有40厘米高；白色墙面显得粗糙，上面开着大大小小的矩形或方形的窗洞，窗洞上面镶嵌着彩色的玻璃；入口设置在卷曲的墙面与塔楼的交接的夹缝处；室内主要空间也不规则，墙面呈弧线形，透过屋顶与墙面之间的缝隙和镶着彩色玻璃的大大小小的窗洞投射进来的光线，使室内产生了一种特殊的神秘气氛。

3. 追求独特的个性化

在雕塑化的建筑中，建筑师将注意力最大限度地放在文化的象征和表现上。

国家大剧院造型新颖、前卫，构思独特，是传统与现代、浪漫与现实的结合。国家大剧院中心建筑为半椭球形钢结构壳体，东西长轴 212.2 米，南北短轴 143.64 米，高 46.68 米，地下最深 32.50 米，周长达 600 余米。整个壳体风格简约大气，其表面由 18 000 多块钛金属板和 1200 余块超白透明玻璃共同组成，两种材质经巧妙拼接呈现出唯美的曲线，产生的视觉效果，就像舞台帷幕被徐徐拉开一样。壳体表面上的“蘑菇灯”，星星点点、错落有致，如同扑朔迷离的繁星，与夜空遥相呼应。每当夜幕降临，透过渐开的“帷幕”，金碧辉煌的歌剧院尽收眼底，整个大剧院充满了含蓄而别致的美感和无穷韵味。

（二）建筑化的雕塑

建筑与雕塑融合的另一体现是建筑化的雕塑。为了顺应城市空间的扩大，很多城市建造了带有公共标志性的大型雕塑，雕塑正在出现建筑化的趋势。我们可以把这种雕塑称为“建筑化的雕塑”。建筑化的雕塑具有较强的建筑特征：第一，占用空间的尺度比一般雕塑大得多。第二，运用新的结构材料和工艺。第三，具有使用功能。

巴黎埃菲尔铁塔，设计的灵感来源于雕塑家最常模仿的人体形态，整个钢结构的形状，与大腿骨相似，有仿生学的成分。铁塔采用交错式结构，高耸入云的塔身，高 300 米，由四条与地面成 75 度角的、粗大的、带有混凝土水泥台基的铁柱支撑着，内设四部水力升降机（现为电梯）。铁塔的组装运用了装配技术，在设计、分解、生产零件、组装到修整过程中，总结出一套科学、经济而有效的方法，表现出法国人异想天开式的浪漫情趣、幽默感和创新魄力。

美国自由女神像也是一座建筑化的雕塑。女神像的钢铁骨架由设计巴黎铁塔的埃菲尔设计，雕像由法国雕刻家维雷勃杜克设计，并在巴黎完成。法国政府将这一标志自由的纪念像，作为庆祝美国独立 100 周年的礼物赠给美国。自从 1886 年落成以来，它耸立在纽约港的入口。自由女神像高 46 米，加基座为 93 米，重 200 多吨，由金属铸造，置于一座混凝土制的台基上。自由女神像是一座巨型雕塑，它的比例匀称，造型简练，生动而完整。同时，它又具有建筑的使用功能。参观者可以从内部的升降电梯直接到达雕塑头部 10 层高的观景平台，并可以沿楼梯一直走到距地面 100 米女神高举的火炬上，一览周围景色。自由女神的底座是著名的约瑟夫·普利策筹集 10 万美金建成的，现在的底座是一个美国移民史博物馆。

第三节 建筑的文学性

建筑与文学虽然有不同的表现形式，但从美学角度看，两者又遵循着共同的审美规律。刘心武说，文学与建筑隔行却并不隔山。这两个行业都属于宽泛的艺术范畴。引领这两个行业的美学女神如果不是一位，也该是孪生姐妹。文学与建筑有着十分密切的关系，文学中描写建筑，建筑中产生文学。

一、在建筑中产生文学

建筑对文学作品有着蕴生的作用，也就是说，建筑为文学家的创作提供了丰富的素材和灵感，即“文因景成”。建筑，以及与之有关的传统、故事，为古往今来的文学界提供了写不完的题材。

我国文学中的诗歌、散文、小说、戏曲等多种体裁都以建筑作为描写的对象，其中尤以诗文描写建筑的较多。亭台楼阁、园林建筑成为历代文人墨客抒写的对象。

中国早期的诗集《诗经》和《楚辞》中早已涉及了对建筑的描绘，以致后来越来越多的文学大师以建筑作为描绘对象。

亭作为我国一种古老的建筑门类，大约出现在春秋战国时代，最初是供人休息的场所，到了秦汉时期，亭曾被一度作为维护地方治安的基层组织。这种行政意义上的“亭”，其实就是一个行政辖区的标志性建筑物。以后，亭作为古迹，可以供人们观瞻、纪念、游宴等。亭因其美丽多姿的轮廓，以及它独特的文化功能，格外受到历代文人雅士的钟情。

在我国诗的海洋里，脍炙人口的咏亭的名篇比比皆是。例如，杜甫的“海右此亭古，济南名士多”（《陪李北海宴历下亭》），李白的“天下伤心处，劳劳送客亭”（《劳劳亭》），苏轼的“惟有此亭无一物，坐观万景得天全”（《和文与可洋川园池三十首·涵虚亭》），等等。

中国古代向来不把园林单纯看成是土木工程，而是看成一首诗、一幅画。园林总是带有清雅书卷之气。园林建筑上的楹联、匾额、雕梁、画栋，与园林花木、山水、假山、亭台等，交相辉映，组合成一个综合的建筑艺术整体。园中有额有联，配以园记题咏，园与诗文合二为一，熔于一炉。因此，中国古典文学中可说是饱含建筑信息，而古建筑则饱含文学信息。中国建筑实物由于主体为木构而存留不多，但从文学描写中人们仍可了解并欣赏建筑。杜牧的《阿房宫赋》写道：“蜀山兀，阿房出，覆压三百余里，隔离天日。”可见规模之巨，气势之雄。杜牧又写道：“骊山北构而西折，直走咸阳。二川溶溶，流入宫墙，五步一楼，十步一阁，廊腰缦回，檐牙高啄，各抱地势，钩心斗角。”这文学描述，生动之极。

王维的《和贾至舍人早朝大明宫之作》写道：“九天阊阖开宫殿，万国衣冠拜冕旒。日色才临仙掌动，香烟欲傍衮龙浮。”王维的这首诗把大明宫写得气派宏大、富丽堂皇。诗的意思是：在高耸的宫殿中，宫门徐徐地打开了。文武百官、各国使臣一起向天子朝拜。蔽日的障扇被晨曦照临着向前移动，御炉中燃烧的异香产生的烟雾，在皇帝的龙袍周围浮动。长安是汉唐故都，它的规划布局可以从白居易在一首七绝《登观音台望城》的描述中得到佐证。诗中描述登高眺望长安城的情景。

历史上流传下来抒写亭台的散文也不少，如王羲之的《兰亭集序》、欧阳修的《醉翁亭记》、苏轼的《喜雨亭记》、归有光的《沧浪亭记》等经久不衰的传世名篇，因文而使不少名亭永驻春秋。

曹雪芹在《红楼梦》中对建筑的描写，当是小说中描写建筑的典范。曹雪芹对荣宁二府及大观园建筑有非常详细、具体的描绘。作品所描写的建筑空间的变化，室内外场景之繁复，以及深入细腻的程度，可以说是古今中外绝无仅有的。书中涉及的主要建筑有：场面宏大的太虚幻境，还有智通寺、清虚观、苦海慈航、拢翠庵等寺观，宁国府、荣国府等府邸，大观园的园林及建筑等，一共提到建筑及景物有 82 处，建筑及建筑空间、构件、家具等共 155 种。最令人感兴趣的莫过于《红楼梦》中的大观园。该园虽是文学形象，而贾政要贾宝玉根据大观园各处景观题对额，却真实地表现出中国建筑文化与文学艺术的联系。大观园建成之后，贾政说："偌大景致，若干亭榭，无字标题，也觉寥落无趣，任有花柳山水，也断不能生色。"这话是有道理的，题对额确实提升了大观园的意境。接着，《红楼梦》具体描述了贾宝玉一边赏玩园景，一边刻意题名的经过。关于大观园的这些题名，无疑反映了贾宝玉对这些建筑景观的审美感受。大观园中的"怡红院"、"潇湘馆"、"稻香村"等，布局精巧，楼阁交错，景色优美。其中对亭台楼阁和园林，在小说中都尽情地进行了描绘。镇江焦山顶的"别峰庵"，为郑板桥读书处，小斋三间，一庭花树，门联写着"室雅无须大，花香不在多"，游者顿觉心怀舒畅。元代王实甫的杂剧《西厢记》中，长亭送别，描绘了长亭的景色，也说明了长亭的功用。

建筑对诗文的结构也产生了影响。中国古代的"楼梯诗"、"宝塔诗"就是受了建筑形象的启迪。人们往往可以借助于建筑的形象结构特点来分析评价某些诗歌作品。北京明清故宫的主要建筑，从前门，经天安门、三大殿直到其序列的终点景山，从南至北，被安排在一条纵向的中轴线上，逐渐推向高潮，称为递进式。多重进深的北京四合院也是递进式的。而有些诗作，也具有逐渐递进所传达出来的建筑递进序列般的美。例如，杜甫的《登岳阳楼》云："昔闻洞庭水，今上岳阳楼。吴楚东南坼，乾坤日夜浮。亲朋无一字，老病有孤舟。戎马关山北，凭轩涕泗流。"全诗八句四联，自然形成四个递进层次。首联写初登岳阳楼的欢愉心情；二联写登楼所见——洞庭烟波浩渺，气势雄浑；三联触景生情，感叹身世飘零；四联由抒寄个人凄清情怀转入伤时、忧国，形成高潮。这首诗的文辞形式，可类于中国建筑文化之宫殿、陵寝或民居的空间递进序列。又如，晋陶渊明的“结庐在人境，而无车马喧。问君何能尔，心远地自偏。采菊东篱下，悠然见南山。山气日夕佳，飞鸟相与还。此中有真意，欲辨已忘言”，有层次、有递进地通过描绘东篱黄花、南山飞鸟等景色，使诗情步步积累，突然一个自然转折，以高潮作结，开拓、深化了诗的主题，好比递进式的中国建筑的空间序列，进深很大。

西方建筑理论中有一种建筑理想即诗意的栖居。“人诗意地栖居”，是德国古典诗人荷尔德林的诗句，哲学家海德格尔借诠释他的诗来解读存在主义，又以存在的维度解读诗，这是海德格尔艺术哲学与众不同的地方。显而易见，海德格尔的这一个“存在”，不是物质的“存在”。“为神建造一个家”，在他的语境里，无疑是追求“精神”上的“存在”。雨果在《巴黎圣母院》中写道：人类没有任何一种重要的思想不被建筑艺术写在石头上。罗丹在评述巴黎圣母院时说：整个我们的法国就凝聚在这座大教堂里，正像整个希腊凝聚在帕特农神庙中一样。雨果笔下的巴黎圣母院以这座中世纪的建筑为蓝本，经过想象后进行了再创造，其规模及建筑内外部的复杂程度都远远超出实际的建筑。雨果在小说中的再创造，为这部悲壮的故事提供了栩栩如生的具体场景。《巴黎圣母院》被法国《读书》杂志列入理想书目中的历史小说一栏，排在第四本。《巴黎圣母院》的第三卷第二章详尽入微地描写了巴黎的城市与建筑。城市与建筑成为小说的主题，然而同时又是整个故事铺陈的环境。雨果曾查阅大量文献，仔细勘察了中世纪的艺术，使他那保护古代建筑艺术，尤其是保护哥特建筑艺术的呼吁引起了社会的巨大反响，从而在法国掀起了一场“哥特艺术复兴运动”。政治家、历史学家弗朗索瓦·基佐（Francois Guizot，1787～1874年）与他配合，发起并成立了历史文物保护委员会（1837年）。从此，数千座古建筑得以修复，保存至今。

二、文学对建筑的影响

1. 文学可以提升建筑的文化内涵，对建筑起描绘装饰作用

许多中外经典文学名著装满自己书房，会增加房间的文化气息，这是最表面的装潢。

较高层次的装饰也就是要求建筑装饰体现更高品味的追求。比如，可以在建筑内悬挂匾额、对联、文章等，这是一种陈设性的装饰，可以增加美观，同时也体现了主人的身份志趣，实现了个性化的装饰。《红楼梦》第五回“贾宝玉神游太虚境”，贾宝玉欲睡中觉，秦可卿带他到自己的闺房。室内别致的装饰，还有“嫩寒锁梦固春冷，芳气袭人是酒香”一联，体现出贵族女子的闺阁情欲。宝玉神游太虚幻境所见的“假作真时真亦假，无为有处有还无”这副对联，更是蕴涵着精深的人生哲理，文化意蕴之深不得言说。

最高层次的装饰是指主人或是作家用自己创作的与建筑有关的文章来修饰自

己的住所。一般对房子的评价会透露出主人自己的志向。现代文学中应该是不多见的，但在古代文学中这种作品应该是被大家所熟知的。例如，刘禹锡《陋室铭》：“山不在高，有仙则名。水不在深，有龙则灵。斯是陋室，惟吾德馨。”则表示自己的房子虽简陋，但主人的品格、志向高尚。用文学装饰建筑，不仅提高了建筑的文化内涵，而且还显示了主人的高尚品格。

用诗词等文学艺术形式来丰富、点化、拓展建筑之“意”，最常见的表现方式是以诗词赋文中的字句为建筑空间题名、题对、题联。例如，颐和园东北角谐趣园的“涵远堂”的一副对联：“西岭烟霞生袖底，东洲云海落樽前。”此联运用夸张和想象的手法，将苍茫的烟霞和云海置于袖底、樽前，立意高远，气势恢弘，情景交融，意境空灵，拓展了广阔的审美时空。

2. 文学对建筑的描绘，可以使建筑增辉扬名，即“景借文传”

东晋王羲之等人在绍兴兰亭举行活动，曲水流觞，饮酒赋诗。王羲之写下了《兰亭集序》，以致兰亭名传至今。唐代张继的《枫桥夜泊》诗：“月落乌啼霜满天，江枫渔火对愁眠。姑苏城外寒山寺，夜半钟声到客船。”诗的首句是写所闻所见的：深秋夜半，月落乌啼，霜气满天，这很自然地触动诗人的愁绪。次句，续写景物，点明失眠的缘由。后两句，远处山寺，传来钟声。钟声凄楚，使人倍感孤寂，增添了哀伤之情。情景交融，色彩丰富。这首诗使苏州寒山寺成为旅游热点。

自古以来，“楼以文传”或“文以楼传”，建筑与文学联姻不胜枚举。中国江南滕王阁、岳阳楼、黄鹤楼，号称三大名楼，都是由文学捧红而闻名遐迩、千年不衰的。巍峨瑰丽的滕王阁，是建筑与文学结合的典范。因为有滕王阁的建筑，才会有王勃的千古绝唱《滕王阁序》，又因为有了王勃《滕王阁序》的“落霞与孤鹜齐飞，秋水共长天一色”才使滕王阁名扬天下。岳阳楼坐落在洞庭湖畔的湖南岳阳市，唐开元四年（716 年）建造，全楼系纯木结构，由四根楠木大柱支撑楼体，斗拱支撑楼檐。四周环绕明廊，腰檐设有平座。整个建筑精美，气势宏伟，而武士盔式的楼顶造型，更别具风采，举世罕见。宋庆历五年（1045 年），滕子京重修时，请范仲淹作千古绝唱的《岳阳楼记》，从此奠定其名楼地位。元明以来，岳阳楼时废时兴，清同治六年（1867 年）再次重建，终于保存至今。位于武汉蛇山的黄鹤楼，早在南北朝时，就有许多诗人墨客到这里登楼吟诗作赋。尤以唐人崔颢脍炙人口的《黄鹤楼》诗，使它名声大振，终使其以历史之悠久，楼姿之雄伟而居三楼之首，享有“天下绝景”的盛誉。

3. 文学可以直接或间接地影响建筑师的创造思维

意境是中国美学的独特范畴，是中国各类艺术一致的美学追求，虽然各类艺术意境构成方式和表现手段不同。近代美学家王国维明确提出诗词优劣的判别标准在于意境的有无与高低。诗词如此，建筑亦然。无论诗词意境还是建筑意境，它们都蕴涵着苍茫的宇宙感、厚重的历史感和深切的人生感。

清代钱泳在《履园丛话》中说："造园如作诗文，必使曲折有法，前后呼应，最忌堆砌，最忌错杂，方称佳构。"一语中的，充分说明了造园与作诗文的关系，从诗文中可以感悟到造园的方法，而园林又能吸引文人、游客写成诗文。中国美学，讲究意境，同样的意境可以用不同的艺术形式和艺术手法表现。诗有诗境，词有词境，曲有曲境，画有画境，音乐也有音乐境，而高明的造园者，可以综合运用其他的艺术意境，借助山水花木、池馆亭台表现出来，走进园林，有诗有画，各臻其妙。造园者如果没有诗文基础，其灵感是无法产生的。以诗文造园，正是中国园林能在世界上独树一帜的原因。

陈从周曾以宋词喻苏州诸园：网师园如晏小山词，清新不落套；留园如吴梦窗词，七宝楼台，拆下不成片断；而拙政园中部，空灵处如闲云野鹤来去无踪，则姜白石之流了；沧浪亭有若宋诗；怡园仿佛清词，皆能从诗文中揣摩得之。

中国古典文学在抒情方式和结构上往往表现出含蓄、中和的美学风格。这对中国传统建筑无形中产生了影响，古代宫苑、园林建筑，多取深藏内敛、曲折不露的风格，就是证明。山东曲阜的孔府是古代典型的豪华富宅，走进前门，还有很多门，先进入大堂，再进去才是内宅，最后还有花园，很有"庭院深深深几许"的意境。

古代诗歌在结构上，追求和而不同的美。整体结构要求和谐，但和谐中有变化，包含着不同。例如，王维《山居秋暝》："空山新雨后，天气晚来秋。明月松间照，清泉石上流。竹喧归浣女，莲动下渔舟。随意春芳歇，王孙自可留。"这是一首五言律诗，描绘的是秋日傍晚雨后山林的景色，表现了诗人追慕归隐的生活意趣。前两句，点明了季节（"秋"）、时间（"晚"）、地点（"空山"）、天气（"新雨后"），从而写出诗题。开头表现得很自然，不奇怪，不突兀。中间第二、第三两联共四句，先是写景，然后由景写到人。视听结合，动静交错。词性、词义富有变化又对仗工整。尾联两句是结尾，由外物指向内心，由写景转到抒情，心态平静但又余味不尽，让人留恋。这种开头自然、中间富于变化、结尾又归于平静的结构模式，在传统建筑上也有体现。比如，我国宫殿和民居的大门，虽然在样式上有不同，但大多不怪异、高大，显得很自然。但中间部分，厢房厅堂，深室长廊，富于变化。但不管怎样变化，总体上是以中轴线为界，两侧分布平衡。这体现了在不同中求和谐的观念。这与律诗中间四句对仗句的构成很相似。后园往往是传统建筑的最后部分，依托山水，或造园林之景，或种植果蔬。这和律诗的平静的结尾又极类似，给人不尽的余味。和而不同，在不相同的变化中保持和谐，正是传统建筑结构与古典诗歌结构在美的追求上一致的地方。

第四节　建筑的社会性

社会性作为建筑的一个重要属性，由它的民族性、地域性、时代性，以及艺术特征诸方面反映出来。

地域性和民族性是建筑文化属性的特殊表现。一个民族或地区在长期的社会发展过程中形成的文化的表达方式、宗教文化、社会思想、文明和进步，以及自然条件影响因素都使建筑产生了丰富多彩的地域性和民族性。

一、建筑的地域性

建筑是一个地区的产物，地域性是建筑的本质属性，它是指建筑与所处地方的自然条件、经济形态、文化环境和社会结构的特定关系。

地域性包含自然环境、人文环境和社会环境三个层面。它们相互影响，决定着地域性的形成与发展。

（1）自然环境包含地形、地貌、自然资源（植物、水等）、气候条件等元素，它们影响和制约着地域性的形成与发展。

（2）人文环境包含场所中的人们的生活方式、历史传统、风俗、建造技术等。

（3）社会环境包含特定地域环境内的经济发展状况及社会组织制度，以及与相邻地区的交往程度（与客观的交通便利、距离远近等因素有关）。

地域性建筑是自然适应性、人文适应性、社会适应性的统一。

第一，建筑的地域性表现在它受区域自然条件的影响，如地理气候、地质等。比如，北方寒冷地区的建筑和南方炎热地区的建筑就有明显的区别。即使在同一个地区，滨河的建筑和山区的建筑也是不相同的，比如，属于亚热带海洋气候的我国岭南区域，特点是高温多雨潮湿，天晴时日照时间很长，植物四季常青。其建筑注重通风、遮阳、隔热、防潮，逐渐形成开敞、通透的平面与空间布局，轻巧的外观造型，明朗淡雅的色彩的风格特色。从气候来看，由于我国疆域辽阔，南北气候相差很大，北方平均气温相对较低，多寒冻、多霜雪，所以北方建筑在布局上坐北朝南，便于接受阳光，房屋结构普遍比较坚固，墙体较厚重，空间较为封闭等。而南方平均气温较高，光照较强，雨量充沛，建筑重点在通风、防潮、避雨，防寒的意义不是很突出。

第二，建筑的地域性还表现在建筑与具体的地形、地貌条件，和城市周围的建筑环境的关系上。一个地区的地形、地貌直接影响和制约建筑空间和建筑形式。意大利的威尼斯是一座水上城市，位于意大利东北部的亚得里亚海滨，四周被海洋环绕，仅有西北角的铁路、公路桥与 4 公里外的陆地相连，纵横交错的

177 条水道将全市分割成 118 个岛屿，素有“水都”、“百岛之城”的称号，岛与岛之间由 400 多座造型各异的桥梁连接。特定的地域水的环境使威尼斯成为世界上唯一一座不见车辆的城市，虽然人口稠密，却无车马之喧闹，主要交通工具是舟楫，开门见水，出门乘船。威尼斯也因桥多而被称为“桥城”，这些桥千姿百态，风格各异，有的似飞虹，有的似游龙，许多桥都有典故，称威尼斯为世界上的桥梁博物馆是不过分的。

民族建筑还往往顺应建筑环境的地形、地貌而建，不同的地形、地貌产生了不同的建筑形式。例如，干栏式建筑，在平坦河谷往往是整个底架高高离开地面，而在一些山区，其桩柱降低，变成矮脚干栏，还有的变异为吊脚楼形式。

第三，建筑的地域性还表现在地区的历史、人文环境之中。这是因为，一个民族、一个地区人们的长期生活决定了历史文化的传统。比如，客家土楼，也称福建圆楼，它以历史悠久、规模宏大、风格独特、结构精巧等特点独立于世界民居建筑艺术之林，是世界上独一无二的神话般的山村民居建筑，是中华文明的一颗明珠，是中国古建筑的一朵奇葩。土楼民居以种姓聚族而群居的特点和它的建造特色都与客家人的历史有密切相关。客家人每到一处，本姓本家人总要聚居在一起。再加上客家人大多居住在偏僻的山区或深山密林之中，为了抵御豺狼虎豹的侵扰和盗贼的袭扰，客家人便营造了“抵御性”比较强的、城堡式的住宅建筑。这样也就形成了客家民居独特的建筑形式——土楼。土楼主要分布在福建省的龙岩、漳州等地区。这足以说明一种建筑的形式的由来，是与地区的文化、地区的特点有密切的关系的，它不是无缘无故来的。

建筑的发展与建筑所处的地域之间也有着密不可分的联系，一定地域的材料资源、地形地貌、气候状况等要素对建筑的发展有着重要的影响。由于这种影响，才产生了风格迥异、各具特色的地域性建筑，如藏族民居，通常称为碉楼。然而细致地分析，同样是藏族，甘南藏族、云南藏族、四川藏族的建筑，既有共性，又有差异性。

二、建筑的民族性

建筑作为文化现象，具有着鲜明的民族特色，因为它是从各自的民族地区发展起来的。它是民族文化的重要组成部分。世界上各个国家、各个地区、各个民族的文化都是在不同的客观条件下，长期形成的，地理环境、气候、温度、风力、日照，雨量、积雪等，特别是建筑材料对建筑技术产生直接的影响。民族文化包括语言文字、风俗习惯、生活方式、文化艺术及宗教信仰等，对建筑艺术起着决定的作用。于是便形成了各式各样的民族建筑形式，丰富多彩的民族建筑艺术，反映出各个国家、各个民族的文化特色。

不仅世界各国之间的民族建筑有着不同的特色，就是一个国家之内，也因不同的地区、不同的民族有着不同的特色。就拿中国来说，由于地域辽阔，地理环境和自然条件的差异很大，加之民族文化的因素所形成的建筑风格，建筑艺术都各不相同。以民居为例，华北地区的四合院，南方各省的干栏式建筑，广西、湖南的侗寨、苗寨，黄土高原的窑洞，内蒙古草原的蒙古包，西藏和四川、青海部分地区的碉房住宅等，不仅其建筑结构、建筑形式各不相同、各具特点，而且建筑的装饰、色彩、绘画、雕刻、彩画等都具有浓厚的民族特色。

民族与建筑的关系和影响，要比地域与建筑的关系或影响高一个层次。除了自然环境的影响之外，还包括民族的宗教特征、历史文化、人文风采、生活习惯、经济生活、审美观点和思想感情、伦理特征等。

第一，在民族建筑中宗教的影响是非常广泛的，宗教以建筑为载体，用来宣扬教理、吸引教徒、渲染每一教派的文化；而宗教建筑又促进了每一时代建筑结构与建筑风格的发展。宗教凝固在建筑之中，建筑又渲染了宗教气氛，使宗教具有了色彩，宗教与建筑汇合成为一部令人神往的交响曲。

在欧洲，自中世纪开始出现的东西两大教派（东欧为东正教，西欧为天主教）反映在他们的教堂建筑上就显示出两种明显不同的形态。在宗教的影响下，纯粹的宗教建筑和具有某些宗教因素的建筑是不尽相同的。在纯粹的宗教建筑中，宗教对建筑的影响是全方位的、强制性的。

西藏的桑鸢寺是藏族的喇嘛教建筑，它的布局形式就是典型的佛教宇宙观的象征。寺中央的乌孜大殿，象征世界的中心须弥山；南北的尼玛殿和达瓦殿分别象征日、月；大殿周围有白、青、红、绿四座舍利塔，象征四大天王；围绕大殿的十二座建筑物，象征须弥山四方的咸海中的四大部洲和八小洲；圆形的外墙，隐喻世界外围的铁墙；几条沿着围墙转经朝拜的小径，表示法轮常转。虚幻的宇宙模式通过现实的建筑予以固定，完善地表达了佛教思想。

还有一些建筑不是很直接的宗教象征物，但却是在宗教精神熏陶下的产物，造型的细节也许各不相同，但总体上表现出某些共同的宗教精神及相近的造型风格。例如，藏族与傣族过去都全民信教，藏族信仰喇嘛教，傣族信仰南传佛教 。喇嘛教主张众生平等、救度众生，宗教的气魄很大，加上佛教密宗的一些神秘内容，这些宗教特点影响到藏族宗教建筑的造型风格，形成规模恢宏的群体造型，线条刚直威严，整体建筑充满崇高的美感。而傣族建筑群体建筑不多，一般体量不大，线条柔和，曲线优美，清丽脱俗，纤细挺拔。这些特点的形成，与南传佛教主要强调以个人修行的方式脱离尘世苦海的教义，宣扬自我拯救的观念有关，在这种观念影响下，傣族被熏陶成性格温柔、优雅的民族。建筑的色彩也受到宗教明显的影响。佛教认为，世界所有事业包括在“息”（温和）、“增”（发展）、“怀”（权力）、“伏”（狠）四种范畴内，其色彩分别表现为：息（白）、增（黄）、怀（红）、伏（黑）。因此，藏族、蒙古族普遍喜爱在建筑中使用红、白、黄等色，而讨厌黑色。信仰伊斯兰教的民族在建筑中常用青、白、蓝色，因为伊斯兰教认为建筑应该朴素简洁，青、蓝、白色给人以清新、洁净的感觉。另外，还有一些民族受原始宗教的影响。例如，在羌族史诗《羌戈大战》中说，古代羌人同入侵的戈基人打仗，处于僵持状态，后来得到天神的指点，用白石来打击敌人，终于取得了胜利。于是在羌族看来，白石就成为天神的象征。羌族常常把白石供奉在自己的屋顶、墙头上，天长日久，白色的石英石就成为羌族最喜爱的建筑装饰物。

在建筑选址上，也受宗教礼数的控制，宫殿、庄园、寺院建筑一般都建在山上，以表现领主至高无上的地位。老百姓则选择山下，向阳坡，成片地建设。

第二，民族对建筑的影响还体现在政治因素的作用上。在有的民族中政治与宗教合一，政治通过宗教来使其权势神圣化，宗教也通过政治来加强其威严，这样宗教因素影响建筑时，政治因素也渗透进来。例如，布达拉宫过去是西藏的政治中心和宗教中心，其巨大的组群、威严的气势、精美的装饰都是政治宗教共同作用的产物。

有的民族中政治因素直接表现为阶级因素，在建筑中表现出阶级的差异，“大奴隶主水普休惹的房屋巧妙地利用山势，借高耸的山头，使自己的住宅居险而就，气势不凡，象征等级身份的高贵与威严，建筑的雄伟显示出财产的雄厚和地位的优越”①。

布达拉宫的建筑风格主要体现在色彩、布局、功能分布三个方面。整个布达拉宫外部主体色彩为红、白两色，红色代表宗教，白色代表政治。红宫建在建筑群体的顶点和中心，象征着雪域佛法至高无上。白宫及其脚下的“雪”则是西藏政治活动的中心，建在红宫之下承托和保护着红宫，表现出以教执政，以政护教的社会性质。布达拉宫同时也继承了藏族传统山顶碉式建筑风格，体现出建筑物体与红山的高度谐调和融合，犹如是从山中生长起来的。

第三，民族对建筑的影响，也体现在家族、亲族元素的作用。在我国少数民族中，亲族、家族观念非常浓厚，往往影响到传统建筑的布局、规模、结构等。比如，从村落布局来看，侗族的一个家族或亲族集团聚居在一个寨子里，以鼓楼作为这个集团的中心，村落布局有一向心内聚的趋势，先修鼓楼，后建民房。而彝族的村落布局，是数村或数十村形成血缘家族、亲族地域。而一个村落只有数户或数十户。

从单体建筑中也可以看到家族、亲族制度对建筑的影响。例如，云南的独龙、德昂、基诺等民族中曾存在过一种“大房子”。基诺族的“大房子”一般是由男性家长掌握内部权力，按父系血缘继承的一种长方形干栏式住房，长约25

① 冯敏，陈志明．1990. 凉山奴隶制民居的建筑艺术．中央民族学院学报，第6期．

米，宽约15米，房子内有10个左右的炉灶，以中央过道为中轴，对称布置，每对夫妇拥有一个。这种“大房子”巨大的体积、严谨的结构及同外在环境的关系形成了一种特殊的、打上了家族制度烙印的建筑特征。

第四，民族的经济生活条件对建筑的影响。我国东北的鄂温克、鄂伦春族长期生活在原始森林中，生产力水平低下，大多以狩猎、采集为生，逐兽而居，因季而迁，极不稳定。他们一般只有简陋的、不固定的居住建筑“撮罗子”。同样，在草原上生活的蒙古族、藏族等游牧民族，他们过着逐水草而居的迁徙生活，但生产力水平比鄂温克族和鄂伦春族要进步一点，他们的帐篷在外观上也发生了变化，如蒙古包的顶部为圆锥形，周围作圆筒状，“此种尖顶圆身的建筑，大概是由纯圆锥形的帐篷蜕变而来的。圆锥形的帐幕，系较原始的一种居住方式，与狩猎民族的文化相应，尖顶圆身的帐幕，则系较进化的一种居住方式”①。尖顶圆身的蒙古包比起圆锥形的“撮罗子”，首先是使用面积扩大，内部空间扩展，造型上更美观，线与线的连接更自然；其次由于经济水平的提高，蒙古包的内外都进行了装饰，大多取材于现实生活，如云、花、蝴蝶、鸟等自然物，还有包含宗教意义的吉祥图案及一些几何抽象纹样等。

三、建筑的时代性

如果说建筑的地域性和民族性是建筑的空间属性，那么，建筑的时代性则是建筑的时间属性。

建筑在历史长期积淀中形成某种定式，随着时间的推移，它发展、壮大、补充、完善，臻于成熟，流传后世。但是由于受到政治、经济、技术的冲击，也在逐渐改变着它的形制。不少新建的建筑，无论在布局、规模、形象、环境方面都展现着新的图景。

生活模式的改变必然导致建筑形式的改变。

建筑的本质是为人们提供工作、生活、学习与休闲的良好室内外空间环境，满足人的需求，传统建筑是在传统生活模式下的一种表达。以现代家庭结构、生活习惯和生活方式为主要内容的现代生活模式完全不同于传统生活模式，这导致传统建筑难以适应现代生活的需要，生活模式的改变必然导致建筑形式与内容的改变，现代建筑应是现代生活模式下的一种表达。

现代建筑技术和材料必然创造出新的建筑形式。

表面上看，一种全新的建筑形式是由建筑师创作出来的，但建筑师的创作是基于一种特定的建筑材料、建筑技术与建筑设备，建筑形式从根本上讲是由建筑技术与建筑材料决定的。纵观西方建筑历史，每一种新的建筑形式的出现都是源

---

① 吴文藻.1990.蒙古包//吴文藻人类学社会学研究文集.北京：民族出版社.

于一种新的材料和技术的出现。以现代建筑技术和材料为基础的现代建筑必然会出现一种与现代建筑技术相匹配的建筑形式，且当现代建筑技术、建筑材料在世界各国得到普遍使用时，一种国际式风格的建筑必然会出现。如果刻意强调建筑的地域性，用现代材料和技术模仿传统建筑的形式是肤浅的、不可取的。

建筑是时代的反映，建筑应具有时代性，建筑的时代性是主旋律，就应理直气壮地表达其时代性。但强调创新和时代精神，并不是排斥和放弃传统和地区特色。创造有中国特色的建筑，关键是要处理好弘扬传统建筑文化与发扬时代精神的关系。弘扬传统建筑文化的根本目的是创新，而创新又必须在原有的文化根基上发展，继承传统要注意不是在新建筑上复制部分构件，或拼贴传统符号，而是吸收优秀文化的内涵。

复习思考题

1. 怎样理解建筑的文化属性？
2. 怎样理解建筑的艺术性，建筑的艺术性体现在哪里？
3. 怎样理解建筑的文学性？
4. 试论述建筑的社会性。

扩展阅读

1. 余卓群，龙彬. 中国建筑创作概论. 武汉：湖北教育出版社，2002.
2. 陈凯峰. 建筑文化学. 上海：同济大学出版社，1996.
3. 张钦楠. 特色取胜：建筑理论的探讨. 北京：机械工业出版社，2005.
4. 汪国瑜. 建筑：人类生息的环境艺术. 北京：北京大学出版社，1996.
5. 刘先觉. 现代建筑理论. 北京：中国建筑工业出版社，1999.
6. 刘天华. 中西建筑艺术比较. 沈阳：辽宁教育出版社，1995.
7. 侯幼彬. 中国建筑美学. 哈尔滨：黑龙江科学技术出版社，1997.
8. 萧默. 世界建筑艺术. 武汉：华中科技大学出版社，2009.

第二章　中西传统建筑文化的特征

中西传统建筑是中国古代传统建筑和西方（主要是欧洲）古代传统建筑的简称。建筑是时代的一面镜子，反映出一个时代、一方地域人们的审美追求和技术水平。每个国家都有各自历史发展过程中所产生的不同的建筑种类和形式，中西传统建筑受自然物候、材质原料、社会条件、技术水平、思想观念、宗教文化、审美情趣等诸多方面的影响，形成了形态迥异、个性差别极大的建筑形态和体制，也形成了不同风格的建筑文化。

西方（包括从古罗马分离出来的欧洲及非洲北部）的传统建筑文化与古希腊和古罗马文化一脉相承，而中国五千年来保持了一贯的建构传统。到了近现代，随着中西方思想文化、科学技术的交流融合，中西建筑才开始趋向于全球化。可以说中西文化传统的不同带来中西传统建筑文化的差异，比如，中国文化重道德和艺术，西方文化重科学与宗教；中国文化重融合、统一，西方文化重时代的独特精神，凸显各种流派的个性特质；等等。上述这些中西不同的传统文化导致中西的建筑特色、艺术形式、发展源流及人文理念等产生差异，这些也能从历代建筑物及流传下来的建筑学著作中得到印证和反映。

值得注意的是，建筑文化的意蕴主要是通过建筑的比附性象征与建筑的表现性象征而获得的。建筑的比附性象征是指用建筑形象来比拟某种确定的文化观念或意义，建筑的表现性象征是指建筑以形象的隐喻去暗示或激发主体想象以获得文化内涵。另外，在赏析建筑的比附性象征与表现性象征时，不仅要注意独立的建筑物还要注重群体建筑的文化特征，正如李泽厚所说："中国建筑最大限度地利用了木结构的可能和特点，一开始就不是以单一的独立个别建筑物为目的，而是以空间规模巨大，平面铺开，相互连接和配合的群体建筑为特征的。它重视的是多个建筑之间的平面整体的有机安排。"[①] 总之，独立的或者群体的建筑的文化观念，以及其意义的获得主要依靠观赏主体的联想与想象，尤其是通过联系约定俗成的观念与传统的文化思想而获得建筑文化的内涵，并借此联想、领悟中西传统建筑在文化层面上表达出的抽象意蕴与深刻哲理。例如，庄严恢弘的故宫建筑象征中国古代皇权的至高无上（图 2-1）；高耸入云的米兰大教堂体现一种渴望

---

① 摘自李泽厚．1981. 美的历程．北京：文物出版社．

接近上帝的宗教观念（图 2-2）。

图 2-1　故宫

图 2-2　米兰大教堂

第一节　中国传统建筑文化的特征

中华民族的传统建筑在华夏五千年的文明史中留下了贯穿古今的重笔，从原始社会的山顶洞，到“覆压三百余里，隔离天日”的秦阿房宫，从大汉四百年的长安未央宫，一直到明清的紫禁城，在几千年的智慧的结晶与沉淀中，中华民族的传统建筑已成为举世瞩目的文化遗产，中国的传统建筑也形成了特有的建筑文化。因为建筑是人类创造的物质文明和精神文明的集合，建筑以自己独有的形式既能够反映出时代特征又具有浓厚的民族烙印，也可以说建筑是一种物质化的民族精神和民族哲学。

中文中的“建筑”一词，是从日语中转译过来的。在中国古代汉语中，则称作营建、营造、兴建等。“营建”包括规划、设计和施工的全过程，“营”是规划设计，“建”是建造施工。在中国古代建筑包括的范围很广，有城市、宫殿、坛庙、衙署、祠堂、陵墓、文庙（孔庙）、民居、佛寺（还包括石窟寺和塔）、道观、清真寺、仓廪、桥梁、堰坝、城垣等。由于它们结构和艺术上的特点，又自成一体。此外，还有生产用的工场、作坊等。中国古建筑结构体系、平面布局、彩画雕饰、门窗布置等工程及美学上的措施常表现着中国古人的智慧和审美趣味。一城一市，一宅一园都是中国人生活和思想观念的反映。各种类型的建筑物有各自的用途、形式与结构，以满足它们各自功能的需要。延续数千年的中国古建筑体系，是中国灿烂文化的见证，本身也是重要的物质文化遗产，它们折射出以下建筑文化特征。

一、深沉高迈的儒道文化内核

中国传统建筑作为传统文化的物质载体，映射出的儒道的美学精神与伦理规范，以及对人生的终极关怀，都蕴藏在了高超的土木结构科技成就与迷人的艺术风韵之中，铸就了高雅的理性品格和深邃的文化内核。中国传统建筑犹如语言，外显的是其实际的功用，内含的却是中国传统文化的底蕴。中国传统建筑的文化特征首先可以从深沉高迈的“儒道文化内核”来论述。

（一）中国传统建筑中的儒家思想

儒家的礼制精神及“中和”等思想在中国传统建筑文化中都有比较全面的体现。

1. 建筑是礼制的载体

“礼”的思想与“礼”的制度是儒家思想的核心，而且“礼”也同样体现于建筑之中，使中国传统建筑拥有丰富的“礼”的内涵。中国先秦典籍《考工记·匠人营国》和西汉编纂的《礼记》就从礼制方面对城郭、宫室和祭祀建筑提出了要求，明文规定在建筑位置、建筑型制、居住方式等方面，都必须体现居住者的社会等级与身份。

第一，中国的古代建筑无论大小都必须遵循礼制要求，封建政权的核心（包括皇帝宫城和各级衙署）都位于城市中轴线上，城市的其他部分都对称均衡地分布。唐长安是严格按照中轴线来设计的，宫城和皇城在城市纵轴线的北部中央；皇城内左右分设宗庙和社稷；居民则被限制在四面高墙围成的一个个方格内。

第二，中国传统建筑集中体现着中国政治文化体系中的君臣、尊卑、长幼秩序，有稳定、中庸、内敛、保守与和谐的内在特质。在中国古代寺庙中，从前到后，是山门、天王殿、大雄宝殿、藏经楼等主体建筑，两旁则布置钟楼、鼓楼、僧舍等附属性建筑，“左阁右藏”、“左钟右鼓”等。空间层层递进，庭院深深。普通人家的建筑也严格地体现着封建家长的权威地位——家长住上房堂屋，子孙住厢房，其中蕴涵着严格的等级体系与社会思想文化准则。中国传统建筑中这些

“礼”的形象存在，加强了“礼”在社会的全面渗透。可以说，传统建筑承担着一定的“文治”与“教化”功能。

2. 建筑的“中和”美

在中国古代建筑的规划设计中，明显存在着“中轴”意识，这是儒家“中正”思想的表现，所以中国古代建筑崇尚中央，以中为尊。组群建筑常沿中轴线纵深发展，重要建筑居中于中轴线上，其他建筑左右对称布局。正如梁思成所说：“一正两厢，前朝后寝，缀以廊屋为其基本的配置方式。左右交轴线之于前后中轴线，完全处于附属地位，是中国建筑特征之一。”① 而且以中央地位为最尊贵，是最有统治权威的象征。远在周代选择土地建造国都时，奉行择中理念，择国土之中建立都城，择都城之中建王宫。具体做法也叫“立中”，先测定一个坐标点，然后围绕这个中心点修筑宫殿城池。古代都城规划中，如元大都与明清北京城的规划布局都以主宫殿位于中轴线上，以宫室为主体，次要建筑位于两侧，左右对称布局，“前朝后市”、“左祖右社”。中轴线上的宫室巍峨宏伟，且有多层级纵深，两旁有附属性建筑左右对称摆放。故宫以太和殿为中心，周围分布着庞大的建筑群，外围更有天坛、社稷坛、日坛、月坛等拱卫，象征皇帝坐镇中央遥控四方。“中正”的儒家思想使中国古代建筑具有了“中和”之美学精神（图 2-3）。

图 2-3　故宫鸟瞰图

（二）中国传统建筑中的道家思想

与儒家一样，道家的“清静无为”、“天人合一”等思想对中国传统建筑影响很大，并在中国传统建筑文化中也得到了较充分的体现。

1. 道家思想“暗化”于建筑

儒家的“礼制”思想是通过典籍的形式由皇家颁布的对建筑物所作的必须执

① 摘自梁思成 . 1998. 中国建筑史 . 天津：百花文艺出版社 .

行的要求与规定，在中国古代建筑中儒家文化已经成为建筑法规体系的组成部分。道家思想没有这种明文规定，但是不可否认的是道家文化的精髓依然在中国传统建筑文化中得到了很好的体现。可以说道家的“天人合一”等思想观念不是通过典籍强制性规定的，而是“暗化”在中国的古代建筑特别是庭院设计中。道家学者认为，“用赏者贵诚，用刑者贵必，刑赏信必于耳目之所见，则其所不见，莫不暗化矣”。所以道家思想不断“暗化”于中国传统建筑，比如，中国传统建筑（如四合院落及透窗借景等）喜欢留“空”的根本原因是来自老子的“有无相生”思想，老子《道德经》的第十一章说：“三十辐共一毂，当其无，有车之用。埏埴以为器，当其无，有器之用。凿户牖以为室，当其无，有室之用。故有之以为利，无之以为用。”可以说，中国传统建筑的构建体系正体现了道家在“暗化”基础上实现“不言之教”的思想。

2.“天人合一”的建筑环境观念

“天人合一”的思想来源于《周易》。《周易》指出：人是自然的产物，人事法天，人心通天。因此，《横渠易说·系辞上》有“天人不须强分，《易》言天道，则与人事一滚论之。”《老子》直接承接《周易》提出：“人法地，地法天，天法道，道法自然”（《老子》二十五章），强调“人道效法天道”。而道家的“天人合一”思想成为了中国传统建筑的环境观念，有专家指出：“基于《周易》的‘天人合一’的观念，形成了一种似乎是‘天生的’的宇宙意识或称大环境意识。大至于都城选址、宫城规划，小及于建筑高度、面阔、进深，以至门窗尺寸的确定。其重点不在于一般外在或直接的道理推求，比如使用的方便、材料和人力的节约使用、建筑结构的合理以及艺术构图的完美等技术性层面，而在于古人在进行建筑创作时，所着意重视的传统哲学思想和传统礼制这些根本涉及中国古代建筑设计理论的非技术性的隐形的因素。”所以中国传统四合院不论在地址选择还是建筑本身甚至装饰等方面都保持和自然相协调的特色，院内植树栽花、饲鸟养鱼、叠石造景，居住者尽享大自然的美好，这分明是道家思想的印记，即有虚有实、轮廓柔和、曲线丰富，在稳重中呈现出一定的变化；而且硕大的屋顶一般铺以轻巧多姿的翼角和漂亮的反曲线，使四合院的高墙院落也尽量表现出与自然协调的意念，并与周围的山水林木等自然环境取得了相当的和谐。正如李约瑟博士指出的：“再没有其他地方表现的像中国人那样热心于体现他们伟大的设想：‘人不能离开自然’。”

这种“天人合一”的建筑环境观念尤其体现在中国园林之中。中国园林源于自然，高于自然，以表现大自然的天然山水景色为主旨，布局自由；所造假山池沼，浑然一体，宛如天成。中国园林作为人与自然对话的一种方式，深深打上了中国传统文化的烙印，将“虽由人作，宛若天开”作为最高境界，这充分反映了道家“天人合一”的文化特色（图 2-4）。

图 2-4　颐和园

二、兼容并蓄的整体文化特色

不仅儒道文化是中国传统建筑文化的内核，佛教文化也是中国传统建筑文化的重要组成部分之一。我国自宋代起儒道佛（释）就开始“三教合流”，并盛行“以佛修心，以道养身，以儒治世”的一体化文化观念，这究其实质就是中国文化“大一统”的基本精神，而这一切又都在统一的建筑形态中得到形象化表述。所以中国儒道佛的思想差别虽大却互相补充，构成了中国文化积极入世与顺应自然的矛盾统一；而三者的相互融合共同影响中国传统建筑文化的发展，体现了多元互补的特色。

作为中国文化主流的儒家思想崇尚自身修养、志在治国平天下的积极进取的历史使命和社会责任心，追求“仁义”和“礼乐”，重义轻利；道家则强调宁静和谐与超越世俗的“穷则独善其身”的观念，同时认为“天地有大美而不言”，提倡“道法自然”，追求虚静；而佛教追求“息心去欲”、“清静无为”等境界。上述儒道佛互补的思想文化观念同时体现在了中国传统建筑之中，比如，其他民族主要的建筑多半是供养神的庙堂，像希腊神庙、伊斯兰清真寺、哥特式教堂等；而中国的主要建筑（宫殿）是活在世上的君主们居住的场所，同时祭拜神灵，是在与现实生活紧密联系的世间居住的中心，而不是在脱离世俗生活的特别场所，所以是入世的、与凡尘生活融为一体的宫殿宗庙建筑，成为中国古代建筑的代表。

另外，儒家强调社会生活的秩序性，强调群体的和谐和有序，体现在建筑之中就是以礼制为中心的“中和”之美学精神；道家与佛教重视个体生活的自由，他们重视个体的身心健康，关注人的内在心理感觉和受用，体现在建筑之中的就是与自然的和谐统一；而儒家同样提倡“天人合一”，虽然各自侧重的角度不同，但是同样使得中国人在处理建筑与自然环境的关系时不是对立的，而是亲和的，形成了建筑和谐于自然的环境态度；各式建筑和山村聚落都十分重视选址，除了满足各自功能的需要目的外，还考虑因山就势，使建筑群体臻合于局部的山水地貌，在总体上和周围自然环境谐调。建筑和自然环境浑然一体，使其更臻于如画的“风景建筑”。所以，中国传统建筑在处理大自然关系上所体现出的“天人合一”的建筑环境观念是儒道佛文化作用的共同产物。

值得注意的是，中国传统宗教建筑“三教合一”的特色，中国同时存在三教的其中重要因素是“三教虽殊，同归于善”。中国古代比较有名的“三教合一”的寺庙有：位于山西省浑源县城南 3.5 公里处的金龙峡的悬空寺，其始建于北魏后期（约 6 世纪），迄今已有 1400 多年的历史，寺的最高处是三教殿，供着释迦牟尼、孔子和老子，释氏居中，孔子居左，老子居右。另外，还有位于宁夏回族自治区中卫县城北的中卫高庙，其始建于明永乐年间（1403～1424 年），庙的砖雕牌坊上有一副对联：“儒释道之度我度他皆从这里，天地人之自造自化尽在此间。”横批是“无上法桥”。庙里供奉不仅有佛、菩萨，还有玉皇、圣母、文昌、关公，可以说佛道儒三教的“偶像”齐聚一堂。

由此可见，儒家使建筑强调秩序，而建筑仍然有自己的自由；道家使建筑强调自由，建筑却仍然有自己的自然秩序；佛教使建筑强调出世，建筑却仍然有自己的现实作用。儒道佛三家本来在群体和个体的关注上各有自己的侧重，但是他们在中国传统文化中却一直以相互补充的形式和谐共生，如上述中国传统宗教建筑的“三教合一”，这足以说明儒家、道教与佛教的兼容并蓄，而且互相不是绝对排斥的。三者的和谐共生体现在中国传统建筑文化中，使建筑之中的道家智慧离不开儒家精神，建筑之中的儒家精神也离不开道家的智慧，建筑之中的佛教智慧也离不开儒家精神，中国的传统建筑都是在道家与佛教智慧及儒家精神的互补互动中，才达到了自己独特的境界，形成了我们这个民族独有的建筑文化景观。

三、“围合”的地域文化

中国传统建筑文化形成的原因，可以说有传统文化的深远影响，也有地域环境的影响。《华夏意匠》的前言指出：“中国古建筑是古今都在东亚地区，由东亚人民产生的。它是一种赏心悦目的视觉艺术和清静环境，是古代养目、养心、养身、遂生的具体表现。它既具有几何构成又有模式表达和逻辑组成。这是出乎今西方人意料之外的。这可能由于古代中原地区是得天独厚的温带地区，即所谓华夏地区。同时又南有热带、亚热带地区，北有寒带地区，西北有戈壁、沙漠，东南有黄海、东海、太平洋、南海，西南有崇山峻岭，东北有白山黑水，所谓人杰地灵物华天宝之地。不过，这里有地震，有台风，有风沙，有寒流，有大风雪，有洪水水患。这些地理气候等因素可能是使中国古建筑长期少变的主要原因。”由此可见，中国的东面是浩瀚的太平洋，西北部是荒漠，而西面、南面是珠穆朗玛峰和云贵高原，这一地理位置遏阻了中国人的活动范围，造成了狭隘的地理观念，使中国的传统建筑与外界交流不大，所以日益自我封闭与自我完善。另外，以血缘和地域相统一的定居生活方式的发展带来了农业的高度发达，中国古代人民的生活依赖于农业，依赖于土地，这种生活方式使中国人重于安分知足，崇尚和平，也导致中国传统建筑注重自身的安全，注重生活环境的安全感的特征。可以说，地理环境对中国传统建筑的形成和发展产生了深刻的影响。在气候地理与环境的影响下创造的赖以生活生存的中国传统建筑空间，明显地显现出强烈的“围合”文化，即住宅以院墙或房间本身围合起来，城市一般有内外两层城墙，甚至大到一个国家也有城墙——万里长城所围合。

对围合空间的偏爱也是“院落”——中国传统建筑的显著特点之一——形成的根本原因之一，“院落”的形成可以追溯到先秦时期，如陕西岐山凤雏西周建筑遗址平面，该建筑是一座相当严整的四合院建筑，由前后两院落组成，中轴上依次为影壁、大门、前堂、后室；前堂和后室间以通廊相连，两侧为通长厢房，将庭院围合成一封闭空间，院落四周有檐廊环绕。还有典型的民居，如北京四合院，把“院子”作为建筑平面的组成部分，以房廊作为过渡空间，院子里面建筑互不独立，相互联系，室内外空间融为一体，富有生活气息。所以说，“院落”体现了地域文化造成的“围合感”建筑文化。

另外，值得一提的是，“院落”虽然都体现了强烈的“围合感”文化，但是中国不同地域的院落是不一样的，北方的典型院落是四合院、三合院，而云南的院落是三厢一照壁，客家的院落是土屋，江南的院落是厅式建筑，这也体现了不同地域形成的院落的个性差异。可以说，就是在同一个国家，也会因地区和民族的不同而产生不同的建筑文化特点。中国地域辽阔，地理环境、自然条件的差异很大，加上多民族的文化因素，因而形成的建筑风格也各不相同，如华北地区的四合院，南方各省的干栏式建筑，西藏的碉房，广西、湖南的侗寨、苗寨，黄土高原的窑洞，内蒙古草原的蒙古包等，不仅建筑结构与建筑形式，而且建筑文化都大相径庭，各具地域文化的特点。

四、中国古典建筑发展平稳缓慢

中国古代虽然也是战乱不断，汉族的政权不断受到周边少数民族的侵扰和挑战，但是汉族文化具有包容性，即使是异族入侵或当政，其外族文化最终也会被同化与吸收。例如，元朝、清朝是少数民族统治的，但其建筑都接受了中国汉传的形式，只是在局部上融汇了本民族的特色，所以汉族的建筑文化一直占主流；而且中国儒学虽也有宗派的衍支流变与论战争执，但自孔孟以来儒学道统是一脉相承的。正是因为中国的主流文化传统是连续的，因而在其影响之下汉族的建筑文化一直是稳定的主流，这也是中国古典建筑发展平稳缓慢的根本原因。

同时，中国儒家与道家都强调人与人之间、人与自然之间的和谐，突出从整体到个别的析出关系，以直观综合为基本特征，重经验直觉，考察事物常忽略细节，提供的往往是关于对象模糊的整体。所以儒道思想尽管表面上看针锋相对，但其内容还是相通不隔的。而儒道互补没有强烈对抗的整体文化特征反映在建筑之中呈现出来的就是：永恒观与代谢观、风格的雅与俗等并行于中国古代建筑中；还有中国园林讲究含蓄、深沉、虚实互生，注重对意境的追寻等，这也是互补共生的中国传统文化特征的反映；而这种儒道互补没有相互冲突与对抗的文化加深了中国古典建筑发展的平稳与缓慢。

另外，中国传统建筑中“礼制”的规定带来等级制度森严的弊端，还有中国古代政治道德观念崇尚礼仪及克勤克俭，灭人欲，不喜建筑劳民伤财，尚俭德，所以皇家虽屡屡大兴土木，但一般不被世人认可，古史记载不美其事或略言，认为“非礼”，建筑之事除礼仪、风水、宗法等安排外常不被史书叙述。因为阶级等级的严格规定，中国古代建筑活动备受限制，建筑匠人也相对难有发展创新的机会，中国古典建筑当然发展缓慢。

值得注意的是，中国古典建筑平稳与缓慢的发展也有优势的一面。例如，斗拱（图 2-5）是我国传统建筑特有的榫卯交错结构而成的承重构件，世界上有三大建筑体系，只有中国古代建筑极其智慧地采用了斗拱，早期斗拱的形象可以从两千多年前战国时代采桑猎壶上的建筑花纹图案，以及汉代保存下来的墓阙、壁画上看到。斗拱到唐宋时期趋于成熟，宋代颁布的《营造法式》使斗拱的式样趋于统一的同时，还给了它尊崇的地位，斗拱的使用成为区分建筑等级高下的一种标志，至此斗拱的文化属性和阶级属性也得到了强调。而斗拱发展到明清以后便不再起维持构架整体性和增加出檐的作用，也就是说其结构作用已经完全退化，但是斗拱依然作为梁架与屋顶间的一个垫层而存在，密密麻麻、细小堆叠的斗拱成为屋顶与梁柱间的过渡性装饰。正是因为中国古典建筑平稳与缓慢地发展，所以斗拱作为中国木结构建筑的“精灵”从来没有从中国古典建筑之中消失，它已经演变成装饰性的文化语言，延续了对唐辽时代斗拱语言的一种记忆，变成一种中国传统建筑文化的象征符号。

图 2-5　斗拱的结构

第二节　西方传统建筑文化的特征

如上节所述，中国传统建筑文化与中国传统文化骨肉相连，而西方传统建筑文化与其文化传统同样是一脉相连的。法国著名文学家雨果说过："艺术有两种渊源：一为理念——从中产生了欧洲艺术；一为幻想——从中产生了东方艺术。"[①] 他认为，西方建筑在造型方面具有几何数理化的特征，注重单座建筑的体量、造型和透视效果；重视建筑整体与局部，以及局部之间的比例、均衡、韵律等形式美原则，而这些特征都与西方传统文化密切相关。下面就来具体阐述西方传统建筑文化。

一、宗教与科学技术为建筑文化内核

西方的基督教神学是欧洲封建社会的总的理论，是它包罗万象的纲领，因此教会成了社会的中心，从而导致西方文明对神灵的崇拜、对宗教的敬畏，这些文化传统反映在建筑之中，使得西方传统建筑中的主要建筑多半是希腊神殿、哥特式教堂等宗教建筑。另外，西方崇尚的科学技术与理性精神也是西方传统建筑文化的主要组成部分。

（一）西方建筑是石头的史书

西方传统建筑文化是以古希腊和古罗马文化为源头而形成的。希腊人对神极其信仰，希腊人几乎把每一种自然现象都解释为神的作用，多神教的信仰左右着希腊人的社会生活，神庙就是城邦的象征。古希腊在建筑上创立了多立克、爱奥尼、科林斯三种石柱式风格（图 2-6，图 2-7）。这三种形式在古代西方建筑中起了重要的作用。古罗马人也接受希腊人信神的概念，他们同样认为，"君王施权于泥土，教士施权于灵魂，灵魂的价值超过泥土有多大，教士的价值即超过君王有多大"。"教权是太阳，君权是月亮，君王统治其各自的王国，但彼得统治全世界"[②]。所以古希腊建筑以神庙为主，而古罗马建筑以教堂和竞技场为标志。欧洲到中世纪更被基督教为代表的神学所笼罩，这个时期的欧洲新建了很多以石头为主要建材的教堂，这些教堂工程都十分巨大，经常要经历十几年或上百年的时间才能建成，而教堂也日益成为城市的标志与繁荣和力量的象征。"这一时期的人民都是狂热的宗教信徒，甚至统治者都不例外，唯一的知识就是背诵禁欲主义信条和圣经词句。这时期的艺术具有浓厚的宗教色彩，充当上帝与教会代言人的角色"。所以反映神权的以石头为主要建筑材料的宗教建筑在欧洲建筑史中长期占据着主流地位。

---

① 摘自 1861 年 11 月，雨果给一个名叫巴特勒的上尉的信．

② 摘自〔德〕毕尔麦尔等．2010．中世纪教会史．〔奥〕雷立柏译．北京：宗教文化出版社．

图 2-6 石柱图示

图 2-7 爱奥尼柱式石柱

西方的宗教建筑重在外现人心中的宗教激情，把人内心中的迷惘和狂热、幻想和茫然都化成实在的视觉形象，借助这些形象进一步把人推向宗教的境界。除希腊神庙外，如拜占庭、罗马、哥特、巴洛克的神庙和教堂等宗教建筑之中随处可见浸泡在沸腾的、激情中的艺术氛围，其超凡的巨大尺度、强烈的空间对比、神秘的光影变幻、配以雕刻的体形、激情飞扬的动势都在于通过建筑艺术来渲染宗教信仰。而且这些建筑都是用巨大的石块堆砌而成的，巨大的石块使整个建筑看起来庞大、庄严，让人一看就知道这是神的居所。希腊早期的建筑，同中国一样，也是木构架的，易于腐朽和失火，到公元前 7 世纪末，除了少数用木材之外，已经全用石材建造了。同时，西方传统建筑的标志是用砖和石头砌成的巨大墙体来承重，这样使建筑可以达到更高的高度。现在不论中西都普遍使用的混凝土建筑实际上是西方传统建筑的延续。

（二）西方建筑技术是建筑之父

西方人较为重视科学，重视形式逻辑，讲求逼真，注重体现几何分析性，在建筑的艺术构思与总体布局上较为强调对称、具象及模拟几何图案美。强调建筑数据的严格与精确，较为重视建筑理论的突破与创新，积极探索新的建筑形式，倡导并积极形成不同的建筑风格与流派，建筑教育则采取系统的、理性化的方式等。因此，西方建筑技术是建筑之父，美学是建筑之母，文化思想则是建筑的灵魂。

给整个西方文明的结构带来决定性影响的是古代希腊的毕达哥拉斯、欧几里得首创的几何美学和数学逻辑，以及亚里士多德奠基的“整一”和“秩序”的理性主义，这些科学与理性精神同样带给西方建筑文化决定性的影响。从西方的建筑史记载中不难发现，西方建筑的构形意识其实就是几何形体。例如，巴黎凯旋门（图 2-8）的拱门和“控制线”是两个整圆，而其立面则是正方形的；雅典帕特农神庙（图 2-9）的外形“控制线”则为两个正方形；而且西方的园林也是人工刻意剪修后的整齐有序的几何图案，显示的是一种驾驭自然的“人工美”，迥异于中国园林的“虽由人作，宛自天开”的天然情趣。

图 2-8 法国凯旋门

图 2-9 雅典帕特农神庙

二、对抗求异的二元文化特色

西方二元对立思维由来已久，它的形成是由西方哲学、宗教所共同决定的。西方哲学的范本是几何，几何遵循严格的形式逻辑，尤其是矛盾律和排中律，在几何推理的训练过程中，二元对立、“非此即彼”的思维习惯得到了极大强化。天主教神权统治的建立强化了这种思维，诸如天国与地狱，上帝与撒旦，基督徒与异教徒，正义与邪恶等一系列对立项规定了人们的二元思想，而天人二分在近代西方文化中源于物质与精神的二元对立。

受其影响，西方传统建筑重在表现人对自然的对抗和征服。石头、混凝土等建筑材料的质感生硬、冷峻，缺少人情味，理性色彩较浓。在建筑的形体结构方面，西方传统建筑善用夸张的造型和震撼人心的尺度来展示建筑的崇高与永恒，以体现人的力量的伟大。那些精密的几何比例、充满张力的穹窿与尖拱、傲然耸立的庙坛神殿，无不显示出一种与自然的对立和征服，从而引发人们惊异、恐怖、亢奋等审美情绪。就连西方的园林建筑也不同于中国的“天人合一”，而表现天人对立、人定胜天的主题。在西方造园家心目中，自然景物不是模仿的对象，而是改造的对象，因而西方古典园林的造景多以能够体现人工力量的伟大的建筑为主，山水花木不过是建筑的衬托，建筑中的山水花木不是保持自然的生长态势，而是被修剪成各种各样的规整的图案。园林的布局，也是按照人的意志划分成规则的几何图形，表现出古代西方人勇于征服自然的抗争精神（图 2-10）。

应该注意的是，西方文化中也自始至终存在着一元文化思想，只是其表达方

图 2-10 凡尔赛宫的几何图形布局

式和具体的内涵与中国文化中的天人合一观念有所不同。例如，早期希腊文化诸派别无一不认为人是宇宙运动大流的一部分，因而人与天（宇宙/世界）在古希腊人眼里无疑是合一的；古希腊爱利亚派的巴门尼德还提出了“能被思维者和能存在者是同一的”，在西方哲学史上第一次提出了思维与存在的同一性。基督教文化中也有一元文化观，例如，其认为上帝创造了整个世界，提倡神人合一观念，而神（上帝）又是宇宙的同义语；还有笛卡儿就力图通过上帝观念超越二分法，此种超越方式产生了马勒伯朗士的一句名言：“我们在上帝中看到一切。”这些昭示着西方文化虽然存在着天人二分的二元文化，但“神人合一”或者说“人与世界合一”等一元观也是西方传统文化的一个重要部分。只是西方的一元观与二元观之间一直存在互相排斥与对抗的张力，两者在对立与对抗之中此消彼长，受其影响西方传统建筑思潮也不断翻新，所以西方建筑有比中国更强的革命性传统，如当巴洛克、洛可可式建筑走上奢靡、华丽、花哨的险途之后，建筑古典主义的兴起使建筑又一次向典雅、简洁的古代建筑传统回归。西方传统建筑就是在不断的否定之否定中走进了现代文明时代。

三、开放外向的地域文化

从整体上来看，西方传统建筑的特点之一是开放、轩敞、一览无余。这与中国无论宫室还是园林，一律圈以围墙的围墙文化形成鲜明的对比。西方建筑的主体印象可以直接从正面获得；中国宫室建筑的整体轮廓要在空中俯瞰才可获取。西方的草坪与花园都是简约与开敞的，几乎没有围墙；中国古典园林则表现得回环与曲折。

东西方的这种建筑文化差异与地理环境有很大关系。西方文明起源于希腊，是海洋文明，富有冒险精神和对外扩张性。古希腊的奥德修斯和伊阿宋就是典型的冒险家。另外，中世纪的骑士在欧洲各地游动，骁勇的骑士精神也深刻地影响了西方文明。后来的麦哲伦、哥伦布的探险之旅更是改写了整个世界史。而中国文明可是典型的农业文明，汉族主要生活在中原，也安土重迁，一般都是“父母在，不远游”或者“落叶归根”，所以中国的黄土文明富有内向的聚敛性。而西方人眼中的世界是可以游戏探险的、开放的花园，海洋文明与黄土（农业）文明的这种差异在建筑上也得到了明显的反映。所以西方传统建筑的立体空间序列，通常采用向高空垂直发展，突兀向上的形式。

同时，西方传统建筑突出建筑个体张扬的特性，横空出世的尖塔式楼宇、孤傲耸立的纪念柱等随处可见；每一座建筑单位，都想方设法地表现自己的风格魅力，很少雷同。这也是西方海洋文化中重视主体意识、强调个体观念思想的反映。因此说，欧洲古典建筑突出建筑本体、风格多样变化和直指苍穹的艺术造型等个性特征，也可以看做是开放外向的地域文化的表现。

四、西方传统建筑发展快速多变

西方传统建筑的发展进程快速多变，体现着鲜明的时代特征与地域性、民族性特征。希腊式建筑讲究比例匀称，造型优雅简洁，重视内外空间的自然过渡，开敞的柱廊，既造成建筑空间的虚实互映，又将阳光、空气巧妙地置于人为的建筑空间之中，给人以开放、明朗的亲切之感。尤其是那些模拟人体比例建造成的柱式，展现出古希腊着眼于塑造人体美，表现人体美的美学思想，也体现了古希腊的民主精神和人文主义思想。罗马式建筑是以厚墙、圆顶、拱门为特色，造型显得雄壮浑厚，装饰多彩华丽。尤其是十分讲究内部空间的处理，从地板到天花板，浑然一体，处处都精雕细琢，充实而美观，显示出古罗马帝国奴隶制繁荣时期的豪华与武力。哥特式建筑是欧洲封建城市经济占主导地位时期的建筑。这时建筑的特色是高、直、尖 。由于飞扶壁的作用，高大的形体显得薄而轻快，一个个耸立向上的尖拱，自下而上层层推进，打断了横向的构架，仿佛一层层向上推涌的浪潮，直至尖顶，以震撼人心的力量将人们的精神引向上苍，寄托着教徒对天国的向往与渴慕。巴洛克式建筑形式更加新异，采用非理性组合，打破建筑、雕刻与绘画的界限，使用贵重材料，充满了装饰。因为这时期的建筑突破了古典时期的常规，所以被称为巴洛克式建筑，意思是畸形的珍珠。图 2-11 是 1825 年的一幅水彩画，它显示了当时的巴洛克式建筑的风貌。

同时，在西方流行过各种各样的建筑风格，如古希腊风格、古罗马风格、巴洛克风格、哥特风格、洛可可风格等，但没有一种风格能够占据绝对的统治地位。这是因为，长期的战乱、时代的更迭，无论是古埃及、古希腊、古罗马，还是强大的拿破仑帝国，都只不过是昙花一现，王国的更迭和四分五裂使西方的建筑承传具有多样性的特点。而且西方经历了迅速更迭的不同历史时期，其不同历

图 2-11　1825 年的一幅关于巴洛克式建筑的水彩画

史时期的思想文化也是迅速更迭的。例如，古希腊、古罗马的文化成果，就被西方中世纪否定了；而中世纪的黑暗与蒙昧，又被启蒙主义打破了，人的价值重新得到尊崇。受西方文化思想变更的影响，西方在它的每一个发展阶段，其建筑的特征差别十分显著，其每个时期的建筑文化也在不断的发展与变化之中。

第三节　中西传统建筑文化影响下建筑的差异

中国文化重视人，重视道德和艺术，重视融合、互补且讲究并存与一体性；而西方文化重视物，重视科学与宗教，重视不同时代或多种流派的独特精神。中西文化传统的不同反映在建筑上，形成了中西传统建筑的差异。

一、建筑材料与结构不同

从根本上说，中西方建筑艺术的差异首先是材料的不同：西方传统建筑以石头为主；而中国传统建筑则一直倚重木头作为构架。中西建筑材料的不同，有复杂的原因，其中的一个重要元素是中西传统的建筑文化不同。

西方传统建筑，还包括属于东方建筑的印度建筑，基本上都属于砖石结构系统，都以砖石为主要材料，如古希腊的神庙、古罗马的斗兽场、古埃及的金字塔、欧洲中世纪的教堂……可以说，西方传统建筑是石头的史书，但是中国传统建筑，还有受中国影响的日本、朝鲜等属于木结构系统，是以木材来做房屋的主要构架的。西方的石制建筑一般是垂直发展的，建得超乎寻常的高大，但是怎样将高密度的石制屋顶擎如苍穹则是它的建筑艺术所在，于是出现了那些垂直向上的石柱，如较早出现的塔斯干柱式，可以说石柱是西方建筑基础中的基础，石柱及屋顶的发展伴随着西方建筑的发展，所以石柱成为西方建筑的“基本词汇”。

如前文所述，中国传统建筑的“基本词汇”是斗拱。斗拱是中国传统以木材为主要建材建筑的特有结构：在立柱和横梁交接处，从柱顶上的一层层探出成弓形的承重结构叫拱，拱与拱之间垫的方形木块叫斗，两者合称斗拱。后来斗拱应用到屋檐上，成为托起屋檐的交叠的曲木，从而构造出多种多样的飞檐；飞檐经过历代的发展与演变成为中国传统建筑中的璀璨明珠，形成了不同的艺术效果，有的飞檐轻灵，有的飞檐朴实，有的飞檐威严，“廊腰缦回，檐牙高啄；各抱地势，钩心斗角”①。可见，木质的斗拱在美学和结构上拥有一种独特的风格，足以象征和代表中华古典建筑的精神和气质。

从本质上来说，是中西不同的传统文化造成了建筑材质的不同。其实多山的中国并不缺少石头，万里长城除了夯土外，还使用石材；森林茂密的欧洲也不缺少木材。所以说，中西方建筑材料与结构的不同不仅与中西的自然地理条件相关，更与中西方民族的性格差异与文化差异相关。西方传统文化是神权大于君权、追求超越性的文化，所以选择可以长久保存的石头作为主要建材，而石头直率、质朴、刚硬、雄壮的气质也吻合西方以海洋文化为特征的地域文化。中国传统文化是人权大于神权，正如李泽厚指出的，中国传统建筑注重的是与现实生活紧密联系的世间居所，所以是入世的、与凡尘生活融为一体的宫殿宗庙建筑成为中国传统建筑的代表，而木材细致、深秀、坚韧、柔美也与中国人实践理性的品格吻合。所以是中西方不同的文化使得中西方的古代建筑选择了不同的建筑材料；而不同的材料也造就了不同风格的建筑，展现出不同的建筑理念与建筑文化。

二、建筑布局不同

中国的传统建筑从住宅到宫殿几乎都是封闭的、在地平面铺开的空间格局，几乎都是一个类似于“四合院”的格局。例如，曲阜孔庙、北京明清宫殿与明十三陵都是以重重院落相套、前后左右有主有宾合乎规律地排列的巨大建筑群，体现了中国传统文化的内向性、实践性，以及宗法思想和礼教制度。正如李泽厚指出的：“在中国建筑的空间意识中，不是去获得某种神秘、紧张的灵感、悔悟或激情，而是提供某种明确、实用的观念情调。”“在这里，建筑的平面铺开的有机群体，实际已把空间意识转化为时间进程……中国建筑的平面纵深空间，使人慢慢游历在一个复杂多样楼台亭阁的不断进程中，感受到生活的安适和对环境的和谐……实用的、入世的、理智的、历史的因素在这里占着明显的优势。”②

而西方建筑是开放的单体的空间格局向高空发展，从古希腊古罗马的城邦开始，就广泛地使用柱廊与门窗等，以外部空间及透明度来突出建筑的实体形象。如巴黎卢浮宫采用“体量”的向上扩展和垂直叠加成为巍然耸立、雄伟壮观的整体。这与西方人很早就经常在海上互相交往形成的外向型性格有关，也与古希腊

---

① 摘自杜牧《阿房宫赋》.

② 摘自李泽厚 . 1981. 美的历程 . 北京：文物出版社 .

的科学民主的精神密切相关。例如，万神殿的高度达到 43.5 米，罗马可里西姆大斗兽场高达 48 米，还有圣索菲亚大教堂的中央大厅穹窿顶离地达 60 米，再如圣彼得大教堂高度居然达到 137 米。上述伟大的建筑物既反映了西方人对超越性的执著追求，也体现了西方先进的科学技术成就，使得西方古典建筑能够给人超越向上的精神力量。

三、建筑装饰色彩不同

总的来说，中国传统建筑的装饰色彩以一种为主，并用其他几种颜色；西方传统建筑的装饰色彩则是变动不居的，没有一个单一的主色调贯穿始终，不同时代都有不同的主色调。

色彩在中国有丰富的传统文化内涵，首先，由于五行学说的影响，人们用色彩表示对自然的尊重，因为色彩是天意的象征；其次，中国传统建筑的色彩被用做区分社会等级、确定社会地位的手段，所以中国传统建筑的色彩长期缺乏变化，并形成了单一的模式。西方因其社会文化是多元变化的，所以其建筑色彩也是变化多端的，有时灿烂夺目、有时华丽浮艳、有时光怪陆离。另外，西方文化中的“个人本位”造成建筑色彩非常热烈、激情，乃至于非理性地迷恋。早在希腊时期，建筑色彩已经具有象征意义，人们使用色彩表现他们的宗教信仰，如红色象征火、绿色象征水、青色象征大地、紫色象征空气。据建筑学经典著作《建筑十书》（*De Architectura*）介绍，古罗马时期的色彩是艳丽奢华的，鲜红、朱红、红褐、红白、黑、金、黄土色、淡红、灰黄、胭脂、灰绿、蓝绿、深蓝、白等都是建筑经常使用的色彩，形成了华丽耀眼的艺术风格。

四、建筑时空观念不同

中国传统建筑文化偏重于建筑的时间因素，西方传统建筑文化则强调建筑的空间因素。具体来说，中国传统建筑主要通过数重进深、曲折幽深、连绵不尽的群体组合来显示时间观念，而平面铺开的建筑群体，实际上把空间意识转化为时间进程，而且是一种长久漫游的时间历程。另外，中国传统建筑居室长幼有序的分配方法也体现了时间意识，可以说中国传统文化的实践理性、宗法思想和礼教制度正是这种时空感的根源。

而西方传统建筑具有独体化和向上的空间意识，可以说是一种使人瞬间直观把握的巨大空间感受。此外，新技术、新材料的使用，导致西方建筑内部垂直空间的广阔度和外部整体造型运动感的空间意识得到超常的扩张，尤其是那垂直向上飞腾的动势，以及整体的运动感造型使人产生一种腾空而起、飞向天国的神秘宗教情感，似乎人们的灵魂也随之升腾，一直升到上帝的脚下。所以说，西方传统建筑的这种空间感的根源是宗教文化。

五、建筑保护意识不同

中国传统建筑从未像西方宗教建筑一样追求永恒、久远，而是顺从于新陈代谢、自然生灭的自然规律，将建筑看做可经常更换的实用住所。正如梁思成先生指出的："中国结构既以木材为主，宫室之寿命固乃限于木质结构之未能耐久，但更深究其故，实缘于不着意于原物长存之观念。"① 中国传统木建筑虽然容易因失火而毁灭，但是一般人们都归咎于天谴，而非木质材料之过。这种独特的观念使中国木材的沿用达数千年，不仅不进一步改造与运用砖石，而且历代增修拆建建筑之时也不注重保存原来建筑。只有建造坟墓之时才注重巩固永保的思想，但墓室常以砖石模仿木构建筑，其发明与使用的拱券技术也很少应用于地上建筑。

在欧美国家，19 世纪后即开始实行古建筑保护政策，并以此作为全人类的共同文化财产。即便在战争中，部队也配备古建筑专家随军保护战区甚至敌国的古建筑遗产。西方于近代崛起的现代建筑本就是西方建筑体系的衍生，纵使变化多端，但总一脉相承，与各国多数城市环境并不抵触。而中国原有很精美的建筑物、古建筑、街市在城市扩容改建中逐步消亡。同其他历史文物一样，古建筑一旦毁坏就无可挽回。然而，古往今来，不知有多少高楼琼阁、玉砌雕栏、弥山别馆、跨谷离宫、寺塔宫观、坛庙陵墓等，在人为及自然的破坏之下，顷刻之间化为了灰烬。因而，对于中国古建筑遗产的保护应当引起当今人们足够的重视；而且千年古国的中国现代城市建设已失掉了自己的艺术特性，这从某种程度上代表了中国传统建筑文化的衰落。

这方面我们应该学习西方国家保护古建筑的先进经验：世界各国在钢筋混凝土等最新材料、结构原则的指导下，逐渐形成了趋同的国际式建筑，但每个国家和民族仍有不同的建筑文化表现；如英、美、俄、法、荷、日本及北欧都造就了适宜自身的独特的建筑环境和趣味。挪威建筑师斯韦勒·费恩的建筑将现代的形式与斯堪的纳维亚的传统及文化完美地加以结合。他在设计中极为关注建成环境与自然环境的关系。他的现代建筑汲取了挪威的景观——北极光、银灰色的岩石和郁郁葱葱的森林，以及现实，他的建筑既是当代的，又是永恒的（图 2-12）。重视继承本民族的文化传统，探求本民族的特色，体现本民族特殊的文化价值等，已成为国际性的建筑思潮之一，探求建筑的人文内涵成为建筑新的价值衡量尺度。中西传统建筑风格的差异，正体现着各自不同的文化背景和独特的表现韵味。据此，要建设具有中国气派与文化底蕴、体现历史精神与民族风貌的城市、园林和建筑，就必须在借鉴其他民族优秀建筑文化的基础上，努力将中华民族的

---

① 摘自梁思成．1998．中国建筑史．天津：百花文艺出版社．

优秀文化巧妙地灌注其中。正如梁思成先生在《为什么研究中国建筑》一文中提到的，在城市街心如能保存古老堂皇的楼宇，夹道的树荫，衙署的前庭，或优美的牌坊，比起仿制的西式喷泉、广场或纪念碑更合乎中国的身份，壮美得多。我们更应该从汉阙、南北朝的石刻、唐宋经幢、明清牌楼、碑亭、泮池、影壁、石桥、华表中汲取文化及艺术的营养，加以聪明地应用，建造适合中国本土的新建筑。

图 2-12　挪威冰川博物馆

雨果在《巴黎圣母院》中这样写道："建筑艺术的最伟大产品不是个人的创造，而是社会的创造，与其说是天才人物的作品，不如说是人民劳动的结晶；它是一个民族留下的沉淀，是各个世纪形成的堆积，是人类社会相继升华而产生的结晶，总之，是各种形式的生成层。每一时代洪流都增添沉积土，每一种族都把自己的那一层沉淀在历史文物上面，每一个人都提供一砖一石……时间是建筑师，人民是泥瓦工。愚蠢者用愚钝的方式建造，智者敏锐地建造，善良的人建造美丽的建筑，而邪恶的人建造卑劣的建筑。"

作为石头与木头史书的灵魂，建筑文化的发展深刻地体现了人类社会文明的演进、历史的变迁。中国传统建筑文化有着辉煌灿烂的往昔，然而近百年来，在东西方建筑文化剧烈碰撞中，它前进的脚步停滞下来。当代，面对潮水般涌入的西方建筑文化的观念与主义，中国建筑应以更广博、更开阔的视角审视自身的发展，坚持以东方文化整体观念、普遍联系的观点观察世界，在保护好自己的民族文化和建筑文化的同时加强中西建筑文化的交流，并坚持优势互补的原则，维护建筑文化的多样性，使中西建筑文化同样得到可持续性的发展。

复习思考题

1. 试分析中国传统建筑的文化特征。
2. 试分析西方传统建筑的文化特征。
3. 比较中西传统建筑文化的异同。
4. 在中国现代建筑日益程式化的今天，应该怎样对待中国传统建筑文化？
5. 中西方传统建筑色彩有什么区别？
6. 中国人为什么选择并坚持以木材作为主要的建筑材料？

7. 西方文化与西方传统建筑材料的选择有些什么关系？

扩展阅读

1. 中国传统建筑文化浅析 . http：//wenku. baidu. com/view/ec2ee61b227916888486d7ff. html.

2. 中国传统建筑的文化反思及展望 . http：//cathay. ce. cn/pieces/200609/07/t20060907 _ 8457499 _ 5. shtml.

3. 中西方建筑文化差异 . http：//cathay. ce. cn/pieces/200609/07/t20060907 _ 8457499 _ 5. shtml.

4. 李允鉌 . 华夏意匠：中国古典建筑设计原理分析 . 天津：天津大学出版社，2005.

5. 许丽雯 . 你不可不知道的欧洲艺术 . 北京：中国旅游出版社，2005.

6. 王娟 . 神话与中西建筑文化差异 . 北京：中国电力出版社，2007.

7. 萧默 . 建筑谈艺录 . 武汉：华中科技大学出版社，2009.

8. 萧默 . 世界建筑艺术 . 武汉：华中科技大学出版社，2009.

9. 尉陈 . 巴别，巴别——不只中外建筑史 . 北京：清华大学出版社，2009.

第三章　中西方建筑文化思潮

思潮，诚如梁启超先生所言，是“于一时期中，因环境之变迁，与夫心理之感召，不期而思想之进路，同趋于一方向，于是相与呼应汹涌，如潮然”①，就是在一定时期内一定数量人群共同的思想趋势与发展方向。而文化思潮是指在一定时期内一定背景下，对社会产生广泛影响的文化思想潮流。建筑文化思潮作为一种既有专业背景又兼具文化性的思想潮流，随着时代的变化而不断发生着各种变化，影响着建筑实践的发生与发展进程。

台湾著名建筑文化学者汉宝德先生说：“建筑是文化的产物，一个民族的文化最具体的表现就是其建筑。不通过文化没有办法了解一个民族的建筑，不通过建筑也无法真正欣赏一个民族的文化。”对中西方建筑文化思潮的关注正是基于对中西不同民族文化进行了解与欣赏的愿望，希望通过各有特点的建筑发展史的对照和比较，来认识中西方建筑文化思潮的异同与发展历程，从更深层面挖掘和理解中西方建筑文化。让我们从中西方建筑文化思潮的涌动中，共同感受中西方建筑文化的丰富多彩。

第一节　中西方传统建筑文化思潮

中西方建筑文化内核迥然有别，导致各自传统建筑文化思潮差异很大。对这两种差异较大的建筑文化思潮源头的梳理，有助于我们更好地了解这两种不同的建筑文化。

一、中国传统建筑文化思潮

梳理中国建筑文化思潮，首先会想到中国传统建筑文化思潮，但历史悠长的中国传统建筑文化不像西方那样具有明显的阶段性，而是变化比较缓慢。就像《中国建筑史》所说：“历史是在必然与偶然的碰撞下进行的，虽然期待一个伟大的建设时期应该有了不起的思潮和至少像同时代国外那样丰富的建筑探索，但这个期待无法落在整个自律时期，甚至无法落在整个中国古代社会。中国就是中

---

① 梁启超．1998．清代学术概论．上海：上海古籍出版社．

国，古代中国不曾有过建筑独有的伟大思想，近现代依然……”[①] 虽然这个说法失之偏颇，但却代表了国内不少建筑学学者对中国传统建筑文化思潮的看法。

在中国早期的经典著作里，的确没有一本是专门研究建筑的，与建筑有关的只言片语也与建筑文化思潮没有直接的联系，但如果我们从纵向的历史眼光来看，在悠久的中国古代历史中，无形中已具备建筑设计的思想基础，并且在中国传统建筑史中荡漾出层层的思想涟漪。

例如，《周易·系辞》中有这么一段："上古穴居而野处，后世圣人易之以宫室，上栋下宇，以待风雨，盖取诸大壮。"这是可追溯的中国古代先民对建筑的较早看法。墨子对这段话进行了自己的阐释，他认为"古之民，未知为宫室时，就陵阜而居，穴而处，下润湿伤民，故圣王作为宫室。为宫室之法，曰室高足以辟润湿，边足以圉风寒，上足以待雪霜雨露，宫墙之高，足以别男女之礼，谨此则止。凡费财劳力，不加利者，不为也。……是故圣王作为宫室，便于生，不以为观乐也……"他强调了建筑的实用性，是典型的功能主义者。

还有《周礼》、《仪礼》和《礼记》这三部关于中国传统礼制文化的礼学经典中，有一些关于建筑的记述，后世也由此生发出不少专门的著作，如《冬官考工记》、《仪礼释宫》、《宫室考》等，都阐发了中国传统建筑文化中的礼制内涵。诸如此类，这些关于中国建筑文化的思想点滴散落在中国数千年的辉煌历史中，因为没有形成明确的建筑文化思潮，而不为人所知。

此外，中国传统建筑文化相对封闭和内敛的特点，使得传统建筑的大屋顶、木梁架、中轴线封闭式的典型四合院构图，加上斗拱飞檐，一代传一代。相对稳定和统一的中国传统建筑文化，保持着主体的一致性，虽有波动，却未形成较大的思想潮流。从建筑的整个发展方向来看，主流相对一致，间或有新的方向出现，也很快被融汇到主方向中。正如 M. Sullivan 所说："中国生活方式一贯的主要特点就是传统主义和反对改革，他们的建筑史最生动地证明了这一点。"[②] 虽然中国传统建筑文化思潮没有明显的阶段性变化，但那些散落在历史长河里的思想涟漪却值得我们在探索中国传统建筑文化的同时去追寻和了解。

二、西方传统建筑文化思潮

和中国不同，西方传统建筑文化思潮有较清晰的阶段划分。西方传统建筑文化是以海洋文明为基调，主要从地中海沿岸产生。古希腊是西方文明的摇篮，古希腊建筑也是西方建筑艺术的发端。古罗马在继承古希腊文明精华的同时，把奴隶社会的建筑艺术推向最高峰。英国建筑史家福莱切（Fletcher）的《比较建筑

---

① 潘谷西. 2004. 中国建筑史. 南京：东南大学出版社.

② Sullivan M. 2001. 中国艺术的遗产//中国建筑文化大观. 北京：北京大学出版社.

史》(*A History of Architecture on the Comparative Method*) 中有一幅建筑之树 (The Tree of Architecture) 的图，它以希腊和罗马建筑作为整个建筑之树的主干。这种划分方法不一定正确，但也可见希腊、罗马建筑在西方建筑史中的重要地位。所以追寻西方传统建筑文化思潮不能不回到古希腊、古罗马时期。

古希腊建筑主要产生在公元前 1500 年～公元前 500 年，是西方建筑诞生的真正摇篮，它所具有的底蕴、影响力、完美、崇高，以及其内在固有的简单早在 2500 年前就达到现在难以企及的顶峰。与现代人不同，古希腊人忠于的是他们的城市（或称城邦）而非国家。这个时期希腊城市的民主政治和法律制度已广泛建立，出现了希波达摩斯城市建筑体系，并开始有了城市规划设计。这些都对早期的西方建筑有很深的影响，带来了西方较早的建筑文化思潮涌动。在这种建筑文化思潮影响下，产生了一系列杰出的古希腊建筑，如具有里程碑意义的雅典卫城（图 3-1）和帕特农神庙（图 3-2）。

图 3-1 雅典卫城

图 3-2 帕特农神庙

古罗马建筑约产生于公元前 753 年～公元 476 年，伴随着罗马帝国不断的征战，以其独特并具有高度适应力的建筑形式传播到世界各地。这种建筑形式包括凯旋门、拱门、拱桥、圆形浮雕、圆形三角楣、环形设计、综合柱式、马赛克地板等建筑元素。

图 3-3 万神庙

古罗马的万神庙（图 3-3）是世界上最大的一座集宗教及民用合二为一的古罗马代表性建筑。庙的入口是一座 3 排的 8 柱式科林斯门廊。这座伟大的穹庐内壁，向世人展示了一个完美半球形并以次宝石紫色斑岩、花岗岩和大理石等装饰。

古罗马建筑继承并发展了古希腊的建筑成就，此时出现的《建筑十书》是对西方传统建筑较好的总结和归纳。以古希腊和古罗马建筑为代表的传统建筑时期对后世西方建筑产生了深远的影响，此后不断掀起的各种复古建筑浪潮大多指向着这个辉煌而美好的传统建筑时期。

中世纪由于封建割据而造成战争频繁，使得宗教成为人们无助中唯一的精神支柱，宗教势力极大，对人们影响很深，宗教力量的强大也使得这段时期的建筑文化思潮更多地受此影响，形成了与古典建筑时期不同的具有强烈宗教风格的中世纪建筑文化思潮，在建筑实践中表现为以教堂为代表重要的宗教建筑层出不穷，出现了罗马式建筑和哥特风格。中世纪欧洲建筑以罗马式建筑（800～1000 年）和哥特式建筑（1150～1500 年）为主要代表。欧洲历史从罗马帝国衰亡至 10 世纪被称为黑暗时代，然而这个时代世界诞生了像修道院、大教堂，以及在欧洲遍地开花的教区教堂这样一些最好的建筑形式。

罗马式建筑的特点是像城堡一样坚固，是基督教武士国王建筑风格的体现，在采纳了古罗马一些建筑元素基础上接受了伊斯兰教和基督教建筑传统的影响，典型的罗马式建筑包括比萨大教堂（图 3-4）和比萨斜塔，西班牙的圣地亚哥教堂等。

图 3-4 比萨大教堂

而中世纪的城堡也一直被神话、传奇及骑士幻想等光环环绕，这是一种令人敬畏和具有威慑作用的建筑形式。典型的城堡有英国威尔士的康威城堡和西班牙塞哥维亚的科卡城堡等。中世纪伟大的哥特式建筑通过建设高耸的塔楼、拱门和尖塔来表达人们对天国世界的向往。这种类型的建筑元素包括花窗玻璃、飞扶壁、不同类型的拱顶、尖塔、交织的石雕花格窗，以及交叉或者扇形的穹顶。壮丽的巴黎圣母院（图 3-5）便是哥特式建筑新表现形式的最佳范例。还有法国沙特尔大教堂、亚眠大教堂，英国的伊利大教堂，德国科隆大教堂都是规模庞大、带有哥特装饰风格的著名建筑。

图 3-5　巴黎圣母院

从意大利开始的文艺复兴很快波及整个欧洲，这一时期出现了许多从未出现过的新思想，从对神的无可置疑走向对人本身的关怀，人本主义开始挑战宗教的神学权威。这个时期的欧洲建筑在文艺复兴澎湃的思想巨浪中，谱写出了辉煌的篇章，出现了追求完美比例来实现建筑美感，以及追求人类视觉表象和体现神圣秩序的城市规划。这个时期的建筑特点主要是对称设计、叠加三角楣设计、粗石外墙设计、各类喷泉，特别是采用科林斯柱式、多立克柱式和爱奥尼柱式，形成欧洲柱廊建造的标准典范。代表性建筑有梵蒂冈的圣彼得广场（图 3-6）、佛罗伦萨的圣母百花大教堂、罗马附近的卡普拉罗拉法尔尼斯别墅。

图 3-6　圣彼得广场

于 1600～1775 年出现的巴洛克和洛可可式建筑，是欧洲工商业发展、海上运输昌盛、大量财富在社会累积的体现。巴洛克式建筑是盛大、最富有想象力和最奢华风格展示的舞台。这种建筑形式最先出现在罗马，但其宏伟的穹顶、丰富的曲线和矮胖的小天使，随后蔓延到一些新教国家。巴洛克艺术给人的感觉是自信、纯粹和夸张的戏剧性效果。而且这种艺术也出现在城市规划中的广场等公共场所，巨大的雕像、喷泉、方尖碑等使人们身处喧嚣都市中也可以欣赏艺术。例如，罗马的特莱维喷泉、西班牙台阶、海神喷泉，以及凡尔赛宫的整体设计，伦

图 3-7　圣保罗大教堂

敦的圣保罗大教堂（图 3-7）、牛津的布伦海姆宫都是这个时期杰出的作品。

洛可可式建筑盛行的时间较短。它是一种追求华美与闲适的设计风格，较常见于室内装饰、绘画和工艺品而不侧重于建筑本身。装饰元素包括墙面石膏的华丽图案、镜子装饰、追求华丽典雅的外立面、嬉戏的小天使、各种镀金的表面等。代表建筑有德国的宁芬堡宫、维尔茨堡宫、威斯朝圣大教堂，俄罗斯的凯瑟琳堡等。

这段时期社会思想的涌动与建筑实践的互相应和，真正奠定了“建筑师”这个名称，为当时的社会思潮融入建筑文化找到了一个切入点。以前的建筑与文化的联系有些偶发和半自然行为的因素，至此，文化思潮与建筑思潮建立了再自然不过的必然联系，使得二者之间形成了一种内在的互动关系，促发了西方此后众多建筑文化思潮的勃兴。

回顾中西方传统建筑文化思潮，是为了更好地展望变动剧烈的近现代和现当代建筑文化思潮。进入近代之后，无论是东方还是西方，社会思想与文化浪潮的风起云涌，对建筑的影响更为有力，因此我们的梳理也更有意义。

第二节　中国近代建筑文化思潮①

一个时期的建筑文化思潮，必然要和这段时期的建筑实践和建筑发展过程相联系。中国近代建筑以 1840 年鸦片战争为起点，以 1949 年新中国成立为终点，此间这 100 多年的跨度正是中国建筑由传统向现代转化的关键时期。这段时期的建筑风格十分复杂，既有延续下来的旧建筑体系，又有输入和引进的新建筑体系；既有西方风格的洋式建筑，又有“中国固有形式”的探索。近代建筑文化思潮同样错综复杂，从闭关锁国的故步自封到崇西崇洋的全盘西化，从西方先进建筑理念的被动移植到自觉进行中国式建筑的探寻，还有集仿式折中主义和现代主义建筑文化思潮穿插其间，中国近代建筑文化思潮同这个时期的建筑形制一样丰富多彩。

一、中国近代建筑发生期（1840～1900 年）

近代中国建筑史就是中国近代社会沧桑巨变的缩影。自 1840 年鸦片战争后，

---

① 此部分内容主要参考邓庆坦，常玮，刘鹏．2013．图解近代建筑史．2 版．武汉：华中科技大学出版社．

国门被打开，清朝签订了一系列不平等条约，使得中国沦为半封建半殖民地国家，西方建筑自此以租界为基地开始在中国大地扩张，中国建筑文化思潮的完全封闭状态也被打破。

这段时期中国建筑风格的变化主要集中在租界，早期的外国领事馆、洋行、教堂等均采用西式建筑风格，大多为殖民地式（colonial style）的“外廊形式”（veranda style）。它是西方殖民者为适应东方大部分地区炎热的气候而形成的一种流行样式，一般为一二层楼，带二三面外廊或周围外廊的砖木混合结构房屋。例如，上海早期苏州河畔的德国领事馆、天津早期的法国领事馆及北京东交民巷使馆区的英国使馆武官楼等，带有外廊是这种建筑形式的重要特征。

同时，早期的西式建筑多由非专业人士设计并建造，建筑具有临时性、功能混合性及造价低廉的特点。伍江的《上海百年建筑史》记载：“早期的洋行办公楼，外侨住宅则多由业主自己画图建造，至多在样式上反映出西方特征，其设计则与西方正统建筑学相去甚远。”[①] 例如，萍乡安源盛公祠（图 3-8）。

图 3-8 安源盛公祠

随着西方侵略的不断深入，西方建筑文化的渗透和输入也逐步加强，西方较为先进的建筑技术和建筑方法被慢慢移植到中国。经过正规设计的教堂已越来越接近真正的欧式建筑，洋务运动时期产生的第一批工业建筑也大多采用现代建筑技术体系，如上海董家渡天主堂（图 3-9）、汉阳铁厂（图 3-10）等。

图 3-9 上海董家渡天主堂

图 3-10 汉阳铁厂

虽然这种建筑技术的移植更多的是一种形而下的器的引进，却将此前陈陈相

① 伍江．1997．上海百年建筑史．上海：同济大学出版社．

因、牢不可破的中国传统建筑系统撕开了一个裂口，开启了中国近代建筑转变的先声。这个时期中国传统建筑文化是与西方建筑文化并行不悖、并存共生的状态，在相对封闭的状态中蕴涵着新生的希望与可能。中国建筑文化思潮也因为这种新元素的注入而掀起了些许的波澜，更大的思潮涌动还在蓄积着力量，等待着爆发的时机。

二、中国近代建筑转化期（1901～1926年）

自戊戌变法（1898年）后，中国加速了近代化进程。愈演愈烈的民族危机使得中国社会进入了急剧变化的时期。从清末新政与立宪运动，到辛亥革命再到五四运动，中国社会风起云涌，此前在中国建筑文化思潮中埋下的新生力量，在这段时间迅速成长，促使中国建筑由传统向现代逐步转化。

在这段时期，中国传统建筑体系开始出现断裂，从官方到民间的全盘西化导致仿洋风的盛行。“自清末季，外侮凌辱，民气沮丧，国人鄙视国粹，万事以洋式为尚，其影响遂立即反映于建筑。凡公私营造，莫不趋向洋式。”① 清廷出于政治需要，标榜革新与民主，设立的咨议局、资政院等新式衙门全部采用西方建筑样式。上有所好，下必甚焉。商业建筑、民居等民间建筑的营建也多采用西式风格。例如，北京前门于1901年重建的瑞蚨祥绸布店，两层砖木结构，两侧设有变形的爱奥尼独立石柱，还饰有牡丹、荷花图案的大理石墙。又如，广东开平的碉楼，时有混杂西方三种主要柱式，间以巴洛克式山花、穹顶、券廊等西式细部装饰，甚至还杂糅伊斯兰等中东风格，别有一番风情。这股全盘西化的建筑风潮也可看做中国建筑的第一次国际化浪潮，对中国传统建筑文化冲击很大，西方典型的古典主义、巴洛克风格、哥特风格、罗马风及集仿式折中主义等各种建筑风格如雨后春笋般在中国大地上出现，西方的砖木结构体系逐渐取代传统梁架结构，在近代中国形成了西方建筑文化全面输入的格局。

与此同时，在遭受历次教难及义和团运动的打击，还有五四运动引发的信仰质疑浪潮后，这个时期西方传教系统开始了本土化运动。受天主教的“中国化”和基督教的“本色化”运动影响，出现了一批西方建筑师设计的具有中国建筑形制特点的教会建筑和教会大学建筑。例如，中华圣公会教堂（即北京南沟沿教主堂）（图3-11），用西方教堂的拉丁十字形平面，加上八角形中国亭子的钟楼，再用青砖外墙和筒瓦屋顶，外形完全仿造中国传统建筑风格。整体虽有些许生搬硬套之感，但若以中西建筑文化交流碰撞产物视之，则善莫大焉。

还有美国建筑师墨菲规划设计的燕京大学（今北京大学），将歇山顶与庑殿顶结合的北京大学办公楼（图3-12），用中式园林挖湖造山技艺设计的未名湖景

① 梁思成.1998.中国建筑史.天津：百花文艺出版社.

观等，都是对中国传统建筑文化的活学活用。在教会主导下中国传统建筑文化的复兴，为后期中国建筑师继续探索“中国式”建筑开辟了道路。

图 3-11 中华圣公会教堂

图 3-12 北京大学办公楼

值得一提的是，自 1923 年苏州工业专科学校设立建筑科后，就此开启了中国建筑新式教育方式，为此后的中国建筑实践输送了大量的建筑人才。随着科举制度的废除和新式教育的兴办，新式建筑教育逐步取代传统建筑行业匠师薪火相传的延续方式。而此时早期赴国外留学的建筑专业学生也陆续回国，具有建筑专业背景的他们，融汇中西建筑文化，成为中国专业建筑师的主力军，推动了中国近代建筑的转向。

这段时期，社会的巨大变革导致建筑文化思潮不断涌动，以木制梁架结构为主体，礼制文化和典章制度为核心的传统建筑文化被动摇，开始出现向现代建筑技术体系过渡的趋势。同时，在教会主导下中国式建筑的实践，是中西建筑文化互相碰撞和交流的产物，对后一阶段中国近代建筑的现代化转型产生了较大的影响。

三、中国近代建筑兴盛期（1927～1937 年）

从 1927 到 1937 年七七事变前，国民经济呈现持续增长的态势，政治方面相对稳定，为中国近代建筑的繁荣兴盛奠定了较好的物质基础，这十年是中国近代建筑发展的黄金十年。

从鸦片战争后，中国一直面临着深重的民族危机，民族主义情绪不断高涨，影响到建筑领域，出现了传统建筑的复兴趋势。与此同时，在西学东渐过程中，调和中西文化的折中主义也弥漫于世，出现了中体西用等以西方物质加中国精神的建筑文化思潮。而出于稳固政权和国内政治斗争的需要，南京国民政府也推行保守文化政策，倡导传统文化复兴。在这些共同作用之下，出现了对“中国固有之形式”建筑探索的高潮。

自1925年3月12日孙中山先生病逝后，全社会进行纪念陵墓设计方案征集，年轻的吕彦直幸运入选，并在随后的广州孙中山先生纪念堂方案中拔得头筹。这位留洋归来受西方正规建筑教育的年轻建筑师，以其扎实的西方古典主义建筑基础和对中国传统建筑文化内涵的充分把握，创造性地进行了“中国固有之形式”的建筑探索。他设计的中山陵建筑群（1926～1929年）依山而建，结合山势将各色建筑依中轴线铺开，空间布局设计有序合理（图3-13）。

图3-13 中山陵

广州中山纪念堂（1928～1931年）借鉴西方古典集中式构图，将八角攒尖屋顶与西式构架结合起来，既突出了中国传统建筑的形制特色，又利用西方的钢制梁架和混凝土结构来突破室内柱廊局限。遗憾的是，吕彦直并没有亲眼看到他的这些建筑设计成果，这位中国近代建筑奠基人于1929年3月18日去世，年仅35岁。虽然他短暂的生命没来得及给予这个世界更多，但留下的建筑作品却成为他生命的延续，永远焕发光彩（图3-14）。

在吕彦直创造性地进行中国式建筑的探索后，中国建筑师掀开了“中国固有之形式”建筑探索的高潮。首先是以北方宫式大屋顶为特征的宫殿式建筑的出现，主要是在整体轮廓上保留台基、屋身、屋顶为主的中国古典建筑的外在

图 3-14　广州中山纪念堂

形制。

例如，旧上海市政府大楼（在今上海体育学院内）（图 3-15），主体建筑为钢筋混凝土框架结构，外在却完全仿照清式宫殿建筑，细部传统建筑特征如琉璃瓦、如意纹等一应俱全，但其造价过高和实用功能受限等方面的缺点，证明“中国固有之形式”建筑探索还要继续进行。

图 3-15　旧上海市政府大楼

其后，混合式建筑应运而生，主要特点是西式建筑与中国传统建筑在外观上的混合呈现。混合式建筑一般以西式平屋顶为主，局部饰以中式大屋顶来表达中国式建筑特征，如旧上海市博物馆（图 3-16）、图书馆（在今上海黑山路 181 号，图 3-17）。这两座建筑都是近代知名建筑师董大酉设计的，基本形态相似，均以钢筋混凝土结构的西式平屋顶为主，正面中央平台建以重檐歇山顶门楼，附以华丽的檐饰加上四周的石栏杆，体现了宫殿式建筑后，中国近代建筑对“中国固有之形式”建筑的进一步探索。

继宫殿式建筑、混合式建筑后，“中国固有之形式”建筑演进到“现代化的中国式建筑”，即彻底摆脱大屋顶的刻板形式，在现代建筑形制基础上加以某些中国传统建筑要素作为次要构图要素。例如，中国航空协会会所及陈列馆（在今长海路 174 号长海医院内)，为切合主题，外观设计为飞机形制，主要建筑形式为西式建筑，但其“机首”部分别具匠心，嵌入了中国传统建筑特征（图 3-18)。

图 3-16 旧上海市博物馆

图 3-17 旧上海市图书馆

图 3-18 中国航空协会会所

“机首”共高三层，底层为会客厅，上为容纳千人的礼堂，顶层为纪念堂，圆形环墙嵌以黑色大理石。中间呈圆圈形，建成三祭台。祭台正中镶蓝色玻璃，阳光透过玻璃直射大厅，即“皇穹宇”。再登高可达白石砌成的“圜丘坛”，坛分三层，用石倍数依“九”增减，称“小天坛”。从皇穹宇的祭台设计再到圜丘坛对天坛的模仿，它们作为中国传统建筑文化的体现，并没有如宫殿式或混合式建筑那样生硬，而是和建筑本身融为一体，在保留中国传统建筑特征的同时，展现了中国建筑的现代化，显现了中国建筑的现代化转向与发展。

清朝灭亡之后，封建大一统思想崩溃，此后的中央政权也一直没有形成强有力的思想控制。五四运动后，“德先生”和“赛先生”涌入中国，成为时代思潮。中国文化思想界先后出现了东西方文化论战、科学与玄学论战等文化思想运动，客观上形成了多元文化格局。在这个相对宽松与自由的环境下，此时的中国建筑文化思潮在“中国固有之形式”探索之外，还出现了现代主义建筑思想的潮流。

20 世纪 30 年代初，大众传媒开始对现代主义建筑感到好奇并表现出极大的兴趣和热情。1933 年，美籍建筑师林朋（Carl Lindbohm）加入上海范文照建筑师事务所，掀起了以《时事新报》、《申报》为代表的大众传媒对现代建筑文化的追捧。不仅连篇累牍地对建筑师进行追踪报道，还陆续刊载了许多介绍现代主义建筑理论的文章和译文，为大众接受现代主义建筑创造了良好的群众基础。而此时与现代主义建筑相关的学术刊物和学术专著的相继出版，使得现代主义建筑思潮在中国形成了由大众到业界的共同认可与推广之势，涌现了如大上海电影院、广州爱群大厦等现代主义建筑的杰出作品。

由匈牙利建筑师拉斯洛·邬达克（L. E. Hudec）于 1933 年设计重建的大上海电影院（图 3-19），在当时享有“远东第一电影院”的美誉，建筑立面采用版片横竖交错的构图形式，简洁凝练，奶黄色的外立面构成像在波浪中行进的风帆，整个建筑形式新颖时尚，是当时现代主义建筑的典型建筑作品。

广州爱群大厦（图 3-20）建于 1937 年（现位于广州市越秀区沿江西路 113 号），曾夺广州建筑物之冠，被誉为“开广州高层建筑之新纪元”。建筑平面沿转角呈三角形，主体十层，塔楼四层，整体借鉴美国摩天大厦新风格的设计手法，在哥特式复兴风格中渗入岭南建筑风格，立面用简洁的竖向线条，强调挺拔的艺术效果，该建筑是广州近代最高的建筑，也是广州第一幢钢框架结构的仿美国摩天大楼式的高层建筑。

现代主义建筑思潮在这黄金十年里汹涌澎湃，激荡着中国近代社会。不仅中国建筑师对现代主义建筑思想的认识不断深化，社会大众也通过传媒和建筑实践了解并接受了现代主义建筑风格，现代主义建筑实践改变了不少城市的天际轮廓线，给这些城市换上了现代主义建筑风格新装。现代主义建筑和“中国固有之形式”建筑的探索，成为这段时期中国近代建筑文化的中心，中国开始走出中与西的对立、传统与现代的困惑，并逐步确立了走向世界、走向现代化的大方向。

图 3-19 大上海电影院

图 3-20 广州爱群大厦

四、中国近代建筑衰落期（1938～1949 年）

1937 年七七事变之后，日本全面侵华，中国的工业化进程完全被中断，中国近代建筑由盛转衰，虽在某些地区有零星的建筑活动，但整体处于凋零与停滞状态，更谈不上建筑文化思潮的变化。

总体而言，中国近代建筑文化思潮是一个由平静到激荡的过程，是中国建筑文化从传统封闭走向开放融合的关键时期，为现当代中国建筑奠定了发展方向。

第三节　中国现当代建筑文化思潮

1949 年新中国成立后，中国建筑掀开了新的篇章。全国各地在清理战争废墟的同时，开展了生机勃勃的建设活动，建筑文化思潮也随之发生变化。

首先，在“社会主义内容、民族形式”口号下，传统建筑文化复兴浪潮再度兴起，与 20 世纪 20～30 年代的“中国固有之形式”运动相比，尽管传统复兴背后的官方意识形态截然不同，但是“民族形式”继承了前者的两种经典模式，即以“宫殿式”大屋顶表现民族形式和采用平屋顶加传统构件、纹样装饰的“现代化的中国建筑”。

新中国成立后的一段时期，现代主义建筑思想，被妖魔化为帝国主义文化侵略的阴谋，现代主义风格被贴上了资本主义的标签，但是一穷二白的社会现实决定了现代主义的功能理性和经济理性原则符合中国国情和现实需要，自发的现代主义建筑实践占据了新中国成立后建筑活动的主流。

改革开放打开国门之后，经济建设热潮带动了空前的城市建设大潮，宽松的政治、经济和文化环境催生了建筑创作的空前繁荣。国外建筑思潮流派不断涌入，国内建筑设计市场日益开放，中国建筑结束了长期与国际建筑潮流相隔绝的局面，进入了一个全球化、国际化的新时期。这一切都在宣告中国已经不可逆转地加入了全球化进程中，生机勃勃的国民经济、开放而巨大的国内建筑设计市场，不断吸引着西方建筑师的目光，他们从技术手段、设计模式、设计理念到设计手法都给中国建筑师以巨大的冲击。

一、传统建筑的现代继承思潮[①]

传统建筑的现代继承思潮，不是简单地仿古和重返过去，而是以当代人的审美眼光，从传统建筑文化中寻找推进创造中国建筑特色的人文智慧和思想资源，从而对传统建筑进行现代解释。可以说，继承中国传统建筑的真正目的在于开出中国建筑的现代性之花，代表建筑有重庆的西南人民大礼堂、1958 年开始的国庆工程、香山饭店、山东曲阜阙里宾舍，以及 2008 年北京奥运会国家体育场“鸟巢”方案。

1. “民族形式”——重庆西南人民大礼堂

1951～1954 年设计建成的位于重庆的西南人民大礼堂（图 3-21）无疑是中国早期具有代表性的实例。邹德依先生在《现代中国建筑史》中称其为“未经全国号召就采用民族形式的建筑特例”。方案是四个征集方案中唯一采用民族形式的，而选择这个方案的是当时的地区首长贺龙等。构思为天坛与天安门等清宫式著名建筑的组合，顶为直径 46 米的钢结构穹顶，有 4500 座，圆形厅音响不佳，宝顶镏金及装饰造价相当昂贵，但它反映了当时领导人的一种豪迈之情和一种自信心。今天它那屹立在 99 级台阶上的雄姿与天际线常被用作山城重庆的象征，比作重庆的悉尼歌剧院。

图 3-21　西南人民大礼堂

2. 思想上的交锋——北京香山饭店和山东曲阜阙里宾舍

这两个建筑设计成为这场冲突最引人注目的焦点。香山饭店（图 3-22）的设计者贝聿铭，是一位兼具中西文化背景的国际知名建筑师。他准确地把握住了当时中国主流社会的普遍心态，“在美国有许多人对中国很有兴趣，试想要是他们到中国来，住的旅馆和香港等地的一样，那不就糟了吗？我们是有几千年文化传

---

① 以下部分参考郝曙光．2006．当代中国建筑思潮研究．北京：中国建筑工业出版社．

统的国家，所以我对‘香山饭店’很乐观。”世界级大师的权威地位和华裔的血脉亲缘使开放之初的中国社会以极高的礼遇接待了他，赋予他建筑创作的极大自由，他将选址定在不受城市环境干扰的香山的景色宜人的谷地中。“虽然现在是在具体设计一个旅馆，但我的真意是在寻求一条中国建筑创作民族化的道路。这个责任非同小可。我现在要做的只是拨开杂草让来者看出隐于草丛中的路径……”香山饭店所体现的创作方向，显示了强大的生命力，连同它的菱形窗、白墙、灰色线条等成为人们竞相效仿的对象。

阙里宾舍（图 3-23）的建成，似乎是对香山饭店的回应，坐落于离孔府不远的地段，既表明特色存在的理由，也说明它不回避城市环境所引起的矛盾的态度。为了和孔府相协调，采用和它类似的中国传统风格屋顶，又将它加以改造，使这种富于中国韵味的形式适合于钢筋混凝土的结构规律。作为中国传统建筑文化现代继承思潮的代表人物，时任城乡建设与环境保护部副部长的戴念慈其实是想借这个题目寻找一条能够解决中国传统建筑现代继承这样宏大主题的道路。

图 3-22　北京香山饭店

图 3-23　山东曲阜阙里宾舍

3. 交融建筑——2008 年北京奥运会国家体育场“鸟巢”方案

在 20 世纪末 21 世纪初，对如何继承传统建筑文化，有学者提出“交融建筑”的主张。“交融建筑”从根本上反对“模仿”和“拼凑”，反对两者之间的简单叠加，尝试将中国传统建筑与现代建筑作为基因和本源，通过溶解、渗化，产生新的突变。2008 年北京奥运会国家体育场“鸟巢”方案如图 3-24 所示。它将中国传统文化中的十二生肖图案移植到建筑中，以明显的中国十二生肖图案来划分不同的区域，使现代化的体育场建筑置于中国文化意味的基本环境中。时髦的全球化建构理念，中国民间的剪纸艺术，传统文化中的生肖，种种新的融合，启示着中国传统建筑的现代继承思潮的新趋向——超越建筑形式层面，与中国传统文化的其他门类相结合。

二、追求地域特色的思潮

所谓建筑的地域特色，或者说建筑的地方特色、地区特色，指的是一定区域内多数建筑的总体特征和基本风格，包含了各种具有不同价值观念和审美取向的

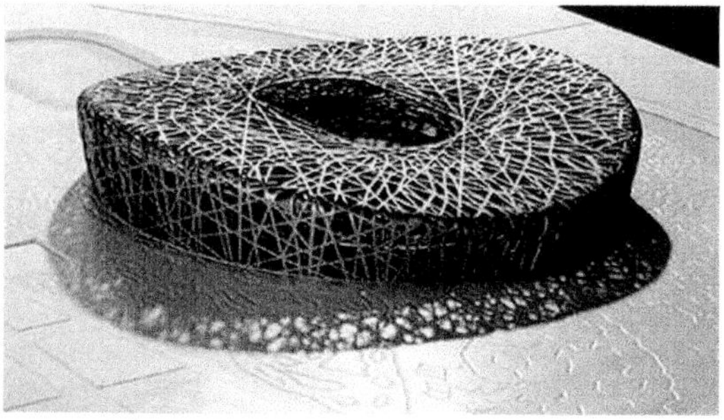

图 3-24　2008 年北京奥运会主体育场模型

建筑思想或倾向，可以成为一个地域在建筑中的共同追求，形成地域特色。作为一种建筑思潮，其共同特点是建筑师主动地以各种手法去表达建筑的地域特色，创造新的地域建筑风格。

20 世纪 50～70 年代，地域建筑创作始终处于边缘化的状态，由于并没有特定的风格追求，而是运用地方材料和自然条件相结合，直接向民间学习，向“无建筑师的建筑”学习，这些作品超越了对建筑意识形态的追求而具有建筑本体意义上的先进性。

20 世纪 80 年代初期改革开放之后，具有地域特色的建筑超越自发状态而在建筑界成为主动追求的一种建筑思潮。最初，是为了产生文化差异满足旅游者的视觉享受而受到关注的。建筑师考虑的重点是，在建筑创作中如何使新建筑与乡土建筑具有形象上的直观联系，以满足旅游者的视觉需要和审美情趣，在手法上则普遍地把追求具有乡土建筑风格作为获得地方建筑特色的有效途径。例如，上海龙柏饭店和福建武夷山庄，设计者采用地域建筑风格是为了满足外国旅游者的审美需求。

20 世纪 90 年代以后，追求地域特色的建筑思潮，超越外在形式的层面开始向内在的本体意义回归。主要表现为，开始出现对世界上追求地域特色的建筑流派的学术研究，同时也出现具有原创意义的地区建筑理论。

1. 形式借鉴

九曲宾馆（图 3-25）位于武夷山自然风景区中心地带。和武夷山庄相比，九曲宾馆建筑注意运用地方建筑材料，依地形进行建筑空间的组合，这些都保留了当地的建筑传统文脉，与当地民居存在着明显的传承关系；但在建筑细部的处理上，融进了现代工艺设计，在视觉上具有一定的新意，体现了设计者对地域建筑特色的新追求。

2. 片断移植

黄汉民设计的福建省画院（图 3-26）是建筑师探索建筑地方特色的典型作

品，建筑为适应当地气候特点，采取对内开敞的自由布局，吸取福建传统民居和园林的处理手法，将建筑沿周边布置，围出大、中、小三个庭院。建筑外观造型突出地方建筑传统语汇，使建筑具有鲜明的地方特点。

图 3-25　福建武夷山九曲宾馆

图 3-26　福建省画院

3. 环境谐调

齐康设计的南京梅园周恩来纪念馆（图 3-27）以追求建筑与周围环境的协调作为设计的出发点，以达到在特定的建筑环境中再现当年历史文脉的目的。

图 3-27　南京梅园周恩来纪念馆

4. 地方智慧

胶东半岛的乡土建筑海草石屋，用海滩潮涌的海草做顶、当地出产的乱石砌墙的海草石屋砌墙，形成自己的特色，特别是海带草屋顶，冬暖夏凉，使用寿命百年以上。但受城市化的影响，当地老百姓基本抛弃了海草石屋的做法。戴复东设计的山东荣成北斗山庄（图 3-28），重新吸取海带草、石材使用的智慧，创造了富于地方特色的、具有很高审美价值的设计作品。

三、表达时代精神的建筑思潮

所谓时代精神的建筑表达，指的是在新观念统领下，借助于新材料、新技术、新手法，创建新风格，把建筑的时代精神作为建筑设计的追求目标，有意识

图 3-28　山东荣成北斗山庄

地表达建筑的时代特征。西方建筑总体上先进于我国的当代建筑，因此从某种意义上讲，建筑的时代精神的表达，就是接受西方先进的建筑观念、风格，并使其不断中国化的过程。因而这种建筑思潮，在建筑观念上，强调建筑的时代特征，通过建筑设计中的创新意识来体现；在操作过程中，注重有目的地移植西方建筑文化，引进西方的建筑材料、结构、设备。尤其注重学习西方先锋建筑流派，吸收西方流行的建筑形式。20 世纪 50～70 年代，受意识形态的羁绊，加上学术视野受到与世隔绝的限制，建筑界所讨论、所表达的时代精神很难真正地代表时代思潮，而是不断地陷入一场又一场意识形态色彩浓厚的争论之中，偏离了建筑的本体意义。

20 世纪 80 年代初，建筑界对时代精神充满激情的呼唤，营造了通过创新来表达时代精神的氛围。之后，多元成为 20 世纪 80 年代后期至 90 年代初期建筑界又一个高频率出现的关键词。多元创新，在理论界表现为对西方建筑思潮的多元化吸收；在建筑设计实践领域表现为各种国外设计手法的运用，以及国外新建筑材料和技术的中国化运用。20 世纪 90 年代中期，时代精神开始与环境、文脉等结合，与新材料、新结构、新设备、新构造等新技术相结合，呈现出把握世界建筑发展大势来表达建筑的时代精神的趋向。

1. 简洁造型倾向

中国国际展览中心 2-5 号馆（图 3-29）是有四个边长 63 米的正方形“方盒子”，展厅及三个作为入口大厅的连接体组成一字形的建筑群。室内材料与色彩单纯统一，顶棚露明钢网架以表现结构。同时，在内外装修和细部处理上都做到模数化设计。国际展览中心受到中国建筑师和公众的一致喝彩，并且前后获得了三十多个奖项。

2. 玻璃幕墙倾向

1983 年建成的长城饭店（图 3-30），由美国贝克特设计公司设计。作为按照最高国际标准大型旅游饭店进行设计的国内较早的五星级酒店，长城饭店采用新材料、新设备，其幕墙是全玻璃的，旋转餐厅在立面造型中处于显著位置，这样的崭新形式，有效地表达出时代精神，因此成为效仿的对象，在国内迅速得到传播。一时间，南北大地都可以看到玻璃幕墙的影子。

图 3-29　北京中国国际展览中心 2-5 号馆

图 3-30　长城饭店

3. 后现代建筑倾向

清华大学建筑馆（图 3-31）西向入口采取符号运用和体块穿插相结合的方式，入口门厅南北墙面处理则采取了蒙太奇的手法，在南北墙面两侧各开了一个通高的凹槽，凹槽中放置了代表中西古典建筑艺术的标志——一为中国宋代木结构柱式片断；一为古希腊雅典帕特农神庙爱奥尼克柱式。

图 3-31　清华大学建筑馆

4. 高技派倾向

厦门高崎机场 3 号候机楼（图 3-32）屋架上弦暴露在外，形成透空的坡线，下弦暴露在室内，和混凝土柱形成传统式梁架关系。以一个完整的大空间组织各种功能。这一在室内外充分暴露和表现的经济的结构体系，可以说是高技思想影响下对“适宜技术”的采用。

5. 生态建筑倾向

清华大学建筑设计研究院办公楼（图 3-33）是一个创造舒适健康环境的、充分利用自然、节省能源的优秀实例。在其南侧设一边庭，种植花木，既美化环境，又净化空气，调节温度；在南北顶部设有条形天窗，可根据四季温度的不同需要开启或关闭，自然通风，冬暖夏凉。设有外置遮阳板，夏日遮阳降温；西南入口设一实墙面，夏防西晒，冬挡寒风；设光电板，将太阳能转化为电能。

图 3-32 厦门高崎机场 3 号候机楼

图 3-33 清华大学建筑设计研究院办公楼

6. 解构倾向

深圳大学的大学生活动中心（图 3-34）是最初具有解构意味的作品，设计方案是在一位大学四年级学生的毕业设计的基础上深化而来的，设计者坦言：是“冒着语言混乱的危险进行尝试”，在对基地环境、使用功能等因素理性分析的前提下，使用了各种不同的设计语言，却创造出一个非理性的建筑形式。

图 3-34 深圳大学的大学生活动中心

四、时尚建筑的绵延不绝

1. 政治时尚建筑

所谓政治时尚建筑，指的是建筑创作受政治因素或行政管理因素中的时尚现象的影响，使政治因素或行政领导决策凌驾于建筑专业之上，使建筑师被动地去贯彻或者主动地去迎合政治或行政意志。典型的建筑如 1969 年西南建筑设计院设计的位于四川成都的“毛泽东思想胜利万岁”展览馆（图 3-35）。

图 3-35 “毛泽东思想胜利万岁”展览馆

2. 传统时尚建筑

所谓传统时尚建筑，指的是在复兴传统文化的旗帜下，建筑师为了迎合社会对传统建筑文化的需要，根据自己对中国传统建筑文化的肤浅理解乃至曲解或误解，建筑设计中，以传统文化作为噱头，表现在设计手法上，就是牵强附会地表述中国古典建筑意蕴、简单模仿传统建筑形象，或者对传统建筑形式进行拙劣变形。各地在 20 世纪 80 年代末 90 年代初大量兴建的诸如“唐风一条街”、“宋代一条街”、“清代一条街”等，就是最具表象性的传统时尚建筑的典型代表。

3. 欧风时尚建筑

所谓欧风时尚建筑，也就是指最近几年流行的“欧陆风”建筑。这些建筑不顾其使用功能和所处的地段环境，建筑各种室内外装修、环境小品，一律采取“欧式”做法，以“欧”为美。这类建筑由于在比例构图、造型元素、细部线脚、呼应衔接等方面缺乏深入细致的推敲研究，显得粗制滥造。

4. 创新时尚建筑

建筑设计精英以创新为取向，设计了不少堪称优秀的作品。但在光有创新的愿望，没有创新的本领的建筑师手中，创新的价值取向蜕变为一种奢华和浮躁的风气，创作追求新奇形式，形式失却文化品位。

上述时尚建筑思潮的种种表现，其实质是中国建筑中形式主义的盛行。这种形式主义，就是一种把代表一定建筑思想的建筑手法简化为“易操作行为”，是社会上以最小的代价获取最大利益的浮躁心态的普遍反映。

五、基于本体的建筑探索

人们对建筑的认识、理解、评价、设计所秉持的态度，多年来在不断地发展变化着。建筑是什么？建筑学是什么？什么是好的建筑，什么是优秀建筑评价的标准？多年来，对这些问题的关心和解答，一直在进行中。人们对于建筑学学科本性的不断审思，都涉及对建筑本体的探索。

自 1984 年以来，建设部（或城乡建设环境保护部）在全国范围内组织的部级优秀建筑设计评选活动，评选出的获奖作品整体上代表了当时中国建筑师进行建筑创作的最高水平，反映了当时社会建筑主流文化的价值追求和审美取向。考察这些作品，不难发现，进入 21 世纪的中国主流建筑思潮呈现出基于建筑本体进行创作的新特点。

1. 传统主题的深层挖掘

中国科学院图书馆（图 3-36），以源于传统四合院的合院空间作为中枢，在提供给建筑阳光、空气、景观的同时，营造出“人工与自然、几何与自由、理性与浪漫的模糊共振”，在新的层面上诠释了中国传统建筑文化的思想内涵和空间意蕴。

图 3-36　中国科学院图书馆

2. 地域特色的内在追求

在同是 2003 年获建设部优秀建筑设计一等奖的清华大学附属小学(图 3-37)建筑群中，可以明显感受到设计者对地域特色的自觉追求，这种追求开始呈现出超越形式本位的努力，在建筑材料选择、构造处理及细部设计中，设计者尝试运用适合当地文化传统和技术特色的新手法并取得了一定的效果。

3. 生态思想的实践探索

2001 年获建设部优秀建筑设计一等奖的清华大学设计研究院办公楼，前面我们已经提及。

4. 本体取向的理性创新

清华大学建筑学院李晓东教授设计的丽江玉湖完全小学（图 3-38）获得了包

图 3-37　清华大学附属小学

括亚洲建筑师协会金奖在内的许多奖项。这栋建筑面积只有 800 平方米的小学校舍，建筑材料都是当地很廉价的普通建材，建筑由建筑师选址，建筑选址综合考虑了远处的雪山、近处的建筑。投资由建筑师募集，为一所小学建造，建筑师拥有业主的权利，或者说建筑师与业主零距离地沟通。建筑师参与设计、选材、施工的全过程。这个个案本身具有普遍的意义，它启示基于本体的理性创新。

图 3-38　丽江玉湖完全小学

中国自 1840 年后，出现了由封闭内敛、相对静止的传统建筑文化向开放外向、不断变化的新建筑文化的转向，其间鼓荡激扬的各种建筑文化思潮居功至伟。这些在中国大地上先后出现的建筑文化思潮对近代以后中国建筑实践有很大的影响，值得我们去逐一认识、了解和铭记。

第四节　西方近现代建筑文化思潮

西方建筑文化思潮自中世纪之后，逐步进入近代阶段。工业革命开启了工业文明，带动了社会的飞速进步，使得思想文化的波动更为频繁，各种文化运动和文化思潮对建筑产生了不同的影响，由此生发出更为多样的建筑文化思潮。

一、18世纪下半叶～19世纪下半叶建筑创作中的复古思潮——新古典主义、浪漫主义、折中主义

（一）新古典主义

新古典主义也称为古典复兴，是文艺复兴运动在建筑文化思潮上的延续。具体是指18世纪60年代～19世纪末在欧美盛行的仿古典建筑形式的思潮。这种思潮曾受到当时启蒙运动的影响和考古发掘进展的影响。

随着讲究理性的新兴资产阶级的兴起，他们攻击曾盛行一时的巴洛克和洛可可式建筑风格的烦琐、矫揉造作，以及路易王朝后期所谓的古典主义(classicism）不够正宗，极力推崇希腊、罗马艺术的合理性，认定应当以此作为新时代建筑的基础。古罗马帝国时期雄伟的广场和凯旋门、记功柱等纪念性建筑成了效法的榜样。

古典复兴建筑在世界各国的发展，虽有共同之处，但也有些不同。大体上法国以罗马式样为主，而英国、德国则以希腊式样为主。采用古典复兴的建筑类型主要是为资产阶级政权与社会生活服务的国会、法院、银行、交易所、博物馆、剧院等公共建筑，还有纪念性的建筑，对于一般市民住宅、教堂、学校等建筑类型的影响相对来说较小。例如，法国巴黎星形广场上的凯旋门（1808～1836年）就是罗马帝国时期建筑式样的翻版（图3-39）。

图3-39　凯旋门

（二）浪漫主义

浪漫主义是18世纪下半叶～19世纪上半叶活跃于欧洲文学艺术领域中的另一种主要思潮，它在建筑上也得到了一定的反映。浪漫主义既带有反抗资本主义制度与大工业生产的情绪，又夹杂消极的虚无主义色彩。它在要求发扬个性自由、提倡自然天性的同时，用中世纪手工业艺术的自然形式来反对资本主义制度下用机器制造出来的工艺品，并以前者来和古典艺术抗衡。

浪漫主义最早出现在18世纪下半叶的英国。从19世纪30年代～70年代是浪漫主义真正成为一种创作潮流的时期。这时期的浪漫主义建筑以哥特风格为主，故又称哥特复兴（Gothic Revival）。哥特复兴风格不仅用于教堂，并出现在学校与其他世俗性建筑中。它反映了当时西欧一些人对发扬民族传统文化的恋慕，认为哥特风格是最有画意和诗意的，并尝试以哥特建筑结构的有机性来解决古典建筑所遇到的建筑艺术与技术之间的矛盾。例如，英国国会大厦（1836～1868年）采用的是哥特垂直式（图3-40）。

图3-40　英国国会大厦

（三）折中主义

折中主义是19世纪上半叶兴起的另一种创作思潮，这种思潮在19世纪以至20世纪初在欧美盛行一时。折中主义越过古典复兴与浪漫主义在建筑样式上的局限，任意选择与模仿历史上的各种风格，把它们组合成各种样式，所以也称之为“集仿主义”。

折中主义建筑并没有固定的风格，它语言混杂，但讲究比例权衡的推敲，常沉醉于对“纯形式”美的追求。但是它在总体形态上并没有摆脱复古主义的范畴。因此，在建筑内容和形式之间的矛盾，仍然没有获得解决。

折中主义在欧美持续的时间也比较长，影响非常深刻。19世纪中叶以法国最为典型；19世纪末与20世纪初又以美国较为突出。

巴黎歌剧院（1861～1874年）是折中主义的代表作，法兰西第二帝国的重要纪念物，奥斯曼改建巴黎的据点之一（图3-41）。它的立面是意大利晚期的巴罗克风格，并掺杂了烦琐的洛可可雕饰。巴黎歌剧院的艺术形式在欧洲各国的折

图 3-41 巴黎歌剧院

中主义建筑中有很大的影响。

二、第一次世界大战战后初期建筑流派——表现主义派、未来主义派、风格派与构成主义派

第一次世界大战战后初期，有很多人和流派，包括各种造型艺术家在内，对新建筑的形式问题抱有浓厚的兴趣，并进行了多方面的探索，其中比较突出并对后来在思想与手法上产生重要影响的派别有表现主义派、未来主义派、风格派和构成主义派。

（一）表现主义派

20 世纪初，在德国、奥地利首先产生了表现主义派的绘画、音乐和戏剧。表现主义派认为艺术的任务在于表现个人的主观感受和体验。例如，画家心目中认为天空是蓝色的，他就会不顾时间、地点，把任何天空都画作蓝色。取决于画家主观的“表现”需要，有时把马画成红色的，有时又画成蓝色的，他们的目的是引起欣赏者的激情和情绪上的震动。在这样的艺术观点影响下，第一次世界大战战后出现了一些表现主义的建筑。这一派建筑师常常采用夸张、奇特的建筑体型来表现或象征某些思想情绪或某种时代精神。德国建筑师门德尔松（Erich Mendelsohn，1887～1953 年）设计的最有代表性的表现主义建筑是于 1919～1920 年建成的德国波茨坦市爱因斯坦天文台（Einstein Tower，图 3-42）。

一座混混沌沌的、多少有些流线型的体形，是用混凝土和砖塑造的，上面开出一些窗洞，形状不规则，象征着运动感。整个建筑造型奇特，难以言状，表现出一种神秘莫测的气氛，也有人从中感受到一个高速前进的、崭新的时代。

表现主义派建筑师主张革新，反对复古，但他们是用一种新的、表面的处理手法去替代旧的建筑样式，同建筑技术与功能的发展没有直接的关系。有的表现

图 3-42 爱因斯坦天文台

主义派在电影院的顶棚上做出许多下垂的券形花饰，使观众感到如同坐在挂满石钟乳的洞窟之中；有的表现主义派在轮船协会的大楼上做出许多象征轮船的几何图案；荷兰阿姆斯特丹的表现主义派甚至把住宅建筑外观处理得能使人联想起荷兰人的传统服装和木头鞋子。表现主义派在第一次世界大战战后初期时兴过一阵，不久就消退了。

（二）未来主义派

未来主义派是第一次世界大战之前首先在意大利出现的一个文学艺术流派。1914 年，第一次世界大战前夕，意大利未来主义派圣伊利亚（Antonio Sant' Elia，1888～1916 年）在他们举办的未来主义展览会中展出了许多未来城市和建筑的设想图，并发表了《未来主义建筑宣言》。圣伊利亚设计的都是高大的阶梯形的楼房，电梯放在建筑外部，林立的楼房下面是川流不息的汽车、火车，它们分别在不同高度上行驶（图 3-43）。

图 3-43 未来主义派建筑蓝图

意大利未来主义派在当时没有实际的建筑作品。但是他们的观点及对建筑形式的设想对于 20 世纪 20 年代甚至对于第二次世界大战以后的先锋派建筑师都产生了不小的影响。

（三）风格派与构成主义派

1917 年，荷兰一些青年艺术家组成了一个名为“风格派”的造型艺术团体，主要成员有画家蒙德里安（Piet Mondrian，1872～1944 年）、范·陶斯堡（Theo van Doesberg），雕刻家范顿吉罗（G. Vantongerloo），建筑师奥德（J. J. P. Oud）、里特弗尔德（G. T. Rietveld）等。风格派认为，最好的艺术就是基本几何形象的组合和构图。蒙德里安认为，绘画是由线条和颜色构成的，所以线条和色彩是绘画的本质与要素，应该允许独立存在。他认为，用最简单的几何形和最纯粹的色彩组成的构图才是最具普遍意义的、永恒的绘画。

第一次世界大战前后，俄国有些青年艺术家也把抽象几何形体组成的空间当做绘画和雕刻的内容。他们的作品，特别是雕塑，很像是工程结构物。这一派别被称为构成主义派。代表人物有马列维奇（Kazimir Malevich）、塔特林（Vladimir Tatlin）、伽勃（Naum Gabo）等。

在建筑造型上，虽然风格派与构成主义派同样坚持运用建筑的基本要素——梁、柱、板、门、窗或各种结构构件来进行造型。但在手法上风格派比较讲究各部分与整体在构图上的平衡；而构成主义派，可能由于它形成于俄国十月革命前后的社会动荡之中，在构图上往往显得比较唐突、惊险或出其不意。由于风格派比较容易被接受，故又有国际构成主义之称，而构成主义派则被称为俄罗斯构成主义。

里特弗尔德设计的荷兰乌得勒支地方的一所住宅，是一个由简单的立方体，光光的板片、横竖线条和大片玻璃错落穿插组成的建筑。它是最能代表风格派特征的建筑（图 3-44）。

图 3-44　施罗德住宅

表现主义派、未来主义派、风格派和构成主义派等作为独立的流派存在的时间都不长，20 世纪 20 年代后期，它们渐渐消散，但它们对现代建筑及其后的影响，特别是在思想上，还是相当深远的。

三、现代建筑派

到 20 世纪 20 年代，第一次世界大战留下来的创伤既充分暴露了社会中的各种矛盾，同时也深刻地暴露了建筑中存在已久的矛盾。一批思想敏锐、对社会事物敏感并具有一定经验的年轻建筑师，面对千疮百孔的现实，决心把建筑变革作为己任，提出了比较系统和彻底的建筑改革主张，把新建筑运动推向了前所未有的高潮——现代建筑运动（Modern Movement）——形成了后来继学院派之后统治建筑学术界达数十年的现代建筑派（Modern Architecture）。

现代建筑派包含两方面的内容：一是以德国的格罗皮乌斯、密斯·凡德罗和法国的勒·柯布西耶为代表的欧洲先锋派。他们是现代建筑运动的主力。一是以美国赖特为代表的有机建筑派。

1919 年，格罗皮乌斯出任撒克森大公艺术学院和撒克森大公艺术与工艺学校的校长。就职后他立即改组这个学校，聘请一批激进的年轻艺术家当教员，推行一套新的教学制度和教学方法，同保守的学院教育唱对台戏。由他领导的这所称为“包豪斯”的学校即成为西欧最激进的一个设计和建筑的中心。包豪斯产生了一种新的工艺美术风格和建筑风格。其主要特点是注重满足实用要求；发挥新材料和新结构的技术性能和美学性能；造型整齐简洁，构图灵活多样；便于机器生产和降低成本。

包豪斯的建筑风格主要表现在格罗皮乌斯这一时期设计的建筑中。1920 年前后，格罗皮乌斯设计并实现的建筑物有耶拿市立剧场（City Theater，1923 年与 A. 迈尔合作）、德绍市就业办事处（1927 年）等。最大的一座也是最有代表性的是包豪斯新校舍（图 3-45）。

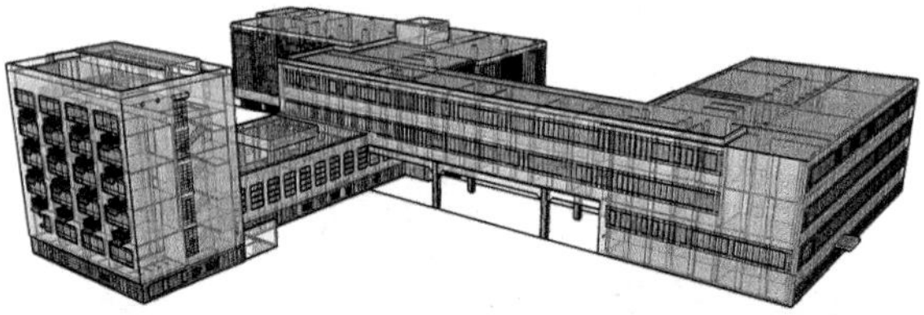

图 3-45　包豪斯新校舍平面图

格罗皮乌斯通过这个建筑实例证明，摆脱传统建筑的条条框框以后，建筑师可以自由地、灵活地解决现代社会生活提出的功能要求，可以进一步发挥新建筑材料和新型结构的优越性能，在此基础上同时还能创造出一种前所未见的、清新活泼的建筑艺术形象。

格罗皮乌斯被公认为现代建筑史上一位十分重要的建筑革新家，并于第二次世界大战后被推崇为四位现代建筑大师之一。

出生于瑞士的勒·柯布西耶（Le Corbusier，1887～1966 年）是现代建筑运动的激进分子和主将，也是 20 世纪最重要的建筑师之一。他大声疾呼要创造新时代的新建筑，主张建筑走工业化的道路，他甚至把住房比作机器，并且要求建筑师向工程师的理性学习。但同时，他又把建筑看做是纯粹精神的创造，一再说明建筑师是一个造型艺术家。

在20世纪20年代勒·柯布西耶设计了一些同传统的建筑完全异趣的住宅建筑。萨伏伊别墅（图3-46）是其中的著名代表作。萨伏伊别墅的外形轮廓比较简单，而内部空间则比较复杂，如同一个内部细巧镂空的几何体，又好像一架复杂的机器——勒·柯布西耶所说的居住的机器。

图3-46　萨伏伊别墅

出生于德国的密斯·凡德罗没有受过正规学校的建筑教育，他的知识和技能主要是在建筑实践中学来的。著名的巴塞罗那世界博览会德国馆（图3-47）是1929年由密斯·凡德罗设计的。这座展览馆包括一个主厅，两间附属用房，两片水池和几道围墙，所占地段长约50米、宽约25米。它的特别之处在于，这是一座供人参观的亭榭，展览建筑除了建筑本身和几处桌椅外，没有其他陈列品，它本身就是展览品。

图3-47　巴塞罗那世界博览会德国馆

整个德国馆主厅部分有8根十字形断面的钢柱，立在一片不高的基座上面。上面顶着一块长25米左右，宽14米左右薄薄的简单的屋顶板。有玻璃和大理石两种隔墙。墙的位置灵活，它们纵横交错，有的延伸出去成为院墙。由此形成了一些既分隔又连通的半封闭、半开敞的空间，室内和室外之间，室内各部分之间，相互穿插，没有明确的分界。这是现代建筑中常用的流动空间的一个典型。

1928 年，密斯曾提出了著名的“少就是多”（less is more）的建筑处理原则。这个原则在此得到了充分的体现。

赖特（Frank Lloyd Wright，1869～1959 年）是美国著名现代建筑大家，在世界上享有盛誉。从 19 世纪末到 20 世纪最初的 10 年中，他在美国中西部的威斯康星州、伊利诺伊州和密歇根州等地设计了许多小住宅和别墅。这些住宅大都属于中等阶级的，坐落在郊外，用地宽阔、环境优美。材料是传统的石头、砖和木头，坡屋顶出檐很大。在这类建筑中，赖特既突破了封闭性的住宅处理手法，又保留美国民间建筑的传统。它适合于美国中西部草原地带地广人稀和气候的特点。赖特把它们称为“草原式住宅”。

20 世纪 30 年代，赖特提出有机建筑理论。他认为，建筑应该是自然的，应当成为自然的一部分。赖特把建筑的真实性建立在与自然的和谐之中，他认为自然界是有机的，建筑师应当从自然中得到启示，房屋应当像植物一样，成为“地面上一个基本的和谐的要素，从属于自然环境，从地里长出来，迎着太阳”。位于宾夕法尼亚州匹兹堡郊区的流水别墅（图 3-48），建筑形态可以视为山溪旁峭壁的自然延伸，钢筋混凝土挑台锚固在石墙和山石中，横向阳台、水平挑檐上下左右前后错叠，宽窄厚薄长短参差，毛石墙就地取材砌筑，构成了横竖交错的构图。

图 3-48　流水别墅

近现代的西方建筑文化思潮相较于西方传统建筑文化思潮，有对过去的回忆也有走向现代的进步。从对古希腊、古罗马的复兴为代表的新古典主义始，到以对中世纪哥特风格复兴的浪漫主义，以及杂糅各家的集仿式折中主义逐步展开，直到现代建筑四大家的出现，对这些建筑文化思潮的一一梳理，体现了西方建筑的渐进性和逐步发展的过程，值得我们在体会和玩味其中的每一步曲折和变化中，对照当下。当然，近现代西方建筑文化思潮并非只有以上介绍的三种，但却是这段时期相当重要也无法忽视的三种重要思潮，了解和把握好这三种建筑文化思潮，有助于我们更好地理解近现代建筑风格的演变和著名建筑师的经典作品。

第五节　西方当代建筑文化思潮

相较于近现代时期的建筑文化思潮，西方当代建筑文化思潮显然更为缤纷多彩，甚至是目不暇接。当代是最靠近当下的时期，20世纪上半叶的西方现代建筑史，是从挣脱形形色色的历史风格复兴开始，最终形成了一场被称为现代建筑运动的狂飙突进式的建筑革命。而此期间所形成的建筑文化思潮也成为这场建筑革命的体现和见证。

一、后现代主义

后现代主义作为一个特别的建筑运动和流派、风格，发端于20世纪60年代末，80年代达到鼎盛时期，90年代开始全面衰退。后现代主义是一种试图对现代建筑运动进行修正、反叛的建筑思潮。后现代主义建筑思潮不是一种特定的风格或流派，而是集聚在后现代主义旗帜下，从复古主义、新古典主义、折中主义、通俗主义到玩世不恭、戏谑的古典主义的集合体。后现代主义阵营的代表人物还包括美国建筑师查尔斯·摩尔（Charles Moore）、迈克尔·格雷夫斯（Michael Graves），英国建筑师泰瑞·法雷尔（Terry Farrell），以及西班牙建筑师里卡多·波菲尔（Ricardo Bofill）等；主要建筑理论家有罗伯特·文丘里（Robert Venturi）；主要经典建筑理论著作有罗伯特·文丘里的《建筑的复杂性和矛盾性》（1966年）、《向拉斯维加斯学习》（1972年），查尔斯·詹克斯（Charles Jencks）的《后现代建筑语言》（1977年），这三部著作可以看做是解读后现代主义建筑思想的钥匙，全面包罗了后现代主义的主要建筑设计观念。

罗伯特·文丘里的《建筑的复杂性和矛盾性》可以说是后现代主义建筑思潮的一部最重要的纲领性文献。在书中，罗伯特·文丘里对现代主义的功能理性主义和技术至上主义等排他性原则进行了猛烈的攻击，明确地提出对复杂性和矛盾性的追求。他与现代主义建筑针锋相对的建筑理论和主张，在建筑界特别是年轻的建筑师和建筑系学生中，引起了震动和响应。

1962年，罗伯特·文丘里与劳奇合作设计的美国宾夕法尼亚州的栗子山母亲住宅（图3-49），成为人们认识后现代主义建筑的重要范例，它被认为是罗伯特·文丘里的《建筑的复杂性和矛盾性》一书所提出的原则的“化身”。它不采用平屋顶方盒子的建筑形象，一反当时盛行的现代建筑风格，引用了传统住宅的坡屋顶形式，它对传统形式加以变形和修饰，并不是完全回到传统。这些做法使这幢建筑有一种非理性，复杂、暧昧，不合逻辑的美学趣味，显示出罗伯特·文丘里的“通过非传统的方法组合传统部件”的主张。

1972年，罗伯特·文丘里等人合著的《向拉斯维加斯学习》一书出版，该

图 3-49 母亲住宅

书批评现代主义与公众缺乏交流，主张建筑艺术应当向美国赌城拉斯维加斯学习，走出高雅艺术的象牙塔。该书为一向被视为庸俗和低级趣味的商业文化翻案，表现了后现代建筑艺术向波普艺术靠拢的通俗化倾向。该书盛赞拉斯维加斯的商业景观可以与古罗马建筑艺术相媲美，称赞大街上的霓虹灯、广告牌、快餐馆和商亭，宣称“大街的东西差不多全好”。《向拉斯维加斯学习》是一部建筑文化的波普宣言，反映出商业高度发达的美国社会，一个注重感官享乐、追求广告效果、倡导标新立异的消费社会的建筑文化需要。

1977 年，英国建筑评论家查尔斯·詹克斯出版了《后现代建筑语言》一书，一开头就危言耸听地宣布“现代建筑于 1972 年 7 月 15 日下午 3 时 32 分在美国密苏里州圣路易斯城死亡”。从此，“后现代主义建筑”的名称不胫而走，成为通行的用语。

纵观后现代主义建筑，通俗化与波普化是其最重要的特征。美国的迈克尔·格雷夫斯是后现代主义的明星建筑师，他设计的波特兰市政大厦（图 3-50）很好地体现了不同尺度并置、片段拼贴，以及非传统方式利用传统等典型的后现代主义设计手法。一举改变了“国际式”风格在高层建筑设计中近半个世纪的统治地位。

凭借其招牌式的舞台布景式拼贴手法，格雷夫斯受到了美国商业娱乐产业的青睐，他为迪斯尼公司设计的位于佛罗里达州的大型度假娱乐中心——海豚和天鹅旅馆（Swan Hotel and Dolphin Hotel，1987～1991 年）是后现代主义建筑与美国商业文化的一次成功联姻，建筑师把滑稽、可爱的迪斯尼卡通形象和鲜艳热烈的建筑色彩与积木式的体量结合起来，充分体现了迪斯尼乐园轻松欢快的气氛（图 3-51）。

虽然后现代主义建筑思潮以幽默、叛逆的设计手法极大充实、丰富了建筑形态，但是也有其不可逾越的历史局限性：沉溺于非理性的拼贴折中和手法主义，过于迎合大众的通俗甚至低俗的文化口味，这必然造成建筑设计文化品质的肤浅与庸俗。

图 3-50 波特兰市政大厦

图 3-51 海豚和天鹅旅馆

二、新现代主义

作为一个与后现代主义分庭抗礼的当代建筑流派，新现代主义的代表人物有美籍华裔建筑师贝聿铭，法国建筑师鲍赞巴克（Christian de Portzamparc），日本建筑师桢文彦、安藤忠雄等。新现代主义作为一个受到评论界关注的明确建筑流派，却是从“纽约五人”（New York Five）出现开始的。1969 年，纽约现代艺术博物馆举办了一次展览，介绍了五位美国建筑师及其作品，他们是彼得·艾森曼、迈克·格雷夫斯、查尔斯·加斯米、约翰·海杜克、理查德·迈耶(Richard Meier，1934～)。由于这五位建筑师都在纽约，因此被评论界称为“纽约五人”。其作品深受 20 世纪 20 年代荷兰风格派、勒·柯布西耶早期倡导的立体主义，以及意大利建筑师特拉尼的影响，均为白色的、无历史装饰的、高度抽象的风格，因此又被称为“白色派”。当代新现代主义的理论与实践，突破了正统现代主义的教条和“国际式”风格的单调乏味，呈现出更加丰富的形态和空间特征。

纯粹的几何形体作为建筑形态的天然属性，是贝聿铭建筑风格的最主要特征。1981 年，应法国总统密特朗之邀，贝聿铭为卢浮宫博物馆特别设计的玻璃金字塔坐落在卢浮宫广场，正是玻璃金字塔下巨大的公共空间，为卢浮宫内部混乱的交通流线提供了一个枢纽。塔身高 21.6 米，地宽 35.4 米，四个侧面由 600 多块菱形玻璃拼接而成。在这座大型玻璃金字塔的南北东三面还有三座 5 米高的小玻璃金字塔作点缀，与七个三角形喷水池汇成平面与立体几何图形的奇特美景。今天，人们称其为“卢浮宫院内飞来了一颗巨大的宝石”（图 3-52）。

图 3-52 卢浮宫博物馆玻璃金字塔

作为全球知名美籍华人建筑师，贝聿铭（图 3-53）被誉为“现代建筑的最后

图 3-53 贝聿铭

大师”。他是苏州望族之后，父亲贝祖贻曾任中华民国中央银行总裁，1935 年他赴美国哈佛大学建筑系学习，师从建筑大师格罗皮乌斯和布鲁尔。贝聿铭善用钢材、混凝土、玻璃与石材，代表作品有法国巴黎卢浮宫扩建工程、美国华盛顿特区国家艺廊东厢。

美国建筑师理查德·迈耶，是“纽约五人”的重要代表人物。迈耶的作品运用高度抽象的点、线、面和体构成，创造了一种简约明快的现代设计风格——迈耶式风格。美国加利福尼亚州洛杉矶的盖蒂中心（Getty Center，图 3-54）是迈耶经典建筑设计手法的大荟萃。该建筑位于圣莫尼卡山脉南侧一个方圆 45 公顷的山顶，建筑群坐北朝南，面向太平洋俯瞰整个城市，环境景色优美。总投资 10 亿美元，建筑面积达 88 000 平方米。盖蒂中心建筑群采用了分散式布局，主体建筑博物馆位于高台之上，人们拾级而上，产生了文化建筑的场所感。建筑形态以方、圆为母题，并穿插了迈耶招牌式的钢琴曲线，充满了方与圆、直与曲、实与虚、玻璃与金属及石墙面的对比。盖蒂中心作为迈耶主持设计的最大规模建筑群体，也是一件集中了他多年来建筑手法之大成的作品。

图 3-54 盖蒂中心

新现代主义作为当代建筑思潮流派的重要分支，并非 20 世纪上半叶现代建筑运动的简单延续与复兴，而是建立在反思与批判基础上对正统现代主义的修正、充实与超越。一方面，当代新现代主义继承发展了经典现代主义的抽象形式语言，如纯粹的几何体构成和点、线、面、体的抽象构成；同时，从漂浮性、流动性和暂息化等建筑形态非物质化倾向出发，对反映信息时代精神的建筑形式进行了探索。另一方面，当代新现代主义试图克服正统现代主义过分强调建筑的物质与技术属性、忽视人的情感与精神需求的缺陷，把对地域场所精神的追求与高度抽象性的形式语言相结合，从而将建筑形式与空间的塑造推向了一个更高的精神境界。

三、新理性主义

新理性主义（Neo-rationalism）于20世纪60年代发源于意大利，是与后现代主义同时兴起的另一场历史主义建筑思潮。新理性主义既是对正统现代主义思想的反抗，也是对商业化古典主义、后现代主义的形式拼贴游戏的一种批判。新理性主义代表人物包括意大利的A. 罗西（Aldo Rossi）、G. 格拉西（Giorgio Grassi）、C. 艾莫尼诺（Carlo Aymonino），卢森堡的罗伯·克里尔（Rob Krier）与利昂·克里尔（Leon Krier）兄弟，以及德国的昂格尔斯（Oswald Mathias Ungers）等。

罗西认为，建筑设计就是通过捕捉城市中"集体记忆"的"原型"，来揭示建筑文化的永恒性。其代表作为米兰的加拉拉特西公寓（图3-55），是一个长182米、进深仅12米的长条形建筑，由于地形高差分成两部分。住宅形式来自米兰传统出租屋的意象，底层架空，透空的底层一边由落地的窗间墙支撑。另一边是纤细的列柱，建筑两部分的连接处是树根粗大的圆立柱。无始无终的列柱形成了强烈的"廊"的感觉，同时，建筑形式被简约到最纯粹的层面，素面外墙、正方形窗洞、绵延不尽的柱廊及圆形支柱，换来了超越世俗的抽象与纯净。

图3-55　加拉拉特西公寓

罗西的设计通过对历史形式的发掘，唤起了人们内心深处的遥远的记忆。卡洛·菲利斯剧院（图3-56）原为热那亚市歌剧院，第二次世界大战期间，该建筑遭到彻底毁坏。重建后的新剧院保存了原来歌剧院的印迹，修复了部分损坏的陶立克柱和侧边门廊，并进行了部分重建。舞台上方耸立着一座新的4层塔楼，容纳新增加的机械设备。贯穿底层的公共展廊设计了一个采光井以提供日常照明，钢和玻璃的圆锥形采光井悬挂在公共休息厅上方，穿透了屋顶，在屋脊上形成纤细的玻璃尖塔刺。夜间，尖塔变成一个发光体，像灯塔般闪耀在港口的上空。

图3-56　卡洛·菲利斯剧院

四、解构主义

解构主义（Deconstructionism）是20世纪下半叶至今最具前卫性、先锋性的建筑流派，也是一种正在发展演变的探索性、实验性建筑思潮。解构主义的兴起，一般认为发起于两次展览。1988年6～8月，美国建筑界泰斗级人物菲利浦·约翰逊与建筑评论家M. 威格利（Mavk Wigley）一起，在纽约现代艺术博物馆主持"解构主义建筑"（Deconstructionism Architecture）七人作品展。1988年7月9日，就是在上述七人展期间，英国伦敦泰特美术馆（The Tate Gallery）举办了一次会期为一天的国际研讨会，大会讨论了"建筑和艺术中的解构"（Deconstruction in Architecture）问题。会后，由著名建筑理论家C. 詹克斯为英国《建筑设计》（*Architectural Design*，即A. D.）杂志策划了1988年3/4期合刊，并推出《建筑中的解构》（*Deconstruction in Architecture*）专号。可以说，在纽约的展览会和伦敦的研讨会上，两位国际建筑界权威分别在两家权威美术馆，同时把大体上同一批建筑师的同一批作品推向了公众。

与建筑历史上其他风格流派相比，当代解构主义建筑不仅以其天马行空的作品极大地丰富了建筑形态创作，更开辟了建筑美学的新疆界。

来自奥地利的建筑师组合——蓝天组，他们擅长运用倾斜、裂解的构成手法，产生冲突、不协调和戏剧化的形体，被称为解构主义代表人物。维也纳的"屋顶改造"（Rooftop Remodelling，图3-57，1989年）工程是蓝天组的代表作，这是一间面积仅为360平方米的律师办公室，建造在一幢建于19世纪的老建筑的屋顶上，但是建筑师并没有为它披上古典的外衣，而是努力表达一个自由的梦幻的情境，建筑形态就好似一张拉紧的弓，玻璃装配的弓形仿佛刺穿并毁坏了原有建筑的屋顶，又仿佛要滑落下来。由于玻璃用一种刻意复杂化的方式组织在一起，形态各异，再加上向各个方向伸展的狭窄过道、管道、天桥和金属丝，建筑内部和表面都充满了错综混乱的线条和体块，使人对它产生了诸如桥、翅膀和飞机等不明确的联想。

图3-57 维也纳的"屋顶改造"工程

进入21世纪，解构主义从20世纪80年代的追求建筑形态的冲突错乱，转向探索有机连续的非线性建筑与空间形态，代表作如扎哈·哈迪德设计的费诺科学中心（2005 年，图 3-58）。整个建筑形态像一艘蓄势待发的宇宙飞船。

图 3-58　费诺科学中心

著名解构主义建筑师丹·里伯斯金德主持设计了柏林犹太人博物馆（图 3-59）。该建筑通过对监禁、恐怖与绝望等悲剧主题的象征与隐喻，构建了一系列摄人心魂的建筑形态与空间高潮，从而将对犹太人悲惨历史命运的纪念，上升到了对人性、对人类文明的深刻反思高度。

图 3-59　犹太人博物馆

五、新地域主义

建筑文化与地域环境有着密不可分的联系，如果说地域性是建筑文化的基本属性之一，那么建筑设计中的地域主义（Regionalism）倾向，则是一种在建筑中表现地域文化特征的寻根倾向。当代地域主义倾向是对全球化进程导致的文化趋同性的反抗，它的产生不仅是对正统现代主义文化霸权的反抗，同时还具有为特定地域、特定人群建立文化认同的作用。

许多建筑师拒绝对传统地域形式进行直接模仿，致力于在现代技术、现代功能和现代审美观念的基础上对地域性建筑文化进行新的诠释和演绎，这就是当代国际建筑潮流的一个重要倾向——新地域主义（Neo-regionalism），代表人物有墨西哥建筑师路易斯·巴拉干（Luis Barragan，1902～1988年）、瑞卡多·雷可瑞塔（Ricardo Legorreta），美国建筑师安东尼·普雷多克（Antoine Predock），以及以多西（Balkrishna Doshi）、柯里亚（Charles Correa）和里瓦尔（Raj Rewal）为代表的印度建筑师群体等。他们的作品注重结合地域自然环境和人文环境，前者包括地形地貌、水文地质、气候和植被等自然条件，后者包括城市固有的肌理、建筑文脉与场所精神特征。

挪威建筑师斯韦尔·费恩（Sverre Fehn，1924～ ）发展了具有北欧特征的现代主义，他的作品融合了对光线、材料和自然风光的敏锐感知，1991年竣工的挪威菲亚尔兰德的冰川博物馆（图3-60）采用棱角鲜明的体量穿插，抽象地表达了冰川的自然形态，而建筑体量上的窄缝则令人联想起冰河上的裂隙。

图3-60 冰川博物馆

六、高技派

当今高技派（High-Tech）建筑出现于20世纪60年代，成长于70年代至80年代初，而从80年代中后期至今已经进入了比较成熟的阶段。高技派是指在建筑形象上通过暴露和表现先进科学技术和高度工业化的特征，以求最大限度地发挥先进建筑技术审美价值的建筑流派。

早期高技派的建筑实践主要集中以英国为中心蜚声国际建筑界的几位建筑大师，如英国的诺曼·福斯特（Norman Foster）、理查德·罗杰斯（Richard Rogers）、尼古拉斯·格雷姆肖（Nicholas Grimshaw），以及意大利的伦佐·皮亚诺（Renzo Piano）。继罗杰斯与皮亚诺合作设计的巴黎蓬皮杜艺术中心（1977年，图3-61）落成之后，又相继诞生了香港的汇丰银行（福斯特，1986年，图3-62）、伦敦劳埃德大厦（罗杰斯，1986年）等高技派的经典作品。这些作品大都具有如下特征：通用平面、暴露的结构、插入的服务系统，以及对机械设备的暴露。

图 3-61　巴黎蓬皮杜艺术中心

当代高技派建筑典型设计手法包括工业化装配式建造与工业技术特征表达、技术精美的追求、建筑结构形象的雕塑化等。

作为一个从 20 世纪 70 年代起一直活跃在国际建筑舞台的建筑流派，当代高技派建筑师修正了早期的技术至上主义倾向，转向追求技术与文脉的融合，探索技术与自然、与人文情感的共生，显示出锐气不减、活力不衰的发展势头。北京首都机场 T3 航站楼（图 3-63）是为了迎接 2008 年北京奥运会而进行的机场扩建工程，在建筑外观上，形成巨大的悬挑。在航站楼内部，屋面系统被 36 米跨距的钢柱支撑，整个建筑从地面到拱顶形成一个连续的空间，屋面挑檐下采用连续的玻璃幕墙。

图 3-62　香港汇丰银行

七、生态建筑

人类对大自然的过度索取，造成了当今社会面临的严重生态、资源和环境危机。面对挑战，生态与可持续发展意识已经成为一种全球性共识，运用生态科技创造真正意义的生态建筑（ecology architecture），成为当代建筑的一个重要发展方向。生态建筑理论是生态与可持续发展思想在建筑学领域的体现，是对包括现代建筑运动在内整个人类建筑历史深刻反思的产物。

生态建筑理论追求经济和功能的合理性，同时增加了资源与环境两个重要参数，使建筑设计改变了单纯追求功能与经济效益目标，改变为“功能-经济”和“环境-资源”双重并重的目标。当代生态建筑则将人类社会与自然界之间的和谐

图 3-63　北京首都机场 T3 航站楼

共生作为设计出发点，将一个地区的局部利益与整个世界的整体利益结合起来，将我们这一代的即时利益与整个人类的长远利益结合起来，公正、合理地与他人和后代分享我们这个地球的有限的资源。

德国柏林国会大厦改建工程（Reconstruction of Reichstag，图 3-64）是高技派建筑师诺曼·福斯特主持修建的。他运用高科技的生态技术，设计了一个透明玻璃穹顶，穹顶内安装了可以随日照方位旋转的巨大遮光罩，由计算机根据太阳运行轨迹自动调控，以避免给议会大厅带来眩光和过多的热量。从顶部悬垂而下的漏斗状玻璃锥镶嵌着 360 块大型活动镜面，将自然光折射到下面的议会大厅，从而降低了照明能耗。

图 3-64　德国柏林国会大厦改建工程

西方当代建筑思潮是多样甚至是难以分类和划归的，因此这一节所介绍的七种当代西方建筑文化思潮只是从奔涌的建筑文化思潮中截取的一部分，管中窥豹、抛砖引玉，希望读者对当代西方建筑文化思潮有更多的思考，能给读者带来更大的兴趣。

在全面梳理中西方建筑文化思潮后，我们可以看到，自近代以来，社会发展和文化涌动使得建筑文化思潮更为多样，并且随着中国开放的姿态由被动转为主动，开放程度由局部开放转为全面开放后，中国与西方乃至世界的交流更为频繁，彼此间无论是文化还是建筑，都呈现出一种互相交融的趋势。而从赖特的有机建筑理念与中国传统建筑文化“天人合一”思想的惊人相似，到当代中西建筑师对于融合中西建筑文化特征的探索和实践，还有鸟巢、水立方、央视新大楼在中国的拔地而起，都表明中西方建筑文化思潮在不断变化中交流与融合，为世界建筑的进步作出了自己的贡献。

复习思考题

1. 简要介绍中国近现代建筑文化思潮。
2. 中国当代有哪些建筑思潮和倾向？
3. 简述西方近现代建筑文化思潮的发展。
4. 简述西方当代建筑文化思潮概况。

扩展阅读

1. 杨永生，顾孟潮．20 世纪中国建筑．天津：天津科学技术出版社，1999.
2. 刘先觉．现代建筑理论．北京：中国建筑工业出版社，1999.
3. 徐千里．创造与评价的人文尺度——当代中国建筑文化分析与批判．北京：中国建筑工业出版社，2000.
4. 邹德侬，窦以德．中国建筑五十年：1949—1999. 北京：中国建材工业出版社，1999.
5. 万书元．当代西方建筑美学．南京：东南大学出版社，2001.

第四章　中西建筑文化的交流

中国与西方远隔重洋，彼此之间虽曾有傲慢与偏见，但更多的是对对方的好奇与向往。中国的建筑文化主要通过别具特色的中国园林与传统亭台楼阁向西方展现神秘的东方美，而西方则用征服自然的对抗之美与截然不同的建造技术让中国人大开眼界。中西方通过交流而互相了解，在了解的基础上开始了两种建筑文化合作与交融的尝试，最后这种尝试又融入到世界建筑潮流中，多种建筑元素的综合运用已成为当今建筑文化多元格局的重要体现。

第一节　中学西传——中国古代建筑文化对西方的影响

中国古代建筑文化对西方产生的影响主要在园林艺术与极富民族特色的传统建筑形制两方面。首先来看与西方征服自然、改造自然截然相反的中国园林和造园思想对西方的影响。

一、中国园林艺术对西方的影响

中国建筑文化对西方产生了最广泛、最有形的影响是中国的园林与园林建筑。中西方园林在数千年的发展过程中沿着不同的轨迹前行，但随着国际交流的日益扩大，两条平行线呈现出交汇的趋势。特别是在 17 世纪后期，中西方交往的频繁使双方的园林艺术也随之进行着交流与融合。

中西方园林的交流，最早可追溯到盛唐时期（丝绸之路）。此后经马可·波罗的宣传，使得西方世界耳闻于中国园林之美。明末清初的西方传教士和商人对中国的园林表现出极大的兴趣，并不断把中国精美的园林介绍到了西方，如 17 世纪卫匡国神父的《中华新图》，利玛窦、金尼阁神父的《利玛窦中国札记》，葡萄牙人安文思的《中国新史》等。在这一系列关于中国的著作中都有相当篇幅描述了中国园林，使西方人对中国园林有了进一步了解。17、18 世纪，中国园林的“师法自然”、“创造意境”特色，使西方人耳目一新，在西方产生了深刻的影响，从而使西方造园艺术发生了根本变化。

曾参与圆明园设计的法国画家王致诚在 1747 年出版的《传教士书简》中描述，中国园林的基本原则是“人们所要表现的是天然朴野的农村，而不是一所按照对称和比例的规则严谨地安排过的宫殿”。他认为，与欧洲处处强调统一和对称的造园风格不同，中国园林道路蜿蜒曲折，池岸变化无穷，是“自然天成”的。该书的出版在欧洲引起轰动，使西方人开始倾慕于中国古典园林的独特韵味，不少王公贵族千方百计地收集有关中国园林的资料并大为赞叹（图 4-1）。法国大文豪雨果在谈到中国的圆明园时曾写道：“艺术有两种渊源：一为理想——从中产生欧洲艺术，一为幻想——从中产生东方艺术。圆明园属于幻想艺术，一个近乎超人的民族所能幻想到的一切都汇集于圆明园。圆明园是规模巨大的幻想的原型，如果幻想也可能有原型的话。只要想象出一种无法描绘的建筑物，一种如同月宫似的仙境，那就是圆明园。假如有一座集人类想象力之大成的灿烂宝库，以宫殿、庙宇的形象出现，那就是圆明园。”由此可见，中国园林以它的自然野趣和充满幻想的魅力，征服了西方艺术家，给其后西方园林的发展带来了巨大的精神影响。

图 4-1 18 世纪欧洲园林中的亭子和假山形象

1. 对法国园林艺术的影响

从 17 世纪末到 19 世纪初，中国园林开始对西方的造园艺术产生了实质性的影响。首先行动的是法国人，他们开始在花园中采用一些中国园林的创作手法。1670 年，路易十四仿南京琉璃塔在凡尔赛宫建造了第一座富有中国园林意趣的“蓝白瓷宫”，取名为“中国茶厅”。1774 年，凡尔赛宫的小特里阿农花园建成，里面布置有曲折的小径、假山、岩洞和不规则的湖面。其后，各种规模的中国式花园相继在各地出现。1775 年，路易十五下令将凡尔赛宫花园中经过精心修剪的树木全部砍光，可见，中国园林不仅在布局风格上，而且在对自然情趣的追求上，也影响了法国人对园林植树方式的认识。

2. 对英国园林艺术的影响

英国受中国园林影响最深。早在 1685 年，坦柏尔伯爵便在其《论造园艺术》一文中盛赞“中国的花园如同大自然的一个单元，它的布局的均衡性是隐而不显，中国园林表现了大自然的创造力”。著名学者钱伯斯在 1742～1744 年间来到广州，收集了一批建筑、园林等方面的资料。他怀着浓厚的兴趣参观了很多中国园林，并先后出版了《中国园林的布局艺术》、《东方造园艺术泛论》等著作。他对中国的园林艺术推崇备至，他主张“明智地调和艺术与自然，取双方的长处，这才是一种比较完美的花园”。在他的著作中还谈到了中国园林的性情、中国园林所运用的对比手法、中国园林造成的悬念和意境，以及园中的建筑物等。

1750 年，钱伯斯运用中国园林的造园手法，为肯特公爵设计、建造了英国第一座中国式庭院“丘园”（图 4-2，图 4-3）。他在园中引水形成天然湖泊，湖中设岛，岛上建亭，再到湖岸边建造了一座高达 10 米的十层八边形中国式塔和一座中国式厅堂。此厅堂名为“孔子楼”，楼内有绘制精美的“孔子圣迹图”壁画。1757～1763 年，在为英国王太后主持丘园设计和建造时，钱伯斯运用了辟湖叠山、构筑岩洞等一些中国园林的造园手法，另外还模仿中国的建筑样式，建造了两栋比以往欧洲的中国式建筑都更接近真正的中国式样的建筑：一座中国砖塔，有十层八角，还有一座阁楼。

图 4-2　钱伯斯丘园中的中国塔（1761～1762 年）

图 4-3　钱伯斯丘园中的中国亭（1763 年）

钱伯斯的著作和丘园的设计，对当时英国园林产生了重大影响。一时间，仿效中国园林中池、泉、桥、洞、假山、幽林等自然式布局的风潮在英国各地兴起。在中式园林风的影响下，英国园林的造园形式发生了较大变化：水体形状由规则式转变为自然式的驳岸；植物配置上也摒弃了原有的行列与几何图案式，更注重与植物的自然生长状态及品种的多样性，讲究园林花木的自然配置，要求四时有景等，从而确立了 18 世纪英国自然风致式园林的风格。

3. 对其他国家园林艺术的影响

随着法国人勒鲁特 1774 年出版的关于英国仿造中国园林风格后所形成的“中英式园林”的《英华庭园》一书的流行，他在书中对这一形式的园林做了较详细的描述和总结。此后，“英华庭园”作为不同西方规则布局的写意式园林，曾一度盛行于西方。欧洲大陆其他各国也都竞相步英法后尘，在园林艺术上兴起了中国风，开始在园林内修建中式的宝塔和茶亭。波兰国王奥古斯都在华沙的拉真克御园中建起了中国式的桥和亭子，瑞典首都斯德哥尔摩的郊外建起了中国式园厅，建在德国威廉斯堡的“木兰村”也是一座仿中国式的村落，维也纳的皇家园林甚至使用了仿中式青花的瓷砖，以表示对中国形式的追崇。在美国，许多城市也都建有中国式园林。中国式园林艺术以其亲近自然的风格、“宛自天开”的布局、清雅幽远的意境，吸引并感染了欧洲人，对西方园林艺术产生了持久的影响。

总而言之，尽管中西园林艺术从表现形式到精神内涵上都存在着较大差异，它们追求各自不同的美学理想，在艺术形态上也形成各自鲜明的风格，但它们是世界园林文化的共同组成部分，共同为人类的历史和未来创造了美的环境，给人们带来了物质和精神的享受。

二、中国建筑艺术对西方的影响

伴随着中国园林的深入人心，欧洲人也开始了解中国的建筑物，因为在绘画和工艺品上的中国园子的图案中总是有亭台楼阁在里面。西方人尤其喜爱中国式的塔，塔几乎成为中国建筑的一种象征，许多仿中国式的园林都忘不了竖起一座高高的宝塔。在洛可可风行的那段时期，不少走样的所谓“中国式建筑”在欧洲流行，有一些建了起来，但更多的仅仅是出现在图册中。与园林相比，从一开始欧洲对一般中国建筑的评价并不太高，除了塔和桥等有限的非房屋建筑之外，其余中国建筑给欧洲人留下的印象主要是卷曲的屋顶和精巧的装饰，并没有从结构、空间和设计原理上作深入的研究。这样的认识对于博大精深的中国建筑而言，实在流于肤浅，以至于欧洲所仿制的一些建筑物大多不伦不类，甚至离奇怪诞。

1793 年 6 月，英国特使马嘎尔尼的 600 人使团经过 9 个月的长途跋涉来到中国，试图得到进行中英贸易的许可，却被乾隆皇帝轻蔑地拒绝了。中国在显示傲慢的同时也暴露了自身的危机，以此为契机，欧洲对中国的评价日低。“中国热”随之迅速消退，西方人对中国的建筑和园林进行了大肆的贬抑，仿造中国式园林、建筑的活动几乎完全停止，对中国的建筑和园林的严酷批评与早先的吹捧形成鲜明的对比。

据考纳研究，1738 年，在英国白金汉郡附近的斯特花园中建造了目前发现的英国最早的中国亭（图 4-4）。1750 年，随着中国式园林样迅速地传播开来，英国很多地区出现了中国亭。理查德在特维肯汉姆（Twickenham）的草莓堡设计了三角形的中国凉亭，在门口局部采用了哥特式。“这个完全通透的重檐翘角亭子完全不同于西方的封闭式建筑”（图 4-5）。

图 4-4　英国最早的中国亭

图 4-5　草莓堡的中国凉亭

这阶段最为著名的实践活动是 1670 年（康熙九年）法国国王路易十四在凡尔赛兴建一座中国式的“特里阿农瓷宫”，由勒伏进行设计。它主要的中国特征是墙体表面材料像南京琉璃塔。

西方对中国的向往与好奇，更多地带有神秘主义色彩。因此无论是园林还是建筑上的模仿，都带上了一些因为不了解而导致的过分美化。不过由此产生的仿中国式建筑实践，在客观上为中国建筑文化的传播起到了奠基的作用。尽管如此，仍然大大低估了中国建筑的魅力和能力，在相当长的一段时间里，中国乃至亚洲建筑都被排斥在主流建筑之外，并且被认为对建筑发展没有任何贡献。虽然这种谬论已被各种有力的证据所驳倒，但中国建筑长期以来的弱势地位也是必须面对的客观事实，所以向西方学习成为中国建筑甚至中国社会的潮流趋势。

第二节　西学东渐——西方建筑文化对中国的影响

正如梁思成所言，四千年的中国建筑史是“一气呵成”的。其间发生的历次文化交流和民族融合都没有对中国的建筑体系产生决定性的作用。中国建筑的这种“超静定”状态和儒家思想一样根基牢固，代代相传。但建筑作为文化最生动具象的载体，随着中西文化交流的发展，到 17～18 世纪，其交流也进一步扩大和深入，尤其是从利玛窦于万历二十九年（1601 年）入宫到乾隆十二年（1747 年）北京圆明园西洋楼的兴建，这近 150 年的时间中，中国人对西式建筑经历了由陌生到熟悉，再到接受、吸收的过程。

一、西方建筑在中国的发展历程

（一）开端期

目前，已知的有文字记载西式建筑第一次在中国出现是在元成宗大德三年（1299 年）及元成宗大德九年（1305 年），西式教堂建筑，在京城“汗八里”出现。

1. 建筑文化交汇的前沿——澳门

明嘉靖十四年（1535 年），葡萄牙人把西式建筑带入澳门，主要的建筑类型是教堂和民居。明末清初，随着传教士在内地传教，西式建筑艺术又从澳门传入内地。万历九年（1581 年），耶稣会派遣利玛窦来华，先到澳门，第二年移居肇庆，万历十一年（1583 年），建造完成明末内地第一座西式教堂——肇庆仙花寺。这座教堂的名字是按中国的习惯叫做“寺”，但它的外观是西式的。按当时中国的传统习惯，仙花寺门前挂上当地官员送来的两块匾。所以事实上，仙花寺是中西文化合璧的产物。

在这一阶段，对大多数中国人来说，西式建筑知识还甚为缺乏，对于西式建筑一知半解，中国人对西式建筑的知识，主要来源于商人、使者及传教士的传闻、游记、著作等，西式建筑物与构筑物也只是零星地出现一些。

2. 西方建筑文化传播的先驱——耶稣会士

万历二十九年（1601 年）元月，利玛窦抵达并留居北京。自此以后，耶稣会士担当起向中国人介绍西式建筑的重任。虽然一直没有一部完整的建筑方面的书籍被译为中文，但在传教士们翻译和撰写的介绍西方科学的著作中很多都涉及建筑。他们还带来图片、书籍，也起到传播建筑文化的作用。

利玛窦是向中国介绍西方科学知识和宗教思想的奠基人。他学习过包括透视学在内的西方先进科学知识。他不仅向中国人传播西方建筑知识，还力促在国外与他通信的人来北京向他描述古罗马建筑并附以图片，并把它们介绍给中国的知识分子和皇帝，如明代的万历皇帝，就是从利玛窦口中得知西式建筑知识的。

万历皇帝为了放置利玛窦送给他的大钟，命工部“按照神父们所画的图样为它修建一个合适的木阁楼”。于是，“在第二道宫墙之外的一个很漂亮的花园里”，矗立起一座不大的“欧洲的纪念物”。这是明代皇宫中的第一座西式建筑物。

万历三十三年（1605 年），利玛窦在“宣武门住处修建一间漂亮宽阔的礼拜堂”。这是明末北京出现的第一座天主教堂——北京南堂，外部风格是中式，但内部装饰已采用西式风格。

万历三十四年（1606 年）付梓出版的《程氏墨苑》，是世界上最早出现的一批附有彩色木刻插图书籍中的一种，而且很可能是第一本有西方插图的中国书籍，其中 3 幅有西方建筑形象。

（二）发展期

清初，由于中国朝廷对异质文化的宽容、当时朝廷对天文历法与大炮的需要、耶稣会士继续实行了适应中国文化的“科学传教”政策等原因，西学在中国又有了进一步的发展。西方建筑知识也得到了进一步的传播和应用。

1. 宗教建筑

顺治七年（1650 年），汤若望在北京宣武门内建造中式建筑物南堂。西侧就是他的府第，其间有西式风格的亭台池榭弯澜亭，做工极其精巧，还设有喷水池。1655 年，北京东堂建成。20 年间，耶稣会在中国传教遍及 11 省，建造教堂至少 160 多座。北京、上海、杭州等地均有西式教堂。康熙四十年（1701 年），大小教堂共 250 座之多。巴洛克建筑通过耶稣会士们传到了北京。康熙四十二年（1703 年），北京建成一座以巴洛克式风格建筑的教堂北堂。教堂天顶上画满了意大利世俗画家热拉第尼先生的画。雍正元年（1723 年）意大利人德理格（1670～1746 年）神父，建北京西堂。至此，北京就有北堂（在皇城内，与西安门相近）、南堂（在宣武门内）、东堂、耶稣会士的居所——西堂（西直门内大街）四大天主教堂。

2. 官修建筑

在官修建筑中出现了更多的西式建筑物。例如，闵明我“尊康熙之嘱，建钟楼三座”。康熙十三年（1674 年），新制六仪被安装在天象台上，其平面布置方式已表现出中西合璧式（图 4-6）。

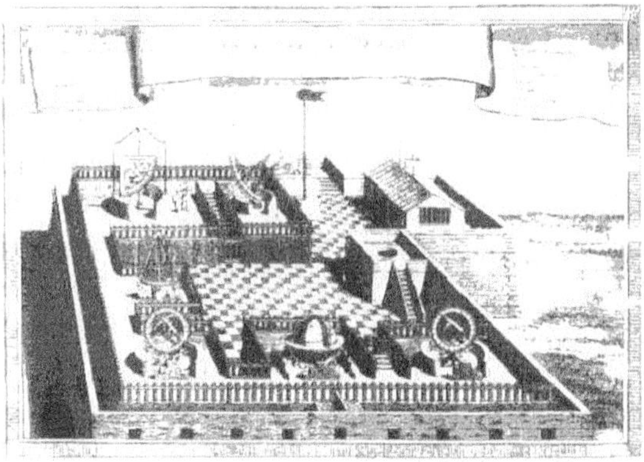

图 4-6　天象台

（三）高潮期

到了乾隆时期，清政府对西方有了更进一步的了解，人们对西式建筑更加了解并开始认同。中西建筑文化交流在乾隆时期达到了高潮，以乾隆十二年（1747 年），圆明园长春园大规模西洋建筑的出现为标志。“郎世宁神父以意大利方式绘制了圆明园的平面图，其中包括由蒋友仁神父制造的铁塔”。

1. 西方建筑得到普遍认同

长春园西洋楼的总设计师就是清朝皇帝乾隆，西洋楼的建造地点是乾隆亲自选定的。教堂建筑有了进一步的发展，据耶稣会统计，当时全国有 15 个省都建有教堂。北京的四大天主教堂也进行了改建与扩建。沙俄东正教也传入中国，并且在北京建造北馆及南馆。康熙二十四年（1685 年）清政府开放海禁，致使沿海一带建筑活动非常活跃。西式建筑尤以外国商馆和广州十三洋行最著名。扬州亦多西式建筑物。

2. 多种建筑风格融合

在台湾及闽粤一带有被称为“番边”形式的南洋建筑，是由当地工匠根据归国华侨带回的一些样式仿建的西式及印度风格的建筑式样。其中有从越南带回来的法国式，新加坡带回来英国式，菲律宾带回来的西班牙式建筑样式。这类民间建筑，反映了当时人们追求异国情调的心态，有的带有一些中西兼容的建筑特征，在建筑手法上也是五花八门，各显神通，而且在一定程度上反映了民间审美时尚的改变。沿海一带中国人的居住观念开始改变，许多人把住宅改建或重建得如同西式住宅一般。

3. 建筑书籍和图片广泛传播

建筑书籍进一步传入。在教会的图书馆的藏书中，有许多各国捐赠及传教士募集的西文书籍，其中就有建筑方面的书籍。据统计，在现存的5133册书籍中，关于建筑方面的书籍就有36本，包括维特鲁威的《建筑十书》、帕拉蒂奥的著作等。而其中安德鲁·波索的透视学著作，对清代年希尧写的我国第一部透视学专著《视学》产生了很大的影响。《视学》虽然流传不是很广，但毕竟是中国人第一次触及西方透视学，书中的建筑图样就有三种希腊柱头图及西式建筑内部透视图。

另据记载，当时宫中也保存了大量与建筑相关的图片，如路易十五向乾隆赠送的凡尔赛铜版画和西方建筑图片。由乾隆敕辑的大型官修丛书《四库全书》，其中也收录了很多西学著述，并且作了较为客观的评价。

二、西方园林艺术在中国的传播

西方园林艺术影响中国最成功的典范就是圆明园的长春园。18世纪，在北京长春园起造的“西洋楼”建筑群，标志着西式建筑与造园艺术首次引入中国皇家领域，也标志着中国对西方建筑文化的接纳达到顶峰。西式建筑因素也成为清代皇家园林中的一个组成因素，这是一次在中国成片仿建西式园林建筑的成功尝试。在中西方园林建筑交流史及我国园林史上都占有重要地位。

（一）中西方园林艺术结合的典范——圆明园

郎世宁以意大利方式绘制了圆明园的平面图，绿化由法国传教士汤执中主持。西洋楼是长春园（图4-7）的一部分，占地约120亩[①]，为长春园的1/9、圆明三园的2%。西洋楼始建于乾隆十二年（1747年），是当时中国西式建筑之集大成者。

西洋楼园区，在总体设计上，主要采用西方传统的几何构图，但局部又采用了中国式自然式布局。西洋楼园区模仿法国凡尔赛宫园林，但其布局更接近意大利花园。这是因为：第一，法国园林的基本要素本来就是意大利式的；第二，意大利园林的情趣介于法国古典主义园林和英国自然风景园之间，其审美意趣与中国人的审美观更接近；第三，主要设计师郎世宁是意大利人，使西洋楼的布局带有许多意大利特征。它用地规模不大，主要建筑的轴线就是花园的轴线，地势有起伏变化，主轴线以山头做对景，水作为园林的主题，并以动态为主。道路笔直

---

① 1亩=1/15公顷≈666.7平方米.

成直角，水池、树木、花坛成双布置。中国园林布局特征与意大利园林巧妙地结合，形成了西洋楼独具特色的布局。

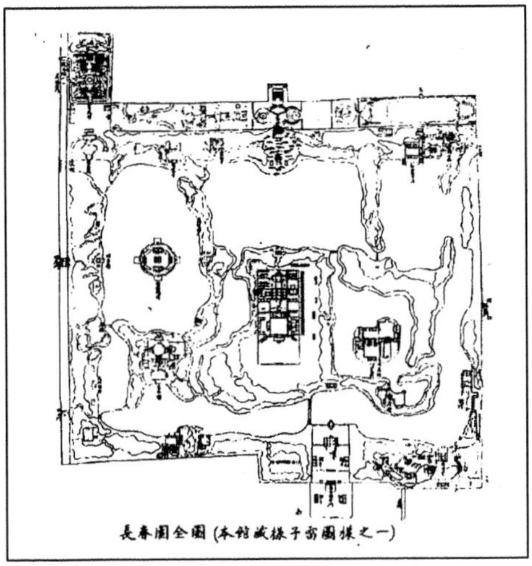

图 4-7　长春园平面图

西洋楼建筑无疑属于西式宫殿（图 4-8）。方豪认为，圆明园西洋楼遗迹所反映出的“若干门窗之形状，颇使人一望而知为仿波洛米尼”，“其他部分多类十六世纪末之热那亚王宫”，“壁间花饰，亦有纯然抄袭十八世纪法国之雕刻术者”，“所有岩石形、贝壳形、花叶形之雕饰及壁炉、方形柱等，则又极似路易十四时代之作风”。“圆明园西洋建筑之图式固极自由，而不宥于一式”。但这种“西式建筑”，很难在西方的建筑词汇中找到相应的术语来形容。这说明，这种西式风格已本土化，大体上属于西方文艺复兴后期巴洛克风格，但在细部和装饰方面也保留了许多中国的手法。例如，远瀛观正面，雕刻异常精美的两根石柱浮雕和门额正中布满了中国传统的卷草纹图案。海晏堂西面，两侧是琉璃瓦构造的中式屋顶式样。线法山有一座六角形小亭，采用的是中式亭顶，每侧的三角壁框却是西式的。有的建筑还有伊斯兰建筑的痕迹，譬如谐奇趣。总之，西洋楼是一座“集锦式园林”，是以巴洛克风格为主的充满异国情调的建筑。

图 4-8　西洋楼

（二）西方园林艺术对中国园林的影响

首先，圆明园中的西式建筑的许多细部做法已有一定的法式描述，后来成为宫廷西式建筑的标准，如《圆明园工程做法》中就有“界西洋索子锦”（即天花板上绘西洋图案）、“西洋如意栏杆”、“西洋墙”及“西洋拨浪”等西式建筑做法。

其次，这些做法也传播到民间。在清代末年盛行于北京的一些模仿圆明园的西洋楼的西式店面建筑，被称为“西洋楼式”或“圆明园式”。另外，颐和园的石舫（1905 年）、北京万牲园大门，以及在北京恭王府及四合院民宅出现的西洋门，都有西洋楼影响的痕迹。

西洋楼的影响还扩展到了全国各地，西式建筑已从皇家园林走向民间都市。扬州等地的私家园林，也融入了许多西式因素，如彩色玻璃、铸铁栏杆等。西式建筑术语及做法，也被引入到一些建筑著述中，如和《圆明园工程做法》相同的术语及做法，就出现在乾隆年间李斗《扬州画舫录》的《工段营造录》中。

最后，19 世纪初在皇家园林中再次出现海晏堂。中海海晏堂是清代最著名的建筑世家——样式雷的第六代传人雷廷昌建造的。建于光绪二十七年（1901 年）。它不仅和圆明园海晏堂名字相同，而且其建筑式样、内部陈设、建造过程也和西洋楼颇为相似。

此外，其他皇家园林中也出现过一些西式因素，如静寄山庄后宫层岩飞翠西路有西洋门一座，与周围中式园林建筑有机结合，成为乾隆造园特点之一，反映了乾隆皇帝的集大成的理想。

西方建筑对中国的影响，不仅仅是对古代的中国，正如第三章介绍的那样，西方对中国近现代建筑影响深远。知耻而后勇，中国从全盘西化到走出有自己特色的建筑风格之路，其间经历了漫长的探索和种种曲折。如今，中国建筑师用杰出的建筑实践为中国建筑正名，为世界建筑的发展贡献了自己的力量，对那些轻视中国建筑的言论与看法，给予了有力的反击。而中国的变化也使得西方开始自我审视和反思，就像中国近代著名建筑教育家童寯先生所预言的那样：“科学之发明，交通之便利，思想之开展，成见之消灭，俱足使全世界上建筑逐渐失去其历史与地理之特征。今后之建筑史，殆仅随机械之进步，而作体式之变迁，无复东西、中外之分。”随着时代的进步，科技的发展，人和人的距离在不断缩小，中国和西方也通过不断的交流和了解之后，开始更进一步地走入对方的世界，中西建筑开始逐步走向融合。

第三节 现代中西方建筑文化的交融

现代中西方建筑文化的交融，是中国现代建筑史中独特的篇章，不同建筑文化的交流、冲突及融合，促动着建筑的进退。现代建筑是工业社会的产物，其结构体系或技术体系是：运用人造建筑材料的钢筋混凝土或钢结构体系；其功能体系能适应现代社会的生产和生活；其建筑思想体系自由、开放，有适应工业社会发展方向的思想方法；有适应工业社会条件下包括设计、施工、管理和市场的建筑制度体系。如果从 20 世纪 30 年代算起，中国现代建筑发展至今 80 多年了，这是一个引人回顾过去、向往未来的年头。一部分中国建筑师，从开始登上建筑舞台的时候起，就深深领受着因列强入侵而带来的种种冲突：一是与列强的民族矛盾，二是中国传统建筑体系与外来新建筑体系之间的矛盾。可以说，中国的建筑创作基本上是在这些矛盾冲突中发展前进的。

一、早期被动输入主动发展（初期）

西方列强侵入中国，打头的是炮舰，炮舰之后是经济，经济当中就混有建筑，建筑是为列强政治和经济服务的工具。西方建筑的被动输入，对国人而言是一个痛楚的历程，但这也是一种建筑文化交流，尽管苦涩，却给中国建筑带来了许多新的因素，特别是西方现代建筑运动的新材料、新技术和新思想，刺激了中国建筑的革新。

中国第一代建筑师对中国建筑民族形式作了多方位、多层次的探索，创作了一批具有中国民族形式的建筑作品，其中富有创意的传世之作有之，成功的优秀建筑作品亦有之。一批有才华的中国建筑师，不失时机地求索中国建筑的现代性，部分建筑师一直旗帜鲜明地追寻现代建筑的方向，部分建筑师原先钟情于中国传统建筑，而后转向现代建筑，这两类建筑师，都是中国现代建筑的先驱。

但是，在中国近代建筑史时期，历史赐予中国第一代建筑师的安定创作时间很短，而财政艰难的近现代中国，以政府行为指定建筑风格的官方建筑也不可能提供足够的、全力的财力支持。因此，这一探索不足以、也并没有形成固定的建筑流派或风格。

从主动发展的初期，建筑以现代功能和体形为主，或吸取传统石头建筑手法，或简化体量、细部，以及在西洋古典建筑的框架内探索中国新建筑的思路。这些都带有先驱性质。沿着这条道路的后续探索，现代建筑的性质越来越明显，逐渐向国际现代建筑运动靠近、融合。这种融合依然带着中国建筑的种种印迹，并没有走向全盘西化之路，出现了以南京国民政府外交部大楼（图 4-9）为代表的一大批建筑。新生代建筑师的成长和中国建筑师向现代建筑思想的转变，共同标志着抗日战争时期及之后中国现代建筑已经占据了主导地位。

第二次世界大战结束后，经典现代建筑成为世界范围内占统治地位的建筑潮流。1947 年，联合国当局任命了一个由各国著名建筑师组成的顾问委员会，其中包括法国的勒·柯布西耶、巴西的尼迈耶和中国的梁思成等。1944～1945 年，杨廷

图 4-9　南京国民政府外交部大楼

宝受国民政府资源委员会的委托赴美国调查工业建筑，这些国际性活动和抗日战争时期中国现代建筑思潮的涌动，奠定了中国作为国际现代建筑成员的地位。

抗日战争胜利之后，梁思成提议创办清华大学建筑系。摒弃学院派建筑教育体系，引进包豪斯教育体系，梁思成刻意选择现代建筑师任教，可以看做是对他长期坚持现代主义立场的肯定。在国内，抗日战争前后新建的建筑虽然为数不多、规模也不大，但大多采用了现代建筑风格。

中国建筑师早期登上设计舞台，由于他们大多数受西方建筑教育，因而西方的建筑风格影响是先天的。在他们执业的过程中，一方面受到国际潮流的影响，另一方面与国内的国外建筑师的工作相对照，中西方建筑师之间形成一种既对立又促进的关系。经历了西方建筑的被动引进、促动许多中国建筑师自发地探索中国的建筑方向，主动把中国建筑推向现代化。

二、现代建筑始终隔而不绝（中期）

虽然自 20 世纪 50～70 年代，中国建筑与现代建筑运动主流隔绝达 30 年之久，但中国建筑追求现代性的努力一直不断，事实上，中国人口众多，资源匮乏，自然需要主张简约的现代建筑原则。

在这段时间里，中国建筑师与西方国家的现代建筑思潮基本隔绝，现代建筑运动的理论和实践成果受到长期的禁锢。可在现实中，人们不但运用着大量现代建筑成果，而且对于建筑现代性的追求从未中断。20 世纪 50 年代初期，已经熟悉现代建筑原则的多数建筑师们，自发地延续了现代建筑的思想和实践，出现了一批比较优秀的、适应外交和外贸需要的建筑，均反映出现代建筑的技术和艺术特征；特殊地域如广州等地区的地域性建筑，同时也反映出对现代西方建筑结构和新功能的追求。

1. 中国建筑体系雏形的构建

1953 年，在著名建筑大师梁思成等人的推动下中国建筑工程学会正式成立，梁思成是一位学贯古今中外的建筑家，对西方古代建筑及现代建筑都有深刻的认识。曾被外交部推荐任联合国大厦设计顾问时，访问了经典的现代建筑大师赖特、格罗皮乌斯、沙里宁等人，并参观了他们的作品，对国际现代建筑理论和动态深有体察。此后，他又在清华大学建筑系教学中注入包豪斯体系，全面推动现代建筑体系的构建。

2. 苏联理论的中国化尝试

新中国成立后第一次中外建筑文化交流是对现代建筑的大讨伐。这就是1953年实行第一个五年计划前后苏联建筑理论的输入及其后果。“一边倒”向苏联专家学习，是国家的既定政策，甚至是政治任务，受苏联“社会主义建筑理论”的影响，在建筑造成了一种特殊的“建筑政治”现象，在建筑理论中夸大了国内外阶级斗争在建筑创作中的作用。

向苏联学习有得有失，得在中国工业建筑体系和社会主义体制的确立，失在对苏联“社会主义建筑理论”的生吞活剥，夹生引进造成的不良后果。苏联是一个社会主义国家，它的建设经验，对于正在开始大规模建设社会主义社会的中国，无疑是极其重要的。苏联的建筑设计、施工技术和城市规划、环境美化，为中国提供了一些具体的经验。在建筑设计方面，注重总体建筑布置和城市环境、提倡使用定型设计或标准设计。冬季施工方法等技术的推广对于当时的建设具有重要的意义。但是由于这种经验融入了激烈的阶级斗争意识，在方法上也过于简单、强制，更像是一场政治运动，因而缺乏对外来经验及其生成条件的客观分析，带有相当程度的主观性和盲目性。

3. 暗合国际上的大潮流

20世纪50年代末，世界各国基本上完成了第二次世界大战后的恢复和重建，先后进入了新的大发展时期。中国的“大跃进”也恰恰是在这个时期，与国际的建设大潮流相当吻合。世界各国在新的建设回合中，掀起了探索新结构和新技术的热潮。1958年布鲁塞尔国际博览会，不论是在展品上，还是在展览馆的建筑设计和结构设计的水准上，都有了巨大的飞跃。最令中国建筑师感兴趣的是，三个悬索结构的大型展览馆：苏联馆、美国馆、法国馆。原理相同的三个结构，竟然有如此不同的造型，同样的现代结构，也可以有完全不同的“民族形式”。这些建筑不是短暂的孤立现象，而是一个时期国际建筑对技术在建筑中的创造力所作的答案，并非玩弄风格流派哗众取宠。中国的建筑师虽然与国际基本隔绝，但1958年以来的技术个性和技术革命的方向，暗合了这一国际潮流。

三、全球化的建筑（改革开放后）

改革开放使建筑文化从封闭走向开放，从单一转向多元。在宽松的创作环境下挑战与机遇并存。不断改善的物质条件、不断提高的生活水平，客观上奠定了中国当代建筑创作走向繁荣与发展的基础。20世纪80年代以后，出现了有中国特色和现代意义的建筑作品。1999年国际建筑师协会（国际建协，UIA）第20

次大会在北京召开，是中国现代建筑重新融入多元国际建筑的象征。

随着我国改革开放的深入，在短暂的时间里经历了现代建筑的再认识，后现代建筑、解构建筑，以及多种风格流派的引入，出现了多元建筑文化下的新建筑探寻过程。西方各种文化观念传入中国，开始打破文化的封闭性，建立开放的建筑文化结构体系。中国建筑师的视野移向国外，看到了当时世界建筑理论及其现象，大规模引进西方建筑理论，这次引进没有政治约束和思想禁锢，表现出强烈的积极性和主动性。从 1978 年建筑学会代表团赴墨西哥参加国际建协第 13 次大会到 1999 年在北京成功举办国际建协第 20 次大会，也标志着中国建筑正在走向世界。西方国家已经走过的城市建设与建筑创作的探索之路，值得我们学习和借鉴。国内对于西方建筑的新动向有比较密切的观察，一般是较快地介绍一些引人注目的新建筑，更详细的则是介绍建筑师或流派，如高技派、白色派等，活跃了学术气氛。

20 世纪 80 年代，中国建筑师开始了广泛的西方建筑理论和建筑历史重建的过程。大量前辈学者、青年学子，以及热心的编辑家、出版家为持续地引进外来建筑理论活动作出了积极的贡献。20 世纪 90 年代以来，中国建筑在深入改革和经济全球化的国内外背景下，全面恢复了与国际建筑的关系，在国际建筑多元化的环境里，中国建筑也开始了多元化的进程。几十年来，中国建筑界的对外交往不断扩大，新朋友不断增加，我们同世界各国的建筑交流与合作不断发展。我们相信，通过这些不断扩大与发展的交流与合作，必将促进世界各国建筑文化的交融与发展，丰富世界建筑文化的宝库。

中国建筑走向国外是从援建建筑开始的，20 世纪 80 年代以来，为适应国际形势的变化，唤醒了建筑师在国际设计市场的竞争意识，不但在东南亚和非洲地区建立了良好的信誉，而且能在国际建筑市场上与发达国家一争高低。援外建筑成为中青年建筑师展现才华的用武之地，他们释放了被长期压抑的个性，孕育出一批优秀的建筑设计方案，如加纳国家剧院（图 4-10）开创了援外建筑设计的新局面。

图 4-10　加纳国家剧院

随着全球化的发展，世界范围内进行着越来越广泛的经济、科技、文化、艺术、建筑等方面的交流，许多大都市都成为了各国优秀建筑师展示创意的舞台。众多国际优秀建筑师的交流成为建筑界的盛会，在他们各种创作思想的交汇下激发了崭新的设计理念和理论思想。随着中西方文化交流的日益频繁，中西建筑艺术的相互渗透、相互影响也势所必然。展望未来，我们会充满信心地看到，中西建筑艺术之花会越开越艳丽。

复习思考题

1. 中国古代建筑文化对西方有哪些影响？
2. 西方建筑文化对中国有哪些影响？
3. 现代中西方建筑文化是如何实现交融的？

扩展阅读

1. 刘月．中西建筑美学比较论纲．上海：复旦大学出版社，2008.
2. 李学通．近代中国的西式建筑．北京：人民文学出版社，2006.
3. 陈志华．中国造园艺术在欧洲的影响．济南：山东画报出版社，2006.

第五章　中西著名建筑家

第一节　中国著名建筑家

一、李春

（一）生平简介

李春是我国隋代著名的桥梁工匠，他建造了举世闻名的赵州桥，开创了我国桥梁建造的崭新局面，为我国桥梁技术的发展作出了巨大贡献（图 5-1）。

图 5-1　李春

（二）主要成就——赵州桥

赵州桥是安济桥的俗称，它位于今河北省赵县城南 5 里[①]的洨河上，横跨洨河南北两岸，是我国现存最早的大型石拱桥，也是世界上现存最古老、跨度最长的敞肩圆弧拱桥。大桥全长 50.83 米，宽 9 米，主孔净跨度为 37.02 米。全桥全部用石块建成，共用石块 1000 多块，每块石重达 1 吨，桥上装有雄伟壮丽、灵巧精美的石雕栏杆。它的建筑艺术之精美、施工技巧之高超及首创的敞肩拱结构形式，在中外桥梁史上都是令人瞩目的，它充分体现了中国古代劳动人民在桥梁建造方面的丰富经验和高度智慧（图 5-2）。

1. 赵州桥的设计创新

1）采用圆弧拱形式

李春和工匠们根据我国古代半圆形拱大石桥的优缺点，创造性地采用了圆弧拱形式，使石拱高度大大降低。赵州桥的跨度大，主孔净跨度为 37.02 米，而桥面低，拱高只有 7.25 米，拱高和跨度之比为 1∶5 左右，桥面平稳，车辆行人过渡非常方便，而且还具有施工方便和用料省等优点。

---

① 1 里＝500 米.

图 5-2 赵州桥

2）采用敞肩

李春把以往桥梁建筑中采用的实肩拱改为敞肩拱，在大拱两端各设两个小拱，靠近大拱脚的小拱净跨为 3.8 米，另一拱的净跨为 2.8 米。这种大拱加小拱的敞肩拱具有优异的技术性能。

第一，可以减轻洪水季节由于水量增加而产生的洪水对桥的冲击力，增加泄洪能力，提高大桥的安全性。

第二，可节省大量土石材料，减轻桥身的自重，从而减少桥身对桥台和桥基的垂直压力和水平推力，增加桥梁的稳固性。

第三，大拱与小拱构成一幅完整的图画，四个小拱均衡对称，显得轻巧秀丽，增加了造型的优美，体现了建筑和艺术的完整统一。

第四，敞肩拱式结构符合结构力学理论，可减少主拱圈的变形，提高了桥梁的承载力和稳定性。

3）单孔

我国古代传统的建筑方法，一般比较长的桥梁往往采用多孔形式，但是李春在设计大桥时，采取了单孔长跨的形式，河心不立桥墩，使石拱跨径长达 37 米之多。这是我国桥梁史上的空前创举。

2. 赵州桥建造技术的创造性

赵州桥不仅设计独特，而且建造技术也非常出色，有许多创造性。

1）桥址选择比较合理，使桥基稳固牢靠

李春建桥，选择了洨河两岸地势比较平直的地方。这里的地质结构适合于建桥。

2）砌置方法新颖、施工修理方便

李春就地取材，选用附近州县生产的质地坚硬的青灰色砂石作为建桥石料，在石拱砌置方法上，均采用了纵向（顺桥方向）砌置方法，每券各自独立、单独操作，相当灵活。这种砌法既可以节省木材，便于移动；同时又利于桥的维修，一道拱券的石块损坏了，只要嵌入新石，进行局部修整就行了，而不必对整个桥进行调整。

3）在保持大桥稳定性方面采取了许多严密措施

（1）每一拱券采用了下宽上窄、略有“收分”的方法，使每个拱券向里倾斜，相互挤靠，增强其横向联系，以防止拱石向外倾倒。在桥的宽度上也采用了少量“收分”的办法，就是从桥的两端到桥顶逐渐收缩宽度，从最宽 9.6 米收缩到 9 米，以加强大桥的稳定性。

（2）在主券上均匀沿桥宽方向设置了 5 个铁拉杆，穿过 28 道拱券，每个拉杆的两端有半圆形杆头露在石外，以夹住 28 道拱券，增强其横向联系。在 4 个小拱上也各有一根铁拉杆起同样作用。

（3）在靠外侧的几道拱石上和两端小拱上盖有护拱石一层，以保护拱石；在护拱石的两侧设有勾石 6 块，勾住主拱石使其连接牢固。

（4）为了使相邻拱石紧紧贴合在一起，在两侧外券相邻拱石之间都穿有起连接作用的“腰铁”，各道券之间的相邻石块也都在拱背穿有“腰铁”，把拱石连锁起来。而且每块拱石的侧面都凿有细密斜纹，以增大摩擦力，加强各券横向联系。

这些措施的采取使整个大桥连成一个紧密整体，增强了整个大桥的稳定性和可靠性。

4）独具特色的桥台

桥台是整座大桥的基础，赵州桥的桥台有如下特点：

（1）低拱脚。拱脚在河床下仅半米左右。

（2）浅桥基。桥基底面在拱脚下 1.7 米左右。

（3）短桥台。由上至下，用逐渐略有加厚的石条砌成 5 米长、6.7 米宽、9.6 米高的桥台。

李春用许多相应的稳固基础的措施来保障桥台的可靠性。例如，李春用在桥台边打入许多木桩的办法来加强桥台的基础；采用延伸桥台后座的办法以抵消水平推力的作用。李春还在沿河一侧设置了一道金刚墙，一方面可以防止水流的冲蚀作用，另一方面增加了桥台的稳定性，保护桥台和桥基。

（三）建筑精神

赵州桥的敞肩圆弧拱形式是我国劳动人民的一大创举，西方在 14 世纪才出现敞肩圆弧石拱桥，比我国晚了 600 多年，集中体现了以李春为代表的我国广大劳动人民的聪明才智。

这座大桥自建成至今已有 1400 多年，这期间经受了 8 次以上地震的影响，8 次以上战争的考验；承受了无数次人畜车辆的重压，饱经无数次风刀霜剑、冰雪雨水的冲蚀，却雄姿不减当年，仍巍然屹立在洨河上。

赵州桥的建成在我国桥梁史上具有重要影响，它的大跨度、圆弧拱、敞肩形式为以后的桥梁建设开创了新的天地，成为我国桥梁建设的典范。

二、喻皓

（一）生平简介

喻皓生活在五代末、北宋初，是浙江杭州一带人，是一位出身卑微的建筑工匠。由于他长期从事建筑实践，又勤于思索，善于向别人学习，因而在木结构建筑技术方面积累了丰富经验，尤其擅长建筑多层的宝塔和楼阁。

（二）主要成就

1. 开宝寺木塔

宋太宗想在京城汴梁（今河南省开封市）建造一座大型宝塔，从全国各地抽调一批名工巧匠和擅长建筑艺术的画家到汴梁进行设计和施工。喻皓也在其中，并且受命主持这项工程。为了建好宝塔，他事先造了一个宝塔模型，塔身是八角十三层，各层截面积由下到上逐渐缩小。在广大劳动工匠的辛勤努力下，端拱二年（989年）8月，建成了雄伟壮丽的八角十三层琉璃宝塔，这就是有名的开宝寺木塔。塔高360尺（宋朝一尺大约合30.72厘米），是当地几座塔中最高的一座，也是当时最精巧的一座建筑物。

喻皓在搞设计的时候，不仅考虑到了工程技术本身的技术问题，而且还注意到周围环境及气候对建筑物的影响。

遗憾的是，开宝寺木塔这座建筑艺术精品，在宋仁宗庆历年间（1041～1048年）的一次火灾中被烧毁了，没有保存下来。

2. 编著《木经》

我国的古代建筑大多是木结构。经过长期的经验积累，到宋朝，木结构技术已经达到很高水平，并且形成了我国独特的建筑风格和完整的体系。但是当时还没有一部专书来记述和总结这些经验。为此，喻皓决心把历代工匠和他本人的经验编著成书。经过几年的努力，终于在晚年写成了《木经》三卷。

《木经》是一部关于房屋建筑方法的著作，也是我国历史上第一部木结构建筑手册。《木经》对建筑物各个部分的规格和各构件之间的比例关系作了详细具体的规定。可惜，这本书后来失传了。

《木经》的问世不仅促进了当时建筑技术的交流和提高，而且对后来建筑技术的发展有很大影响。喻皓这位杰出的工人建筑师对我国古代建筑技术的发展作出了不可磨灭的贡献。

（三）建筑精神

喻皓能取得这样高的造诣与他刻苦钻研、谦虚学习的精神是分不开的。当时京城里有一座相国寺，是唐朝人建造的，门楼的卷檐造得非常巧妙。喻皓每次经过门楼，都要仰起头，仔细观察、研究它的造法。为了弄清卷檐的奥秘，喻皓有时坐下来，甚至躺在地上观察和研究。

尽管喻皓在木建筑的设计和制造技术上成就卓越，但在封建社会里，喻皓只是一个出身卑微的建筑工匠，他的成就和著作同其他劳动人民的创造发明一样，根本得不到统治者重视。后来《木经》失传了，喻皓的事迹也没有被准确地记载在史书中。喻皓辛劳一生为我国木制建筑所做的卓越贡献为他自己建立了高大的丰碑。

三、李诫

（一）生平简介

李诫，字明仲，北宋时期郑州管城（今河南省新郑市）人，是中国古代伟大的建筑学家。关于他的生年，没有文献记载。据梁思成先生推算，他可能生于1060～1065年，卒于宋大观四年（1110 年），享寿不过50 岁。李诫之父李南公，在北宋王朝为官 60 年，“干局明锐”，其兄曾任至龙图阁直学士。李诫在这样的家庭长大，从小就受家庭熏陶，好学多才。曾官通直郎，任将作监（图 5-3）。

图 5-3 李诫

李诫一生的主要活动以他在将作监的 17 年为代表，他作为当时北宋在建设方面的高级官员兼技术专家，不但领导建成了多处宋代著名的建筑，还领导过园林建筑的建造活动，经他主持设计的建筑有五王邸、辟雍宫、朱雀门、九成殿、太庙、钦慈太后佛寺等 10 余座，在国家建设中享有非常重要的地位。

（二）主要成就——《营造法式》

《营造法式》是李诫奉朝廷之命编修的一部带有建筑法规性质的专书。它产生于王安石变法的历史背景之下，目的是加强对官办建筑行业的管理，并对国家重要建设项目从礼制等到财力上加以控制。北宋开国以后，大兴土木之风甚盛，而又管理不善，官吏在建设过程中肆意挥霍浪费。于是在熙宁五年（1072 年）朝廷令将作监编修一部《营造法式》，历时 30 年并经过多次改编，到元符三年

（1100 年）定稿，崇宁二年（1103 年）被批准颁布全国施行，成为当时官方建筑的规范。

全书内容包括以下四类。

（1）将北宋以前的经史群书中有关建筑工程技术方面的史料加以整理、汇编成“总释”两卷。

（2）按照建筑行业中的不同工种分门别类，将其世代流传经久可供实用的经验，编制成技术规范和操作规程，即书中所谓的“各作制度”，共 13 卷。其中包括：大木作制度、小木作制度、石作制度、壕寨制度、彩画作制度、旋作制度、锯作制度、竹作制度、瓦作制度、砖作制度、泥作制度、窑作制度等。

（3）总结编制出各工种的用工及用料定额标准，共 15 卷。

（4）结合各作制度绘制图样 193 幅，共 6 卷。

《营造法式》是我国历史上第一部关于古代建筑规范的专著。此书的编成，是中国建筑史上一个划时代的创举。它首次统一了 2000 年来中国建筑的规格，明确了设计施工的制度，制定了估工算料的定额。《营造法式》的出现，标志着我国古代建筑技术已发展到一个新的水平。它不仅是研究我国建筑学发展的最详尽、最全面、最系统的科学宝库，也是当今世界上最重要的建筑学著作之一。

（三）建筑精神

李诫既是一个建筑大师，又是一位艺术家和学者。他一生大部分的精力用在了治学著书方面，生平的著作很多。李诫博学而多才多艺，书画兼长，能写大小篆、草书、隶书。写过许多著作，有《续山海经》10 卷，《续同姓名录》2 卷，《古篆说文》10 卷，《琵琶录》3 卷，《马经》3 卷，《六博经》3 卷。至今，仅存《营造法式》这一重要典籍，其他著作均已佚失。

四、计成

（一）生平简介

计成，我国明代造园专家，同里人，字无否，自号否道人，生于明万历十年（1582 年），计成少年时以绘画闻名，青年时代到过北京、湖广等地。中年回到江南，定居镇江，转事造园。在一次参观堆假山作业中提出了应按真山形态堆垛假山的主张，并动手完成了这座假山石壁工程。作品形象佳妙，宛若真山，于是闻名遐迩。

明天启三至四年（1623～1624 年），应常州进士吴玄的聘请，营造了一处面积约为 5 亩的园林。他的代表作还有明崇祯五年（1632 年）在仪征县为汪士衡修建的寤园，在南京为阮大铖修建的石巢园，在扬州为郑元勋改建的影园等。

他根据丰富的实践经验整理了修建吴氏园和汪氏园的部分图纸，于崇祯七年（1634 年）写成中国最早的和最系统的造园著作——《园冶》，被誉为世界造园学最早的名著。计成还是一位诗人，时人评价他的诗如“秋兰吐芳，意莹调逸”，但诗作已散佚。

（二）主要成就——《园冶》

计成在造园之余，将学识、经验及见解总结为一书，初名《园牧》，后更名《园冶》，由江都进士郑元勋题词，阮大铖作序。

《园冶》共分三卷，一卷兴造论、园说及相地、立基、屋宇、装折；二卷栏杆；三卷门窗、墙顶、铺地、掇山、叠石、借景。既注重整体又不忽略个体；既注重理论阐述又有具体范例举隅；既注重整体设计科学又注意施工易行；既注重体制构架又有细部装饰，从造园的骨骼——叠山、血脉——理水、五官——建筑、毛发——花木无一不备，高屋建瓴又细致入微。

《园冶》总结了中国古典园林的造园艺术，促进了江南园林艺术的发展，是造园学的经典著作，不但影响我国，而且传播到日本和西欧。日本大村西崖《东洋美术史》所提到的刻本《夺天工》，即《园冶》，日本造园名家多静博士曾称《园冶》为“世界最古之造园书籍”。

（三）建筑精神

计成是个正直、善良、勇于开拓、具有独立人格的知识分子。其人格卓尔不群，值得称道。明代阮大铖在《冶序》中写到：“无否人最质直，臆绝灵奇，侬气客习，对之而尽。”由此，我们可以看出计成的质朴、耿直和聪慧。另外，在创作完成《园牧》后就拿给友人曹元甫评价，并且听取建议后改为《园冶》，这说明计成是一个非常谦逊、乐于听取别人意见的人。

五、蒯祥

（一）生平简介

蒯祥（1397～1481 年），字廷瑞，江苏吴县人。洪武年间，苏州地区商业经济发达，外出务工者日众，吴县香山一带形成了专门从事营造业的有名的香山帮。蒯祥出身木工家庭，其父蒯福为有名的大工匠。洪武初年，明太祖朱元璋征召天下工匠 20 余万至京师南京，兴建都城。少年蒯祥随父参与其事，在工程实践中为其后来设计修建北京的承天门积累了经验。后来，蒯福告老还乡，因明代工匠为世袭，不能脱籍，蒯祥代承父职，成为“木工首”。

永乐十五年（1417年），明成祖朱棣迁都北京，蒯祥被征召入京，参加大规模兴建皇宫城墙等工程。明成祖即位后，为标榜正统合法性，要求所建宫阙循南京城规制。经过三年的紧张施工，皇宫宫殿和承天门（也就是今天的天安门）竣工，恢弘豪华胜过南京皇宫，明成祖龙心大悦。蒯祥因技艺精湛、身手超群被提升为工部营缮所丞。

蒯祥在施工过程中刻苦钻研，练就了一手绝技：能双手握笔，同时画出两条龙，两条龙合拢在一起，分毫不差。宫中修建的工程，经他略加计算，目量意营，就能绘制出设计图样，等工程告竣后进行核验，尺寸完全符合设计要求，不差毫厘。承天门的主要设计图样就出自他手。另据史志记载，皇宫中大内的殿阁楼榭、回廊曲宇他随手测绘，均能使皇帝满意。明代宗景泰年间他因功擢升为工部左侍郎。明宪宗成化元年（1462年），重修承天门，也是由他设计和主持施工的，明宪宗召见他时，昵称他为“蒯鲁班”，可见对他的倚重。现南京博物馆有一张《明宫城图》，上面有明人所绘蒯祥画像，以表彰他对承天门和整个宫城设计的业绩。

难能可贵的是，蒯祥虽任高官，却不改工匠本色，恭谨俭朴一仍其旧，出门从不乘车坐轿，年岁大了主动要求退隐。遇有重大营造工程，他常亲临指导，传授技艺不遗余力，可谓品格高尚。他死后，人们为了怀念他，把他在北京住过的一条胡同命名为“蒯侍郎胡同”，成为营造业工匠聚会之所。

（二）主要成就

蒯祥在京40多年，先后兴建的工程除天安门外，还有故宫的太和殿、中和殿、保和殿三大殿，以及两宫、五府、六衙署等，晚年还亲自主持明十三陵中裕陵的建造。蒯祥因有功于朝廷，从一名工匠逐步晋升，直至被封为工部左侍郎，授二品官，享受一品官俸禄。

据明史及有关建筑专著评介，蒯祥在建筑学上的创造达到了炉火纯青的程度。他精通尺度计算，每项工程施工前都作了精确的计算，竣工之后，位置、距离、大小尺寸与设计图分毫不差，其几何原理掌握得相当好，榫卯技巧在建筑艺术上有独到之处。中国古代的建筑大多是木结构，其关键在于主柱和横梁之间的合理组合。蒯祥不论在用料、施工等方面都精心筹划，营造的榫卯骨架都结合得十分准确、牢固。在北京皇宫府第的建筑中，蒯祥还将江南的建筑艺术巧妙地运用上去，他采用苏州彩画，琉璃金砖，使殿堂楼阁显得富丽堂皇。

蒯祥活到84岁，逝于明宪宗成化十七年（1481年）。墓葬于他的故乡太湖之滨，墓碑右侧立有明代天顺二年皇帝钦赐的“奉天诰命”碑。据说，20世纪60年代初，重修了蒯祥墓，此墓被列为江苏省重点文物保护单位，而“蒯鲁班”留下的天安门建筑却是华夏之宝、民族之光（图 5-4）。

图 5-4 蒯祥墓

（三）建筑精神

故宫是中国古代宫殿艺术的集大成之作，也是世界上最宏伟的宫殿建筑群之一，包括蒯祥在内的大批工匠、百姓为此付出了极大心血，甚至牺牲了无数人的生命，可惜都湮没无闻了。对于今天的我们来说，故宫更像是几百年前建筑家们的一次“集体汇报演出”，是中华民族集体智慧的体现。

六、雷发达

（一）生平简介

雷发达，字明所，永修（江西建昌）人。生于明万历四十七年（1619 年），卒于康熙三十二年（1693 年），归葬金陵。清代初年，雷发达与堂兄雷发宣因以建筑工艺见长，应募赴北京修建皇室宫殿。

雷发达修建皇室宫殿担任工部样式负责人，他虚心求教，融会贯通，技艺高超。康熙中期，他修建了故宫太和殿、中和殿、保和殿三大殿，其中规模最大的数太和殿，也就是人们泛称的金銮宝殿。太和殿始建于明永乐十八年，清康熙初年重新修建，工程开始时，因缺少大木梁，雷发达建议拆取明陵楠木旧梁柱充用。上梁之日，康熙率文武大臣亲临行礼，正当上梁之际，大梁因卯眼不合，悬而下落，工部长官相顾愕然，唯恐有误上梁吉辰，急忙找来雷发达，并授予冠服，雷袖斧猱升，急攀梁上，高扬钢斧，只听“笃、笃、笃”连响三声，木梁“轰隆”一声，稳稳地落了下来。霎时，鼓乐齐鸣，文武百官，三呼“万岁”！上梁礼成，康熙皇帝龙心大悦，当即召见雷发达，面授雷发达为工部营造所长班。之后，规模宏大的圆明园工程开始，雷发达调任圆明园楠木样式房掌案，也就是担任工程总设计师的任务。

雷发达虽是朝廷御匠，但他仍十分思念家乡。相传，他在朝时，汇钱给雷族大人，委托他们兴建雷氏祠堂。当时雷氏大人，将此钱私自花掉了。雷氏大人后听说雷发达要亲自回家拜祭祖先，雷氏大人只好到处借钱，急急忙忙建了一间祠堂，名叫“尊祖堂”。现由于年久失修，早已倒塌，但在祖居雷村，现仍留有一断墙残壁。

（二）主要成就

雷发达年 70 解役，著有《工部工程做法则例》、《工程营造录》等著作。发达生三子：金玉、金鸣、金升。金玉生五子：声洋、声沛、声清、声浃、声澄。发达长子金玉，继承父业，到光绪末年，已传到六代孙雷建昌，掌管“存式”房长达200余年。他们参与设计的建筑物除皇宫外，还有四园：圆明园、颐和园、静宜园、静明园；三山：万寿山、玉泉山、香山；三海：北海、中海、南海；二陵：东陵、西陵。雷家祖孙，世代精于设计图样，人称“样子雷”、“样房雷”，北京图书馆藏有雷家设计图纸数百幅。

雷氏家族靠自己的智慧和辛勤劳动，独创设计图样，制出“烫板”（今称模型）再行施工。雷氏家族攀上了清代建筑和园林艺术的高峰。《中国建筑史》、《中国古代建筑史》等学术巨著，均高度评价了该家族在古代建筑方面的成就。《世界著名科学简介》一书也把雷发达的名字列入其中。他们在建筑科学和建筑艺术上取得了举世瞩目的成就。

（三）建筑精神

雷发达取得了重大的成就，尤其在设计方面成绩卓著。他善于在继承前人传统的基础上，勇于创新，形成自己独特的风格，如中国古代建筑群采用中线南北纵深发展、采取对称布置的方式等。他在进行清宫设计时，不墨守成规，既在中线上的建筑物保持严格对称，又对主轴两侧轴线上的各建筑物采用大致对称，而显灵活变动的新格局。这样，不但突出了中心又体现了“居中为尊”的思想，而且形成了统一并有主次的整体。从此，雷发达被人们誉为“样式雷”。

图5-5 梁思成

七、梁思成

梁思成（图5-5），梁启超之子，中国著名的建筑学家和建筑教育家。毕其一生，从事中国古代建筑的研究和建筑教育事业，对中国古代建筑的历史和理论，进行了系统的调查、整理、研究，是这一学科领域的开拓者和奠基者。梁思成曾参加人民英雄纪念碑等设计工作，是新中国首都城市规划工作的推动者，是新中国成立以来几项重大设计方案的主持者，也是新中国国旗、国徽评选委员会的顾问。

（一）生平简介

梁思成，1901年4月20日在日本东京出生，这是他父亲梁启超因“戊戌政变”失败后流亡日本的第三年，原籍广东省新会县。童年时代在日本的华侨学校上学，11岁回到北京，14岁进清华学校（清华大学前身）。

1924年梁思成赴美留学入康乃尔大学，不久转学入宾夕法尼亚大学建筑系，1927年2月获学士学位，当年6月获硕士学位。1927年7月～1928年2

月他在美国哈佛大学研究院研究世界建筑史。1928 年 3 月他与林徽因在加拿大温哥华结婚。他于 1928 年回国，到沈阳东北大学创办了建筑系，并任教授兼系主任直到 1931 年。

1931～1946 年梁思成担任中国营造学社研究员、法式部主任。1931 年九一八事变，梁思成举家迁到北平。1937 年，抗日战争开始，梁思成带领全家长途跋涉，于 1938 年 1 月到达昆明。1939 年，又搬到四川省南溪县的李庄乡下，在极端困难的条件下，率领营造学社的少数同仁继续从事古建筑的调查研究工作，直至抗日战争的胜利。

1946 年，梁思成为清华大学创办了建筑系，担任教授兼系主任到 1972 年。在这期间，曾于 1946 年 11 月、1947 年 6 月，应美国耶鲁大学之聘为访问教授。1947 年 1～ 6 月，他作为中国代表担任联合国大厦设计委员会顾问。1948 年获得美国普林斯顿大学荣誉博士学位，并被选为中央研究院院士。1949 年他参与了中南海的改建，还领导师生参加国徽的设计等重要工作。

新中国成立后，于 1952 年他加入中国民主同盟，1959 年加入中国共产党，曾当选为第一、二、三届全国人民代表大会代表，三届人大常务委员会委员，政协常务委员会委员，及民盟中央常委等职。

1966 年，“文化大革命”爆发，梁思成遭到造反派们的攻击。

1972 年 1 月 9 日，病逝于北京。

（二）主要成就

梁思成是新中国首都城市规划工作的推动者，新中国成立以来几项重大设计方案的主持者。他的主要作品有吉林大学礼堂和教学楼、仁立公司门面、北京大学女生宿舍、人民英雄纪念碑、鉴真和尚纪念堂等。

梁思成是中国古代建筑的历史和理论学科开拓者和奠基者。他系统地调查、整理、研究了中国古代建筑的历史和理论，毕生从事建筑教育事业和中国古代建筑的研究。

梁思成先后著书 5 种，发表学术论文 60 多篇，共 150 多万字，现已整理成《梁思成文集》（1～4 卷）全部出版（图 5-6）。他和他领导的科学研究集体因为在“中国古代建筑理论和文物建筑保护”这个领域取得突出成就。1987 年，被国家科学技术委员会授予国家自然科学奖一等奖。梁思成的学术成就也受到国外学术界的重视，美国有专门研究梁思成生平的学者并出版了他的英文专著《图像中国建筑史》。专事研究中国科学史的英国著名学者李约瑟评价：梁思成是研究“中国建筑历史的宗师”。

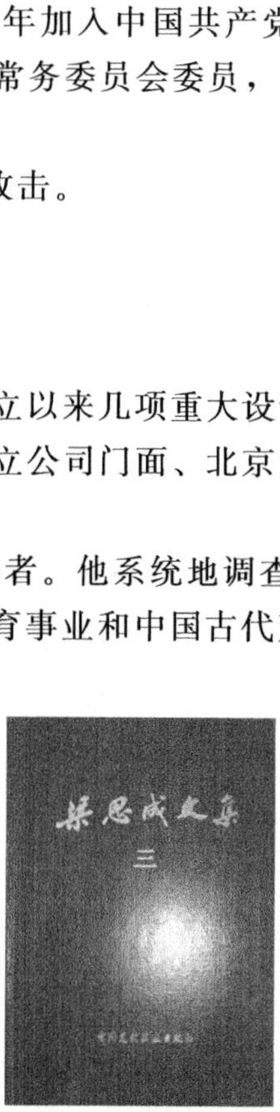

图 5-6 《梁思成文集》（卷三）

梁思成的主要成就可以归纳为以下几个方面。

第一，对中国古建筑进行了科学的整理，揭示了关于它们在结构、设计、施工、形式和装饰等方面的内在规律，这就解开了中国古建筑设计为什么能够标准化，施工为什么能够很快这个谜。终于使中国古建筑脱离了原来的混沌不清的状况，第一次以科学的面貌展示在世人面前。

第二，从中国古建筑的发展中总结出关于建筑发展和创作的一般规律，个体建筑与环境不可分割的关系，建筑个体与标准化以及群体多样化的关系。个体的标准化都是一个样，都是平面的，都是长方形平面，都是大屋顶，但中国古建筑还是千变万化的。靠什么？靠它建筑群体的组合，靠它装饰的多样化，靠它园林环境布置的多样化。这些规律对现在的建筑创作有着普遍的指导参考意义。

第三，从教二十余载，为国家培养了大量优秀的建设人才，为祖国的教育事业作出了卓越的贡献。

（三）建筑精神

第一，在国家危难情况下勇于担当与默默坚守的精神。早在1955年，梁思成便陷入批判“复古主义”。到20世纪60年代又经受“文化大革命”暴风雨的一次又一次洗礼。然而，面对沉重的压力与代价，梁思成的坚守与学术执着精神，令后辈折服。

第二，以宽广的胸怀，保护全人类文化遗产，具有国际主义精神。他曾应邀为美国第十四航空队编制中国华北及沿海各省文物建筑目录，并在军用地图上标注地点，以防文物和建筑毁于飞机轰炸。他同时建议美军在反攻日本时，要保护日本的京都和奈良的建筑。

第三，“学贯中西”的建筑“国学”的大文化精神。早在20世纪50年代，梁思成就认为，参考“我们自己艺术藏库中的遗宝”并“加以聪明的应用”，即可创造出中国的现代主义建筑。

第四，开创中国建筑文化新局面的创新精神。早在20世纪30年代起，梁思成就将西方建筑科学方法引入中国建筑营造学社并做出了一系列的开创性的建筑成就。1953年，他又提出了建筑的“可译性”与“翻译论”等观点，将中国建筑构图元素与西方文艺复兴时的建筑词汇作了对比性研究。

第五，关注社会发展的责任感意识与精神。建筑师不可做文化遗产的“破坏者”，而要利用自己的理解力及创作力做文化遗产的“护花使者”。

第六，治学严谨的科学研究的求实精神。在那样战火纷飞的年代，李庄的中国营造学社在物质生活非常艰苦的条件下，能开展那么多历史遗迹的调查、古代建筑的勘察测绘、文献资料的整理挖掘工作，留下这么多宝贵的遗产，就表现出一种特殊的难以想象的艰辛与科研精神。

第七，探索符合中国实际的建筑创作理论的务实精神。在1961年第7期《建筑学报》上，梁思成发表《建筑创作中的几个重要问题》的文章，从实际出发解读了“适用、经济、美观”的设计方针。

八、刘敦桢

刘敦桢，著名建筑学家、教育家，建筑史学家，中国科学院院士，是中国建筑史学的开拓者，中国古建筑研究领域的先驱者，中国现代建筑学的重要奠基人，中国建筑学教育的重要开创者，中国建筑教育的创始人之一（图5-7）。

图5-7 刘敦桢

（一）生平简介

刘敦桢，1897年9月19日出生于新宁县的一个清代官宦家庭。1908年就读于长沙楚怡学校，由于受参加同盟会的兄长影响，从小立志报效祖国，走“科学救国”的道路，1913年东渡日本留学。他先后入东京高等工业学校机械科和建筑科读书。1922年他学成归国，在上海等地从事建筑和建筑教育工作，为国内培养了首批建筑人才。1927年他参与筹组中央大学建筑系，后加入中国营造学社，致力于古建筑文献的发掘和考订。1943年以后，他任重庆中央大学建筑系教授、系主任、工学院院长。

新中国成立后，刘敦桢任南京大学、南京工学院建筑系教授、系主任、中国建筑历史与理论研究室主任。在开展对我国传统民居与古典园林的大规模研究，以及参加并主持对我国建筑历史的全面总结与撰写等方面，做了许多卓有成效和决定性的工作。曾当选南京市、江苏省人民代表大会代表和第三届全国人民代表大会代表。1955年他任一级教授和中国科学院技术科学部委员。1956年他加入中国共产党。

他创建了由中国人经营的第一个建筑师事务所——华海建筑师事务所。他多次主持全国性的建筑史编纂工作，出版了《苏州古典园林》等颇有影响的专著。“文化大革命”期间，深受迫害，身心遭严重创伤，1968年5月10日他在南京含冤而逝，终年71岁。

（二）主要成就

刘敦桢对中国古建筑的辛勤研究和取得的成就，在学术界获得了崇高的地位和声誉。1933～1937年他在华北六省进行大量科研调查，共写出论文、调查报告、读书笔记等35篇，约65万字；与其他学者合撰论文7篇，约30万字。他研究了我国古代官式建筑（宫殿、坛庙、寺观等）和“营造法式”、“工部工程做法”。抗日战争期间，他对云南、四川、西康等地古建筑的调查，填补了我国建筑史上一大空白。1950年，他参加了南京市和江苏省的文物管理委员会工作，对南京城内外的古建筑和古墓葬进行多次调查，写出了修整或保护计划。1952年，开始了对国内传统民居的调查和研究。

刘敦桢于1956年发表专著《中国住宅概论》，在国内学术界掀起了对这一领域全面开展研究的热潮。编撰出版的《苏州古典园林》获1981年国家科技进步奖一等奖。他主持、编写1966年成书的《中国建筑简史》和《中国古代建筑史》，至今仍是重要的参考书，1988年获全国高校优秀教材奖特等奖。此外，他还著有《中国住宅概说》，撰有《佛教对于中国建筑之影响》、《北平智化寺如来殿调查记》、《大壮室笔记》、《明长陵》、《大同古建筑调查报告》、《易县清西陵》、《河北西部古建筑调查记略》、《河南北部古建筑调查记》、《西南古建筑调查概况》等论文。

刘敦桢毕生的科研成就，后人将其汇编为《刘敦桢文集》（1～4卷），由中国建筑工业出版社出版。

（三）建筑精神

作为中国建筑研究的先驱，刘敦桢对工作极为认真负责。无论是教学、科研或是行政事务，都是兢兢业业、一丝不苟，力求最大限度地完善。他经常会在长途旅行与劳顿之后，行装未卸，就马上赶赴现场开展紧张的考察工作，不是钻进灰尘厚积的建筑，就是攀登年久失修的屋顶，“蛇虫蝙蝠的惊吓、风吹日晒”成为生活的一部分。后人回忆起这位大师，认为他正是一头钻进学问中，才能丝毫不受时局动荡和名利的影响。他为人正直不阿，一贯反对弄虚作假的不正之风，更蔑视争名夺利的市侩思想。他一生研究建筑无数，主持建筑无数，然而始终生活清贫，并安之泰若，从未给自己使用过一砖片瓦。

第二节　西方著名建筑家

一、马尔库斯·维特鲁威·波利奥

1. 生平简介

马尔库斯·维特鲁威·波利奥（Marcus Vitruvius Pollio，约公元前80年或前70年～约公元前25年）是古罗马的作家、建筑师和工程师，他的创作时期在公元前1世纪，生平年代不详，主要是根据他的作品来推测的。

他出生时是罗马的自由民，出生于坎帕尼亚，他曾经在凯撒的军队中服过役，在西班牙和高卢驻军担任军中的工程师，制作攻城的机械。后期罗马帝国皇帝奥古斯都直接授予他养老金。

他写了一部《建筑十书》，并献给奥古斯都，这是一部用拉丁文写的关于建筑的论著。当时罗马帝国在不列颠岛的总督提到他为连接管道设计了管径标准。他曾建造了法诺镇会堂，但现已找不到痕迹。

2. 代表作品

维特鲁威编写的《建筑十书》是欧洲中世纪以前遗留下来的唯一的建筑学专著，在1414年被文艺复兴时期的人文学家波焦·布拉乔利尼重新发现，1486年在罗马重新出版，1520年被翻译成意大利语、法语（1547年）、英语、德语（1575年）和西班牙语，原有的插图已经佚失，16世纪又根据其中的描述加上木版画插图。这本书后来成为文艺复兴时期、巴洛克时期和新古典主义时期建筑界的经典，并且至今仍对建筑学界产生着深远的影响。

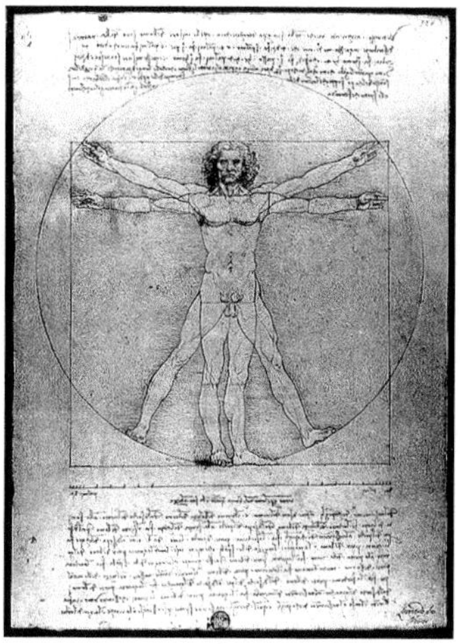

图5-8　《维特鲁威人》

《建筑十书》最早提出了建筑的三要素：实用、坚固、美观。维特鲁威认为，建筑是对自然的模仿，正如鸟和蜜蜂筑巢，人类也用自然材料造建筑物保护自己，为了建筑美观，先后发明了多立克柱式、爱奥尼柱式和科林斯柱式，并且首次谈到了把人体的自然比例应用到建筑的丈量上，并总结出了人体结构的比例规律。后来达·芬奇依照他的描述画了建筑人体比例图《维特鲁威人》（图5-8），在代表宇宙秩序的方和圆中，放入了一个人体。

《建筑十书》共十卷，大概内容如下：

卷一：有关建筑学的一般知识和城镇规划及城市设计的规则。

图5-9　古罗马神庙

卷二：有关建筑历史和建造材料。

卷三、卷四：讨论神庙（图5-9）。

卷五：有关公共和城市建筑。

卷六：有关家庭建筑。

卷七：有关内部装饰。

卷八：有关水利供给。

卷九：有关太阳钟及其他一些测度时间的方法。

卷十：有关机械工程，包括在建筑工业及军事中使用的机械。

二、莱昂·巴蒂斯塔·阿尔伯蒂

1. 生平简介

莱昂·巴蒂斯塔·阿尔伯蒂（Leon Battista Alberti，1404～1472年）是意大利文艺复兴时期的建筑师和建筑理论家。

阿尔伯蒂生于热那亚，他是佛罗伦萨最有钱有势的家族之一的私生子。1414年，他的父亲迁居威尼斯，阿尔伯蒂也进了名师巴尔西萨（Barsizza）设在帕杜瓦的学校，在帕杜瓦的人文主义氛围中接受教育，成长为一位典型的早期人文主义者。1421年，他在博洛尼亚研习法律，并于1428年取得学位。在他完成学业前夕，父亲去世了，而阿尔伯蒂却从未有幸得到由一位叔父管理着的地产，这使得他贫困潦倒。

1428年，作为红衣主教教尼科洛·雅伯加提（Niccolo Albergati）家的一名秘书，阿尔伯蒂随同他前往法国、德国旅行。1431年，作为红衣主教莫林（Molin）的秘书他来到了罗马，并且当上了教皇档案室的速记员。在罗马期间，他开始痴迷于建筑艺术。1434年，他随同犹金四世教皇（Pope Eugene IV）前往佛罗伦萨，通过与当地的艺术家和学者的接触，他开始以一个富于创造力的艺术家的身份进行创作，并涉足艺术理论研究。1435年的《论绘画》（*De Pictura*）和1446年《论雕塑》（*De Statua*）两部著作奠定文艺复兴时期美术理论的基础，是早期文艺复兴时期举足轻重的文献资料。

2. 代表作品

《建筑论》（又名：《阿尔伯蒂建筑十书》）完成于1452年，在1485年正式出版以前一直以手抄本形式流传着。它仿效维特鲁威的皇皇巨著，尽管较《论绘画》而言不那么新颖，但是阿尔伯蒂的新颖之处却在于它以古代纪念碑作为资料来源和他对人们的需求的热切关注。这是文艺复兴时期第一部完整的建筑理论著作，也是对当时流行的古典建筑的比例、柱式，以及城市规划理论和经验的总结。它的出版，推动了文艺复兴建筑的发展。

图5-10　鲁奇兰府邸

阿尔伯蒂思想活跃。他的建筑作品既有仿古式样的，也有大胆革新的。比较有代表性的是佛罗伦萨的鲁奇兰府邸（1446～1451年，图5-10）、圣玛利亚小教堂正立面（1456～1470年）和曼图亚的圣安德烈教堂（1472～1494年）等。将古典元素运用于文艺复兴时期的墙壁建筑，是阿尔伯蒂在建筑方面的杰出成就。

鲁奇兰府邸立面分三层，每层都有壁柱和水平线脚，第二、三层窗用半圆券，顶部以一个大檐口把整座建筑统一起来。这种手法被意大利文艺复兴时期其他建筑所仿效。

三、安德烈亚·帕拉第奥

1. 生平简介

安德烈亚·帕拉第奥（Andrea Palladio，1508～1580年，图5-11）常常被认为是西方最具影响力和最常被模仿的建筑师。他的创作灵感来源于古典建筑，对建筑的比例非常谨慎，而其创造的人字形建筑已经成为欧洲和美国豪华住宅和政府建筑的原型。

图5-11 安德烈亚·帕拉第奥

帕拉第奥出生于意大利帕多瓦，13岁时给一位石匠当学徒，随后在维琴察一家石工作坊当助手。后来，在给学者特里西诺的别墅进行扩建时，他掌握了古典建筑的原理。特里西诺就把石匠的名字改名为帕拉第奥——希腊智慧女神的名字。此后得特里西诺相助，几次游学罗马，考察古典遗迹，并潜心研究古罗马建筑师维特鲁威的著作，吸收盛期文艺复兴的建筑成就，发展了自己的古典主义风格，其作品严谨而富有节奏感。

帕拉第奥主要活动于维琴察和威尼斯等地，截至16世纪40年代，帕拉第奥一直运用古典建筑的原理为维琴察的贵族设计了一系列的乡村别墅和城市宫殿，如巴西利卡大厅（1549年）、基耶里卡蒂宫（1550年），威尼斯圣乔治·马焦雷教堂（1566年）等。他尤以首倡带有古典柱廊的乡间别墅建筑著名，佳作有马尔孔滕塔别墅（1551～1561年）和圆厅别墅（1551～1554年）等。16世纪60年代，他开始转向宗教建筑的设计。

1570年，他出版了名著《建筑四书》，该书概括讲述了他的建筑原理，为建造者提供了可行的建议。此书被翻译成多种语言，把他的建筑思想传向欧洲乃至全世界。美国总统托马斯·杰斐逊位于弗吉尼亚的蒙蒂塞洛宅邸的设计，就体现出他的建筑思想。1580年8月，帕拉第奥在维琴察逝世。

2. 帕拉第奥母题

帕拉第奥母题（Palladian motive）是指对已建大厅进行改造，增建楼厅并加固回廊设计。原厅层高、开间和拱结构决定了外廊立面不适合传统构图，帕拉第奥创造性解决立面柱式构图，后人称帕拉第奥母题。

帕拉第奥母题又常仅仅是指处于两个壁之间的三个窗洞的处理，即当中的呈券形，高而且宽；两旁的竖向矩形，低而且狭。因此，又称为帕拉第奥式窗。

3. 帕拉第奥式建筑

帕拉第奥式建筑是一种欧洲风格的建筑。建筑师安德烈亚·帕拉第奥为此风格的代表。此名“帕拉第奥”常指受帕拉第奥本身建筑所激励的风格。现代的帕拉第奥式风格是原始风格的进化。

4. 帕拉第奥主义

帕拉第奥主义（Palladianism）是约 1720～1770 年在英国兴起的一场建筑艺术运动，其动力来自 16 世纪意大利建筑师帕拉第奥。

17 世纪的建筑师伊尼戈·琼斯是帕拉第奥的第一个英国弟子。18 世纪的斯科茨曼·科仑·坎贝尔和建筑师兼建筑赞助人、伯林顿第三任伯爵理查德·博伊尔，以及他的门徒威廉·肯特继承了琼斯的风格。帕拉第奥主义还具有政治含义，因为支持汉诺威王朝的辉格党中的贵族成员特别喜欢这种风格。

帕拉第奥主义把当时仍在欧洲大部分地区流行的巴洛克式跟罗马天主教和被废黜的斯图亚特王室联系在一起。总的来说，帕拉第奥主义大胆地吸收和改造了罗马帝国时期的建筑风格，使之适应 18 世纪的社会需要。它借用了罗马公共建筑的纹样，并加以改造后用于教堂及其他公共建筑和私人住宅。

四、瓦尔特·格罗皮乌斯

1. 生平简介

瓦尔特·格罗皮乌斯（Walter Gropius，1883～1969 年，图 5-12）生于德国柏林，是德国现代建筑师和建筑教育家，现代主义建筑学派的倡导人和奠基人之一，公立包豪斯学校的创办人。

图 5-12　瓦尔特·格罗皮乌斯

格罗皮乌斯是德裔美国建筑师，1903～1907 年就读于慕尼黑工学院和柏林夏洛滕堡工学院。1907～1910 年在柏林建筑师 P. 贝伦斯的建筑事务所任职。1910～1914 年自己开业，同 A·迈耶合作设计了他的两座成名作：法古斯鞋楦厂和 1914 年在科隆展览会展出的示范工厂、办公楼。1915 年开始在魏玛实用美术学校任教，1919 年任校长，将魏玛实用美术学校和魏玛美术学院合并成为专门培养建筑和工业日用品设计人才的学校，即公立包豪斯学校。

1934 年离德赴英开业。1937 年到美国定居，任哈佛大学建筑系教授、主任。1952 年起任荣誉教授，参与创办该校的设计研究院。

格罗皮乌斯在美国广泛传播包豪斯的教育观点、教学方法和现代主义建筑学派理论，促进了美国现代建筑的发展。

第二次世界大战后，他的建筑理论和实践为世界各国建筑学界所推崇。20 世纪 50～60 年代，他获得英国、美国、澳大利亚、联邦德国、巴西等国建筑师组织、学术团体和大学授予的荣誉奖、荣誉会员称号和荣誉学位。

2. 建筑理念

格罗皮乌斯积极提倡建筑设计与工艺的统一，艺术与技术的结合，讲究功能、技术和经济效益。这些观点首先体现在法古斯鞋楦厂和 1914 年科隆展览会展出的办公楼中。两幢建筑均为框架结构，外墙与支柱脱开，做成大片、连续、轻质的幕墙。这些做法在后来的现代建筑中，特别是在百货商店和疗养院之类的公共建筑中广为应用。

格罗皮乌斯对建筑功能的重视还表现为按空间的用途、性质、相互关系来合理组织和布局，按人的生理要求、人体尺度来确定空间的最小极限等。这些观点充分体现在包豪斯校舍、剑桥伊姆品登学院、哈佛大学研究生中心及西柏林汉莎区的高层公寓等。

格罗皮乌斯力主用机械化大量生产建筑构件和预制装配的建筑方法。他认为只有这样才能进行大规模的建筑并降低造价。他还提出一整套关于房屋设计标准化和预制装配的理论和办法。

格罗皮乌斯参加发起组织现代建筑协会，传播现代主义建筑理论，对现代建筑理论的发展起到一定作用。

3. 代表作品

包豪斯校舍（图 5-13）。格罗皮乌斯在他设计的包豪斯校舍的实验工厂中更充分地运用玻璃幕墙。这座四层厂房，二、三、四层有三面是全玻璃幕墙，成为后来多层和高层建筑采用全玻璃幕墙的先声。欧洲传统建筑大多室内幽暗，阳光很少，而格罗皮乌斯设计的房屋有较大的窗户、有阳台。在总体布局上，为了保证阳光照明和通风，摒弃了传统的周边式布局，提倡行列式布局，并提出在一定的建筑密度要求下，按房屋高度来决定它们之间的合理间距，以保证有充分的日照和房屋之间的绿化空间。这些观点在德国西门子城住宅区、美国匹兹堡的铝城住宅区中得到充分体现。

图 5-13 包豪斯校舍平面图

五、勒·柯布西耶

1. 生平简介

柯布西耶（图 5-14）是 20 世纪最著名的建筑大师、城市规划家和作家，是现代建筑运动的激进分子和主将，被称为“现代建筑的旗手”。他和瓦尔特·格罗皮乌斯、路德维希·密斯·凡德罗、赖特并称为“现代建筑派或国际形式建筑派的主要代表”。

图 5-14 勒·柯布西耶

柯布西耶出生于瑞士一个以制表而闻名于世的山间小镇，钟表工人家庭。毕业于当地的美术中专学校。1907 年年初，柯布西耶开始了最初的意大利旅行，目的是去看欧洲的一些杰出的建筑与艺术。旅途中柯布西耶绘制了许多精美的速写与水彩画，同时拜访了嘎涅、贝瑞及霍夫曼。1908～1909 年他在法国建筑师贝瑞的事务所工作。1910 年勒·柯布西耶结束旅行回到母校，并受学校之托再次出行到柏林研究德国装饰艺术。在德国接触到德意志制造联盟，并接触到彼得·贝伦斯、格罗皮乌斯及密斯·凡德罗。1911 年，柯布西耶再次到中欧和东方旅行，并于年底回到母校——拉香·德·芳艺术学校。1913 年，柯布西耶在拉香·德·芳艺术学校开办了自己的事务所。1917 年定居巴黎，同时从事绘画和雕刻工作，与新派立体主义的画家奥占芳（Ozenfant）及其他一些诗人、画家、雕刻家等共同出版了《新精神》杂志。柯布西耶在《新精神》杂志上连续发表论文，提倡建筑的革新，走平民化、工业化、功能化的道路，提倡相应的新的建筑美学。后来他把这些论文汇集为《走向新建筑》，成为现代主义建筑的经典论著。1928 年，柯布西耶同格罗皮乌斯、密斯·凡德罗、阿尔托等组织国际现代建筑协会（CIAM），组织该协会目的是反抗学院派的势力，讨论科学对建筑的影响、城市规划，以及培训青年一代等，为现代建筑确定方向。他多次参加世界各国的建筑设计竞赛，并多次获得荣誉学位。1965 年 8 月 27 日，柯布西耶在 Cap Martin 海湾游泳时因心脏病发作而与世长辞。

2. 建筑思想

柯布西耶的建筑思想可分为两个阶段：20 世纪 50 年代以前是合理主义、功能主义和国家样式的主要领袖，以 1929 年的萨伏伊别墅和 1945 年的马赛公寓为代表，许多建筑结构承重墙被钢筋水泥取代，而且建筑往往腾空于地面之上。20 世纪 50 年代以后柯布西耶转向表现主义、后现代主义，朗香小教堂以其富有表现力的雕塑感和它独特的形式使建筑界为之震惊，完全背离了早期古典的语汇，这是现代人所建造的最令人难忘的建筑之一。在家具设计中，柯布西耶则以豪华而舒适的钢管构架躺椅著称于世，几乎成为20世纪20年代优雅生活的象征。

1）提出“住宅是居住的机器”理论

柯布西耶是机械美学理论的奠基人，强调机械的美，高度赞扬飞机、汽车和轮船等新科技结晶，认为这些产品的外形设计不受任何传统式样的约束，完全是按照新的功能要求而设计成的，它们只受到经济因素的约束，因而，更加具有合理性。他认为，“住宅是供人居住的机器，书是供人们阅读的机器”，鼓吹以工业的方法大规模地建造房屋。在具体设计上，柯布西耶强调以数学计算和几何计算为设计的出发点，一方面使建筑具有更高的科学性和理性特征，同时也体现了技术的原则。

2）提出新建筑的五个特点

柯布西耶是现代主义建筑的主要倡导者。1926年，柯布西耶就自己的住宅设计提出著名的“新建筑五点”：①底层架空。主要层离开地面。独特支柱使一楼挑空。②屋顶花园。将花园移往视野最广、湿度最少的屋顶。③自由平面。各层墙壁位置端看空间的需求来决定即可。④横向的长窗。大面开窗，可得到良好的视野。⑤自由立面。由立面来看各个楼层像是个别存在的楼层间不互相影响。

他的革新思想和独特见解是对学院派建筑思想的有力冲击。这个时期的代表作是萨伏伊别墅、巴黎瑞士学生公寓、平台别墅。

3）创造了建筑的标准件“多米诺系统”

柯布西耶把追求合理的、明晰的空间秩序作为近代住宅的标准，早在第一次世界大战结束不久，他就创造了建筑的标准件“多米诺系统”，用钢筋混凝土柱承重，取代了承重墙结构 。建筑师可以随意划分室内空间，设计出室内空间连通流动、室内外空间交融的建筑作品。这种自由的平面立体组构方案，成为划时代的里程碑。

它的价值在于，可以使空间获得最大限度的自由，使墙从以往的支撑重力获得解放。这可以说是现代建筑与传统建筑的分水岭。柯布西耶从个人住宅到集合住宅，以后发展到“为了300百万人的现代都市”计划，都遵循一个统一的概念，即所有局部都服从于几何学的简洁的秩序，让人们生活在充满绿和光的上品空间中。

3. 代表作品

萨伏伊别墅（图5-15）位于巴黎近郊的普瓦西，1930年建成，是柯布西耶提出的新建筑五个特点的具体体现，现代主义建筑的经典作品之一。萨伏伊别墅采用了钢筋混凝土框架结构，平面和空间布局自由，空间相互穿插，内外彼此贯通。别墅轮廓简单，像一个白色的方盒子被细柱支起。水平长窗平阔舒展，外墙光洁，无任何装饰，但光影变化丰富。别墅外形简单，但内部空间复杂，如同一个内部精巧镂空的几何体，又好像一架复杂的机器。

朗香教堂（图5-16）代表了柯布西耶创作风格的转变，并对西方“现代建筑”的发展产生了重大的影响。朗香教堂坐落在法国东部毗邻瑞士边界附近的一座小山顶上，它突破了几千年来天主教堂的所有形制，超常变形、怪诞神秘。朗香教堂的屋顶东南高西北低，显出东南转角挺拔奔昂的气势，这个坡度像一个很大的屋顶且有收集雨水的功能。教堂的三个竖塔上开有侧高窗。它以一种奇特的歪曲的造型隐喻超常的精神。教堂南面的墙被称为“光墙”，墙体很厚，上面留有一些不规则的空洞，室外开口小，而室内开口大，比例奇特，靠外墙的部分装上教堂里常用的彩色玻璃，同时，墙体和屋顶的连接留有一定的间隙，它的三个弧形塔把屋顶的自然光引入室内，这些做法使室内产生非常奇特的光线效果，从而产生了一种神秘感。教堂要求简单，造价不高，是一个表意性建筑。

图 5-15 萨伏伊别墅

图 5-16 朗香教堂

六、路德维希·密斯·凡德罗

1. 生平简介

路德维希·密斯·凡德罗（1886～1969 年，图 5-17），德国人，20 世纪中期世界上最著名的四位现代建筑大师之一，与赖特、柯布西耶、格罗皮乌斯齐名。

图 5-17 路德维希·密斯·凡德罗

密斯生于德国亚琛，过世于美国芝加哥。青年时，他在父亲的雕塑店里工作，后来搬到柏林加入了 Bruno Paul 的工作室。1908～1911 年，密斯在彼得·贝伦斯事务所工作。彼得·贝伦斯事务所的工作环境影响了他对那个年代设计理论与德国文化是否能够结合的一些看法。1912～1914 年，作为独立的建筑师进行设计，为德国上流阶级设计传统德国建筑与室内设计。密斯于 1937 年第一次游历美国，1944 年入美国籍，1938～1958 年任芝加哥阿莫尔理工学院（后改名伊利诺伊理工学院）建筑系主任。1959 年，他获英国皇家建筑师学会金质奖章，1960 年，他获美国建筑师学会金质奖章。1963 年，他获约翰逊总统授予的自由奖章。

2. 建筑理念

密斯建立了一种当代大众化的建筑学标准，他的建筑
理念已扬名全世界，被誉为“钢铁和玻璃建筑结构之父”。密斯提出的“少就是多”的理念集中反映了他的建筑观点和艺术特色，也影响了全世界。“少”不是空白而是精简，“多”不是拥挤而是完美。密斯的建筑艺术依赖于结构，但不受结构限制，它从结构中产生，反过来又要求精心制作结构。巴塞罗那世界博览会德国馆是这样一个例子，在这件德国用来参加1929年世界博览会的展品中，你绝对见不到任何一件附加于建筑之上的多余的东西，没有杂乱的装饰，没有无中生有的变化，没有奇形怪状的摆设品，有的只是轻灵通透的建筑本身和它里外连续流通的空间。

在20世纪以前，在西方建筑的各种形式中，繁多的装饰件、庞大的结构体是其统一象征。只有当新的结构技术和新材料大量使用时，建筑才会产生根本性的变革。20世纪，当钢铁和玻璃广泛应用于建筑之前，一批如密斯这样的思想先进的建筑师走在了运动的前列。“少就是多”就是居于这样一种环境而产生的。在密斯的建筑中包括从室内装饰到家具，都要精简到不能再改动的地步。后来20世纪风靡世界的“玻璃盒子”源于密斯的理念，以及其终其一生对于玻璃与钢在建筑中使用的研究。

3. 代表作品

德国柏林新国家美术馆（图5-18）于1968年落成，该美术馆本身是一件钢与玻璃的雕塑。美术馆为两层的正方形建筑，一层在地面，一层在地下。地面上的展览大厅四周都是玻璃墙，上面是钢的平屋顶。井字形屋架由8.4米高的八根十字形截面钢柱支撑着；柱子不是放在回廊的四个角上，而是放在四个边上，柱子与屋面的接头处，按力学的要求，把它精简到只有一个小圆球。建筑物四周全是大面积的玻璃围墙，大厅内部只用活动隔断布置一些流动性的展览。这座美术馆在密斯逝世后才完工，是他毕生探索的钢与玻璃的纯净建筑艺术风格的绝唱，有人称它是钢与玻璃的现代“帕特农神庙”。

图5-18 柏林新国家美术馆

七、阿尔瓦·阿尔托

1. 生平简介

阿尔瓦·阿尔托（Alvar Aalto，1898～1976年，图5-19）是芬兰现代建筑

师，人情化建筑理论的倡导者，同时也是一位设计大师及艺术家。

图 5-19 阿尔瓦·阿尔托

阿尔托于 1898 年 2 月 3 日出生于芬兰的库奥尔塔内小镇，1921 年毕业于赫尔辛基工业专科学校建筑学专业。1923 年起，他先后在芬兰的于韦斯屈莱市和土尔库市开设建筑事务所。大约在 1924 年，他运用“新古典主义”的设计风格，为学校设计了几家咖啡馆和学生中心，并为学生设计成套的寝室家具。同年，他与设计师阿诺·玛赛奥（1894～1949 年）结婚，共同进行了长达 5 年的木材弯曲实验，而这项研究导致了阿尔瓦·阿尔托 20 世纪 30 年代革命性设计——悬臂木椅的产生。

阿尔托于 1928 年参加国际现代建筑协会。1929 年，按照新兴的功能主义建筑思想，阿尔托同他人合作设计了为纪念土尔库建城 700 周年而举办的展览会的建筑。他抛弃传统风格的一切装饰，使现代主义建筑首次出现在芬兰，推动了芬兰现代建筑的发展。第二次世界大战后的前 10 年，阿尔托主要从事祖国的恢复和建设工作，为拉普兰省省会制定区域规划（1950～1957 年）。

1931～1932 年，阿尔托设计了芬兰帕伊米奥结核病疗养院，他最初设计的现代化家具也在那里亮相，这是阿尔托的家具设计走向世界的很大突破。1935 年阿尔托夫妇与朋友一起创建了 Artek 公司，专为阿尔托设计的家具、灯饰及纺织品做海外推广工作。

阿尔托于 1940 年任美国麻省理工学院客座教授，1947 年获美国普林斯顿大学名誉美术博士学位，1955 年当选芬兰科学院院士，1957 年获英国皇家建筑师学会金质奖章，1963 年获美国建筑师学会金质奖章，1976 年 5 月 11 日逝于赫尔辛基。

2. 建筑理念

阿尔托主要的创作思想是探索人情化和民族化的现代建筑道路。他认为，建筑师的宗旨就是要为人们创造舒适的环境，必须为人的生活服务，必须要适应人们的精神要求，这是一种人道主义的原则。阿尔托的创作范围广泛，从民用建筑到工业建筑，从室内装修到家具、灯具及日用工艺品的设计，从区域规划、城市规划到市政中心设计，无所不包。在所有他的创作和设计作品中，都体现了“人情化”的建筑理念。

阿尔托成长与活跃的年代正是现代主义运动盛行之时，阿尔托能够紧随现代主义运动的步伐又能融合芬兰建筑文化的渊源形成独特的建筑创作风格。在阿尔托的建筑中，可以清楚地看到芬兰民族的特质。芬兰地处北欧，盛产木材，铜产量居欧洲首位。在设计中，阿尔托选用大量木材，让建筑与芬兰周边环境融合为一体。在遍布冷漠感的现代建筑中，讲到温情，谈到诗意，人们常常会想起阿尔托的作品。在阿尔托的建筑中，木材作为材料，具有象征性的重要意义，与理性主义的钢和混凝土建筑相比，阿尔托的建筑强调亲近自然的无形价值。

3. 代表作品

阿尔托的代表建筑有他在土尔库的家（被认为是斯堪的纳维亚地区首座现代主义建筑，1927 年）、维堡卫普里图书馆（1927～1935 年）、帕伊米奥结核病疗养院（1929～1933 年，图 5-20），以及为 1939 年纽约世界商业博览会设计的芬兰馆、珊纳特赛罗市政中心。

帕伊米奥结核病疗养院的设计无论是总体环境的构思、单体建筑的设计，还是装修和家具，都充分考虑了功能和审美上的需求。每个病室都有良好的光线、通风、视野和安静的休养气氛。北欧盛产的木材和红砖给人以温馨的感觉。大尺寸的顶部圆筒形照明孔，一方面是能够引入日光的天窗，另一方面是黑夜时的人造光源。把日光与人造光源归于同一顶部来源，在心理上造成太阳未落的感觉。这种设计，迄今还在当地广泛应用。

在珊纳特赛罗市政中心（图 5-21）的设计中，阿尔托巧妙地根据坡地地形，精心设计了一组小体量建筑和动人的流线。他将市政厅安排在高处，其南翼在其他建筑群体的层层簇拥中缓缓浮出。在材料的使用上具有民族和地域特点：使用红砖、木材、黄铜等。整个小镇掩映在白桦林中，间或点缀着小块的草坪，体现出建筑、环境、人三者相和谐的天人合一之美。

图 5-20 帕伊米奥结核病疗养院

图 5-21 珊纳特赛罗市政中心

八、贝聿铭

1. 生平简介

贝聿铭（1917～ ），美籍华人建筑师，同济大学名誉教授，1917 年 4 月生于中国广州。他的祖辈是苏州望族，他在风景如画的苏州度过了童年的一段时光。10 岁随父亲来到上海读中学。1935 年远赴美国留学，进入宾夕法尼亚大学攻读建筑系，后来转学到麻省理工学院，1939 年以优异的成绩毕业，还得了美国建筑师协会的奖项。1944 年他进入著名高等学府哈佛大学攻读硕士学位。

1945 年学成，留校受聘为设计研究所助理教授。

1948 年，贝聿铭受聘为纽约市房地产开发商威廉·柴根道夫创办的韦伯纳普建筑公司的建筑研究部主任，12 年中，贝聿铭为柴根道夫的房地产公司完成了许多商业及住宅群的设计，也做过不少社会改建计划。其间，贝聿铭还为母校麻省理工学院设计了科学大楼，为纽约大学设计了两栋教职员工住宅大厦。这一切，使贝聿铭在美国建筑界初露头角。1960 年贝聿铭离开柴根道夫的房地产公司，自立门户，成立了自己的建筑公司。贝聿铭所获重要奖项包括 1979 年美国建筑学会金奖，1981 年法国建筑学金奖，1989 年日本帝赏奖，1983 年第五届普利兹克奖及年里根总统颁予的自由奖章等。1990 年退休。

2. 建筑风格

贝聿铭属于实践型建筑师，设计了大量的划时代建筑，作品很多，论著则较少，他的工作对建筑理论的影响基本局限于其作品本身。建筑界人士普遍认为贝聿铭的建筑设计有三个特色：一是建筑造型与所处环境自然融合；二是空间处理独具匠心；三是建筑材料考究和建筑内部设计精巧。

3. 代表作品

（1）肯尼迪图书馆。1964 年为纪念美国已故总统约翰·肯尼迪，决定在波士顿港口建造一座永久性建筑物——约翰·肯尼迪图书馆（图 5-22）。这座建造了 15 年之久于 1979 年落成的图书馆，由于设计新颖、造型大胆、技术高超，在美国建筑界引起轰动，公认是美国建筑史上最佳杰作之一。美国建筑界宣布 1979 年是“贝聿铭年”，授予他该年度的美国建筑学院金质奖章。

肯尼迪图书馆是一座倚海矗立、黑白分明的现代化建筑，是一套几何图形的组合，一个圆台形体，一个似长方形、似三角形的竖体，一个横长条体。建筑主体上有一块大面积突出的黑色玻璃幕墙，镶嵌在全白建筑正面上，整座建筑造型独特简洁、反差分明。

（2）美秀美术馆是日本人小山美子为藏品所建，贝聿铭设计（图 5-23）。最初的构思来自中国东晋田园诗人陶渊明的散文《桃花源记》。美秀美术馆别具一格，它远离都市，建在一座山头上，如果从远处眺望的话，露在地面部分屋顶与群峰的曲线相接，好像群山律动中的一波。它隐蔽在万绿丛中，和自然之间保持应有的和谐。最特别的是建筑的 80%都埋藏在地下，整个建筑由地上一层和地下两层构成，入口在一层，进正门之后仰首看去，天窗错综复杂的多面多角度的组合，成为游客对这个美术馆的重要记忆。美术馆由巨大的北馆和南馆构成，南馆专门展示世界古代美术品，北馆主要以日本美术为中心，有时也举办企划与特别展览。

图 5-22　约翰·肯尼迪图书馆

图 5-23　美秀美术馆

复习思考题

1.《营造法式》的主要内容和历史地位分别是什么？
2. 梁思成的建筑精神有哪些？
3. 勒·柯布西耶提出新建筑的五个特点是什么？
4. 谈谈如何学习建筑家们的创造精神？

扩展阅读

1. 梁思成．梁思成全集．北京：中国建筑工业出版社，2001.
2. 刘敦桢．刘敦桢全集．北京：中国建筑工业出版社，2007.
3. 罗兰·哈根伯格．职业建筑家：20 位日本建筑家侧访．王增荣译．北京：清华大学出版社，2010.
4. 安藤忠雄．建筑家安藤忠雄．龙国英译．北京：中信出版社，2011.
5. 东京大学工学部建筑学科安藤忠雄研究室．建筑家的 20 岁年代．谢宗哲，黄曦颖译．东京：田园城市文化事业有限公司，2011.
6. 杨水生．中国四代建筑师．北京：中国建筑工业出版社，2002.
7. 曾昭奋，张在元．当代中国建筑师．第一卷．天津：天津科学技术出版社，1988.
8. 曾昭奋，张在元．当代中国建筑师．第二卷．天津：天津科学技术出版社，1990.
9. 国外建筑大师力作书系：大师的色彩．北京：知识产权出版社，2003.
10.《建筑师》编辑部．国外建筑大师思想肖像（上）（下）．北京：中国建筑工业出版社，2008.

第六章　中西著名建筑掇英

第一节　城 市 建 筑

一、丽江古城

（一）简介

丽江古城海拔 2400 米，坐落在玉龙雪山下一块高原台地上，始建于 12 世纪末至 13 世纪中叶的宋末元初，有纳西、汉、白、彝、藏等十多个民族居住在这里，总面积 3.8 平方公里。旧时的“土司衙署”设于城南，周围建有宫室苑囿。官府衙门设在城东，现存文明坊、文庙、武庙。城北是以四方街为中心的商业区，呈经络状的四条干道向四周延伸，临街均设商业铺面。

“城依水存，水随城在”是丽江古城的一大特色。古城水源主要是城北的黑龙潭，潭水由北向南蜿蜒而下，到双石桥处分成东、中、西三条分流，各支流再分成无数细流，入墙绕户，穿场走苑，因而形成了小巷临水、主街傍河、跨水筑楼的景象。水网之上，造型各异的石桥、木桥多达 354 座，使古城的桥梁密度居全国之首。丽江民居极富民族特色，平面布局呈现出三坊一照壁、四合五天井、前后院、一进多院等多种形式。房屋以两层居多，也有三层，就地势而建筑，美观且实用。古城主要居民为纳西族，拥有闻名遐迩的东巴文化、纳西古乐、白沙壁画等悠久厚重的传统文化。

作为中国历史文化名城，丽江古城集中体现了纳西族独特的地方历史文化、人居环境和民族民俗风情。其博大精深的文化内蕴，为研究城市建筑史、民族发展史等提供了宝贵的资料。它不仅是中国，而且也是全人类珍贵的文化遗产。

（二）丽江古城建筑艺术

丽江古城建筑，因为集中体现了纳西族文化的精华，并完整地保留了自宋元以来形成的历史风貌，被国务院列为国家级历史文化名城，被联合国教育、科技及文化组织（简称联合国教科文组织）列为世界文化遗产。

1. 古城形胜

观赏丽江古城建筑的艺术：①可以登高临胜，可以看古城形势，古城巧妙地利用了地形，依势而建，古城背西北而面东南，西有狮子山，北有象山、金虹山；②临河就水，把玉河水引入城中，古城建筑充分利用河水之便，使古城洁净而充满生机；③走街入巷，可以欣赏民居建筑艺术，古城建筑构造简洁、粗犷，大部分是古朴的院落民居，而庭院布置和房屋细部装饰丰富而细腻，居民喜植四时花木，表现人与自然的和谐共处；④入市过桥，可以一览古城建筑布局。道路、水系组织、民居、集市聚散合理，显得布局自由灵活，不拘一格，配置得当，再加上石桥、木桥、石板路、泉井等建筑，花鸟虫鱼、琴棋书画等民俗民风等，使古城生发出无穷意趣，建筑艺术也蕴涵丰富而独具的魅力。

2. 古城水系

水是古城的灵魂，也是古城建筑艺术的一个重要元素。古城的纳西先民很早就知道用水来筑城，利用水来规划城的道理。他们在古城入口处的玉龙桥下，把自北向南流经此处的玉河水三孔分渠，一水为三，依流向和位置分为东河、中河和西河三条水系。东河是一条人工河，清代丽江改土归流，流官入主古城东区，在玉龙桥处开挖一条东河，把中河水分流东引。东河沿新义街入城，在小石桥处又一分为二，东流出城，沿岸又带出了五一街、崇仁巷、文华巷。中河是古城的自然水系，它沿东大街入城，经密士巷和七一街，最终过南门桥出城。其流向是自北而东南，穿过整个古城，把古城自然分为东、西两个城区。西河也是一条人工河，元代纳西族首领阿良阿胡率族入主古城西区，在玉龙桥处开挖一条西河，把中河水分流引入。西河沿新华街入城，经四方街、光义街，在木府的东、南、西三面环流，形如护城河一般。然后由此再一分为二，南流出城，沿岸带出兴文巷和新院巷、忠义巷。由此可见，了解古城水系是认识古城建筑艺术的关键，古城建筑因为水系分流而有了规律可循，古城的基本轮廓也就清晰了。

3. 古城街巷

“顺水依山”是丽江古城街巷建筑的规律。也是认识和观赏丽江古城的建筑艺术的方法。丽江古城建筑艺术的第一个特点是沿河建筑。从大石桥南下，顺流沿河左走，我们会发现古城主干道——七一街的走势，与中河流向同步，构成了一条土木瓦房的建筑长廊，这是古城建筑布局的基本格式。依山建筑，是古城建筑艺术的第二个特点。出四方街向西走，沿新华街黄山下段拾级而上，古城盘桓于狮子山间，沿街建筑层层叠叠，街巷依山势起伏而不断变化。有的附势竟上，有的则居高临下，逛古城好像爬山，上一层，景则一层，道转坡斜，房屋错落。古城建筑艺术的第三个特点是临街建筑。四方街往东南走，进关义街和七一街，临街两排建筑都是低矮的平房，俗称“地楼”。近看可以发现，上层临街的一面是店铺，从街上看是平房，转到背面的水上看，临河的一面又变成了楼。现文巷过去曾是商人集聚之地，一度被称为丽江的“小上海”，临街一面是全木吊厦建筑，细心观察会发现楼外的壁板上多了一部厦子，这是明清古巷建筑风格。

4. 古城民居

漫步丽江街头巷尾，一座座有“重点保护民居”门牌的宅院都是观赏古城建筑艺术的最好对象，也是丽江古城建筑艺术的精华。纳西族民居由住宅和院落两部分组成，这种民居受汉、白等民族的影响，形成了三坊一照壁、四合五天井的传统民居形式，院落式民居妙在功能齐全，较好地适应了生活的需要。古城民居以土木结构为主，瓦屋楼房，木梁承重。从外面看，墙基为石头砌成，中段护墙用土基或砖冲垒，成为土坯墙、土冲墙，上段再加以木板。纳西人民喜欢运用卵石、碎石、瓦片镶嵌院落。进入院内，我们会发现地面上有各种花纹图案，传统的宅院地面被瓦片镶嵌成四周为蝙蝠，中间是“寿”字的吉祥图案，俗称“四蝠闹寿”。走入正房，在宽敞的檐廊下四扇或六扇精美的雕花木格门，俗称“四季博古”，以一年四季变化为序，从左至右，雕有“雄鸡葵花，松鹤同春；鹭鸶踩莲，锦鸡牡丹；鹰立菊丛；喜鹊争梅，孔雀玉兰”等内容，内涵丰富，雕刻精致。家中流水，同样让人惊叹不已，主人筑沟引水，溪流穿堂过屋，泉水淙淙，这是民居的寻常之景。

5. 古城桥梁

丽江古城桥梁密布，约 4 平方公里的城区内，就架设有大小桥梁 76 座，它们形状各异，共同构成了古城建筑艺术的一道风景线。古城看桥，因水系不同，各有特色。中河为最大水系，把古城一分为二，东西两城区的联系和交往，都要跨越中河，所以中河上的桥以坚固厚实为特色，河长桥多，河宽桥大，大部分是石拱桥，如万子桥、大石桥、南门桥、百岁桥等名桥大多集中在中河。东河和西河是明朝以后开挖的河道，水浅河窄，所以河上的桥多以实用简便为特色，石板桥、木板桥居多，在新华街、新义街和光义街一段河面上，自成风景。大石桥建于中河之上，为明代建筑，因桥下河水能看玉龙雪山的倒影，又称“映雪桥”。该桥桥长 10 余米，宽近 4 米，是双孔石拱桥，拱圈用板岩石支砌，桥面用传统的五花石铺砌而成，坡度平缓，便于两岸车马往来。大石桥位于城中心，为古城众桥之首，负载了几百年古城的市井交流，商旅往来。卖鸭蛋桥和卖鸡豌豆桥位于四方街西河上，纳西族人喜吃腌鸭蛋，四方街西河南面，曾是鸭蛋互市之地，卖鸭蛋桥因此而得名。丽江特产鸡豌豆，磨成凉豆粉，是古城人喜爱的美食，在四方街也是随处可尝，卖鸡豌豆桥也因此得名。两桥紧邻四方街，一南一北，均为单孔石拱桥，具有浓浓的集市风味。

6. 古城市井

丽江古城市井分为集市和街市两类，它们是古城建筑艺术的重要组成部分。

四方街是古城集市的代表，位于古城的中心，四方街形状很有特点，据说纳西族木氏土司让人仿照其印章，用五花石铺就了一个呈正方形约 400 平方米的露天集市广场，取意权镇四方。与四方街相连的四条街巷呈辐射状由此向外四面延伸，而每条主街又有数条支巷呈放射状再向四周辐射，因此形成了以四方街为中心，四周店铺客栈环绕，沿街逐层外延的开放而又缜密的建筑格局，古老的集市就这样孕育了城市最初的形状。

（三）丽江古城的文化内涵

1997 年 12 月，丽江古城被列入世界文化遗产名录。丽江古城流动的城市空间、充满生命力的水系、风格统一的建筑群体、尺度适宜的居住建筑、亲切宜人的空间环境及独具风格的民族艺术内容等，使其有别于中国其他历史文化名城。古城的建设崇自然、求实效、尚率直、善兼容的可贵特质更体现特定历史条件下的城镇建筑中所特有的人类创造精神和进步意义。

丽江古城历史悠久、古朴自然，兼有水乡之容、山城之貌。作为中国历史文化名城，丽江古城从城市总体布局到工程建筑均融汉、白、彝、藏各民族精华，又集中体现了纳西族独特的地方历史文化、人居环境和民族民俗风情。其博大精深的文化内蕴，为研究城市建筑史、民族发展史等提供了宝贵的资料。它不仅是中国的，而且也是全人类珍贵的文化遗产。

二、澳门历史城区

（一）简介

澳门历史城区（图 6-1）是中国境内现存年代最远、规模最大、保存最集中和完整，以西式建筑为主、中西式建筑相辉映的历史城区。四百多年中西文化交流的历史精髓都完整地保存在这里，是西方宗教文化在中国和远东地区传播的历史见证，更是四百多年中西文化交流互补、多元共存的结晶。

图 6-1　澳门历史城区

四百多年间，在这块城区内，来自葡萄牙、西班牙、荷兰等不同地方的人，带着不同的文化思想、不同的风俗习惯，展开多姿多彩的生活，包括各类文化活动。他们在澳门历史城区内盖房子、建教堂、修马路、筑炮台以至辟建坟场。在这种机遇下，澳门得风气之先，成为中国境内接触近代西方器物与文化最早、最多、最重要的地方，是当时中国接触西方文化的桥头堡。与此同时，居住在澳门的外国人，也以各种方式，向世界各国介绍在澳门见到的一切中国文化思想与生活习俗。澳门，也是一道外国人认识中国的门户。

明末清初，大量天主教传教士从事远东地区的传教工作，就以澳门为传教基地，并由此创造出中西文化交流的辉煌篇章。而作为基地的澳门，开创了许多“中国第一”的事业，如白马行医院是中国第一所西式医院、圣保禄学院是中国第一所西式大学、《蜜蜂华报》是中国第一份外文报纸、圣保禄学院附属印刷所是中国第一所以西方金属制版和印刷拉丁文字的印刷厂等。另外，澳门民间的妈祖崇拜，表现了澳门与闽粤沿海居民妈祖信仰一脉相承的关系。但是，由于社会和历史环境的特殊性，澳门的妈阁庙在中国众多的妈祖庙中又别具特色。它既有中国以至海外妈祖崇拜传播和组织的典型特征，又因澳门是近代中国与西方接触最重要的商港，使妈阁庙成为最早向欧洲传播妈祖文化的地方。

在四百多年里，中国人与葡萄牙人在澳门历史城区内合力营造了许多的生活小区。这些小区，展现了中葡两国人民不同文化、宗教以至生活习惯之间的交融与相互尊重，也展示了中、西式建筑的艺术特色。这种中葡人民共同酝酿出来的淳朴、温情、包容的小区气息，是澳门最具特色，也是最有价值之处。

（二）澳门历史城区的古建筑

1. 澳门历史城区建筑

澳门历史城区，是中国境内现存年代最远、规模最大、保存最完整和最集中的中西建筑相互辉映的历史城区，包括25处古建筑，以澳门旧城区为核心，通过相邻的广场和街道连为一体。2005年7月15日，澳门历史城区被联合国教科文组织第29届世界遗产委员会列入《世界遗产名录》，也成为中国第31处世界遗产。

(1) 仁慈堂大楼：仁慈堂修建于18世纪中叶，19世纪末根据新古典的表现方式加建立面拱廊部分。建筑整体除花岗石柱基外为砖石建筑，粉刷成白色。建筑物正立面上层为大楼之外廊，下层为宽2米的公共通道。立面墙身建在10个方形的花岗岩柱基上，柱基间则以砖券相连。在柱基上均设有一对壁柱作装饰，这种券柱式建筑手法在立面上重复使用，令大楼立面具有一种镂空的效果。女儿墙高度为12.5米，建筑物宽22米，左右分为三部分，中间部分宽22米，其顶上之三角形山花高达16米，打破了建筑物的水平感，主面上下两层各开有7个券拱，其中以中间3个较大，而券拱两侧之壁柱在形式及柱式上均有所不同，上层中央三组为爱奥尼式圆柱，两侧4个则为爱奥尼式方柱，至于下层则为科林斯柱式，中间是方柱，两侧为圆柱，并以叠柱形式出现。

（2）妈阁庙：妈阁庙位于澳门南端妈阁山西麓，是澳门现存庙宇中有实物可考的最古老的庙宇，在葡萄牙人来澳门之前就有了，始建成于五百多年前的明朝。庙前一对镇门石狮，形态逼真，神情威严。庙中有大殿、石殿、观音阁和弘仁殿，飞檐凌空，气势雄壮。庙内的一块洋船石尤为引人注意，上面雕刻着古代海船的图形。

（3）东望洋炮台（含东望洋灯塔及圣母雪地殿教堂）：东望洋炮台修建于1622年，1637年扩大增修，翌年完工，建筑占地约800平方米，炮台平面为不规则多边形，墙高约6米。立面由花岗石筑建而成，女儿墙不作雉堞式设计，在架设大炮的地方，女儿墙略有降低。东望洋灯塔建成于1864年，是中国和远东地区最古老的灯塔。炮台内的圣母雪地殿教堂约建于1622年，祀奉雪地圣母。

（4）郑家大屋：约建于1881年，是中国近代著名思想家郑观应的故居，为典型的岭南民居大屋，木雕石雕技艺精湛，是中华文明在澳门建筑上的典范。同时，又受葡式住宅及西方古典风格的影响，室内天花的处理、门楣窗楣的式样是西式的。庭院古色古香，有郑观应手植的紫荆花。

（5）大三巴牌坊：是中国最早的教堂，建于1563年，被焚毁了3次，如今只剩一面残壁，是澳门标志性建筑遗迹。教堂中西合璧，糅合了欧洲文艺复兴时期建筑与东方的建筑风格，雕刻十分精细。从牌坊顶部逐层而下，先是一个高高在上的十字架，下分三层，每层的壁龛均藏有一铜像。十字架下是一具铜鸽，旁边围有太阳、月亮及星辰的石刻，象征童贞圣母怀孕一刹那时光。铜鸽之下是一个耶稣圣婴像。像的旁边刻有用以钉死耶稣的工具。第三层的正中刻着一个童贞圣母雕像，旁边以牡丹和菊花两种花朵围绕。雕像左方还刻有“永恒之众”，一艘“葡式帆船”及“面目狰狞的魔鬼”。右方刻有代表生命之树及圣母征服魔鬼并刺穿其骷髅的图像，象征着正义战胜死亡。第三层的下面有一层壁龛，有四位耶稣会圣人雕像。牌坊的底部有三面大门，正面的大门上刻有拉丁文MATERDEI字样，意即“天主圣母”，两侧的门上刻有耶稣的记号“IHS”。

澳门历史城区的古建筑还有：岗顶剧院、圣老楞佐教堂、圣若瑟修院及教堂、亚婆井前地、议事亭前地、旧城墙遗址、东方基金会会址、基督教坟场等。

（三）澳门历史城区的建筑文化特征

澳门是一个集众多文化、宗教信仰、生活习俗于一体的城市生活空间。在400多年的历史中，这里集中体现出的是中西建筑文化的共融并存、和谐相处。生活在澳门各个社区里的人至今仍保存着各自独特的传统。这是一个集合多种不同生活习惯、思想信仰的居民生活空间：一边是供奉中国海神妈祖的妈阁庙，另一边是被一般民众认可的圣老楞佐教堂，两者相隔咫尺；葡萄牙人生活区亚婆井前地，与中国近代著名思想家郑观应的大宅相比邻；圣若瑟修院是专为培养中国修士而设的神学院；岗顶前地上有葡人“大会堂”岗顶剧院，也有中国富绅何东的旧居；议事亭前地更是澳门华洋市民欢庆集会的中心广场，其周围的三街会馆（关帝庙）、仁慈堂、玫瑰堂、营地街市、卢家大屋、主教座堂、大三巴牌坊、哪吒庙等不同风格的中西建筑，更在毗邻而居中互相影响、互相渗透、相映成趣。澳门不仅兼容了不同的宗教、信仰、文化及生活习俗，也形成了中西合璧、独树一帜的建筑风格。

世界遗产委员会对澳门历史城区的评价是“见证了西方宗教文化在中国以至远东地区的发展，也见证了向西方传播中国民间宗教的历史渊源”。“是中国现存最古老的西式建筑遗产，是东西方建筑艺术的综合体现”。

三、意大利威尼斯历史建筑

（一）威尼斯水城概观

威尼斯地区原是一片湖区，湖内罗列着诸多高出水面 1 米左右的小岛。到了 568 年，伦巴第人侵入意大利，他们强占城镇村庄，把意大利人驱逐到沿海一带。意大利人为了生存不得不在这些小岛上建起小木屋，威尼斯的历史从此开创（图 6-2）。

图 6-2　威尼斯水城

现在的威尼斯全城由 118 个小岛组成，177 条水道纵横交错，通过 400 多座桥梁把各岛连接起来，使城市构成一个整体，面积有 5.9 平方公里。

有人称威尼斯是西方建筑艺术的博物馆，其建筑风格有文艺复兴式、巴洛克式、哥特式等，是一座大型的建筑文化宝库。从水中看，那一座座教堂和楼宇沿水道两岸比肩而立，它们都由巨石筑起，门阔窗高，门面有立柱，顶上有花檐，许多建筑上都雕刻着花纹或图案，精巧如细腻的水波纹。就像从水中长出来一样，这些气势雄伟的亭台楼阁站满两岸。座座建筑都风格鲜明，从古老的拜占庭式到15世纪以后的文艺复兴式、哥特式、巴洛克式，一应俱全，透出每个时代的美感。

哥特式风格（13～15世纪中叶），威尼斯最多的府邸大多都属于哥特式风格，通常它们都有着华丽气派的装饰，长廊窗上的四叶和三叶窗尖顶图案是此种建筑物最大的特征。其中最闻名的要数总督府，花窗均用高级大理石砌成。

文艺复兴式风格（15～16世纪），文艺复兴建筑在欧洲是一种极普遍的建筑风格，主要是古典风格为基调，立面左右对称，强调比例和谐的对称之美。

巴洛克式风格（17世纪），是借助自然界中的花草、恶魔和天使等图案来装饰建筑，复杂的装饰布满于柱头门楣，非常华丽，不留半处空白，令人目不暇接。

文化名城威尼斯有历史名胜450多处，其中有钟楼、教堂各120座，修道院64所，还有许多博物馆、宫殿、剧院和艺术馆等，每一处名胜古迹甚至民宅都充满建筑艺术气息。著名作家莎士比亚在此创作了文学巨著《威尼斯商人》。在威尼斯，不论是在水巷乘贡多拉，还是在运河乘现代交通艇，感受两岸水中的建筑，就像一幅幅精妙的图画，从眼前徐徐闪过，回荡着千余年悠远的绝响，伴随着岁月的深厚感与历史的沉重感，在审美的愉悦和震撼中，会使每个亲临此境的游客不由自主地发出声声赞叹。威尼斯建筑简直就是一座立体的博物馆，人们没法用金钱来衡量它的欣赏价值及历史价值。

（二）威尼斯建筑类型学浅析

在威尼斯城市中，令人感动的不是欧洲城市中常见的大教堂或皇宫那样的历史纪念碑式的建筑物，而是广场-陆地-运河-拱桥-住宅等多元素组成的有机的城市整体，特别是那些住宅群，它构成了威尼斯建筑的组织细胞，建筑与城市间存在同构关系。因此，对住宅类型变化的分析是解读威尼斯城市发展轨迹的最佳线索。

20世纪60年代，穆拉托尼先后对威尼斯72座岛进行了系统的考察，他从城市生活的角度而非历史鸟瞰的角度建立了“建筑-用地-街区形状-道路-公共空间”等分析城市组织的类型学方法，造就了影响甚广的建筑类型学派“穆拉托尼学派”，并确立了它在国际范围内的声誉和地位，极大地影响了70年代以后的城市规划和设计、城市更新、建筑史等领域的发展。

（三）水城文化

世界因水而建的城市不计其数，但是真正能闻名于世的，只有威尼斯了。威尼斯人用一种与生俱来的创造精神品质，用最美的建筑与水完美融合，营造一种永恒的艺术意境，形成了独一无二的水城文化。

威尼斯城建立在水面的礁石上，全城由一条运河贯穿统领，城内大大小小的水巷就是它的街道。建筑布局又以水展开，形成了由中央运河和两百多条小河及上千道水系分割的无数小块建筑群，各建筑群间又以各式各样的桥梁相连。而各种建筑的式样为适应水的形态作了调整，在城市的任何地方均可见令人瞩目的砖和大理石完美结合的建筑物，雅致的哥特式窗花格样式，或是其他怪诞夸张的、让人惊讶的建筑样式。建造在水面上的上万座建筑聚集了欧洲最出色的建筑师的作品，选用了欧洲各地的建筑材料和建筑技术。正是水与建筑的完美融合，缔造了这一座伟大的城市奇迹。

威尼斯的城市建筑与其自然环境相适应。在亚得利亚海上的这个小岛屿群中，根本就无法形成其他城市那种通衢大道式的规划体系，只能在水中因地制宜，创造出独特的城市发展方式和风格。这使水这种制约因素反而成了威尼斯发展的契机，蜂拥而来世界各地的建筑形制最终形成了威尼斯建筑特立的风格。威尼斯人巧妙依托自然，发挥自己的独创精神，使之跻身于世界名牌城市之列。

威尼斯古城是文化遗产的宝库，其保护文化遗产的措施及制度更是排在了世界先进的行列。威尼斯与国际社会密切合作，通过创新手段及科技手段保护文化遗产，使得威尼斯这座“如凌波的维纳斯的海天之间迷人的城市”得以延续了它的历史文脉，保持了宜人的视觉环境和独有的魅力，使其古老的文化遗存与当代人和谐共处。今日的威尼斯仍具有创新精神、时尚、前卫于传统、古典浪漫气息。通过举办各类文化艺术展，如威尼斯美术双年展、威尼斯电影节、狂欢节等活动，这座千年古城依然焕发着蓬勃的生命力。

第二节　宫　　殿

一、故宫

（一）简介

图 6-3　故宫

故宫（图 6-3）始建于 1406 年，是明、清两代的皇宫，有 24 位皇帝相继在此登基执政，又称紫禁城。故宫是世界上现存最完整的、规模最大的古代木构建筑群，建筑面积约 15 万平方米，占地 72 万平方米，拥有殿宇 9000 多间。故宫黄瓦红墙，宫阙重叠，白玉雕栏，金扉朱楹，巍峨壮观，是中国古建筑的精华。宫内现收藏珍贵历代文物和艺术品约 100 万件。

故宫周长 3400 余米，城墙高 10 米，城墙下宽 8.6 米、上宽 6.66 米。墙外是 52 米宽的护城河，长 3800 米。城上四角各有一座结构奇异、和谐美观的角楼。有四个城门，南面的正门是午门，北门为神武门，东门为东华门，西门为西华门。

故宫由前朝与内廷两大部分组成。前朝以太和殿、中和殿、保和殿三大殿为中心，东西文华、武英二殿为两翼统称“外朝”。其中太和殿又叫金銮殿，是故宫最高大的一座建筑物，面阔 11 间，深 5 间，通高 35 米，用 72 根大木柱支承梁架构成四面坡的屋面。这是国内最大的古代木构建筑，主要是皇帝举行盛大典礼的场所。三大殿之后为内廷，有乾清宫、交泰殿、坤宁宫、御花园及东西六宫。东六宫之东还有皇极殿、宁寿宫，西六宫之西还有慈宁宫等宫殿，是皇帝处理日常事务，以及他和后妃们住的地方，称为“内庭”。故宫建筑以黄琉璃瓦为顶，金碧辉煌，庄严美观。

故宫建筑在总体布局上不仅继承了前代的经验而且有进一步的发展。例如，太和殿周围用廊庑环绕，殿的两侧有斜廊，这种利用平矮而连续的回廊以衬托高大的主体建筑，造成了相当开朗而主次分明的艺术效果。这是中国古建筑常用的手法。故宫一个重要特点是：所有建筑都依着中轴线布局。主要建筑完全位于轴线上，由大清门到景山，严格地保持对称布局。这对于统一建筑群的艺术面貌起了一定作用。故宫的空间组织，由大清门到坤宁宫，中轴线上共有八个庭院。它们形式不同，纵横交替，有前序，有主体。从大清门到天安门以千步廊构成纵深的庭院作前导，而至天安门前变为横向的广场，通过空间方向的陈列和变化，以及在门前的石狮、石桥、华表等，突出天安门庄重的气象。从天安门至午门，以端门前近似方形的庭院为前导，在端门和午门之间，在狭长的庭院两侧建低而矮的廊庑，使纵长而平缓的轮廓衬托中央体形巨大和具有复杂屋顶的午门，获得了很好的对比效果。太和门前广阔的矩形庭院是前三殿的前奏。乾清门前狭长的横向庭院则给人以空间变化中一个关捩的感觉，表明外朝部分已结束而将进入另一性质的空间。在这些空间中，前三殿和后三宫两组庭院的宽度比例为 2∶1，建筑形制大体类似而体量有差别，这种处理加强了二者间的统一，同时表示它们在整个建筑群里是具有密切关系的。此外，故宫另外的许多小庭院轴线都与主轴线平行，并且与主要建筑具有密切联系，形成一个完整的艺术体系。

在形成故宫建筑群统一的艺术风格中，使用形式类似而比较简单的个体建筑和大面积相同的色彩是一个重要因素。除少数个别建筑外，单体建筑都按照高度规格化的宫式建筑做法进行建造，因而体型比较简单，屋顶形式只有几种，构件种类也不多，主要依靠有节奏的空间组合和体量差别创造出有规律的轮廓线；加之大片黄色琉璃屋顶、汉白玉台基和雕栏、红墙、红柱，以及规格化了的彩画，给全部建筑披上了金碧辉煌的色彩，获得了丰富而统一的艺术效果。此外，还利用大量的小品，如华表、石狮、铜龟、铜鹤、日晷、嘉量、御路、栏杆、影壁等，构成局部的艺术气氛。

总之，明清故宫建筑的空间组织和立体轮廓达到了统一中又有变化，反映了中国古代建筑的艺术的成就，成为世界上优秀建筑群之一。北京故宫的皇家建筑，集中地体现了中国古代建筑的特征，是保存至今规模最大、最完整的古代建筑群组。

（二）故宫建筑的文化阐释

故宫中处处体现了传统文化“天人合一”、“君权神授”、“中和”、“神人以和”等思想和意蕴。

中轴线的建筑设计是“中和”思想在故宫建筑中的具体体现。故宫南北有一条长约七公里的中轴线，从最南端的永定门开始，至景山向北的地安门。它既是故宫宫殿的中轴线，又是整个北京城的中轴线。皇帝居天地之中，能与天地相亲相和，因此皇帝理朝的三大殿和起居的三大宫均建在中轴线上，表示愿意以中和治理国家，求得自身的统治长治久安。中轴线上的主要建筑端门、午门、天安门城楼及前三大宫殿都是面阔九间、进深五间，表达了天子“九五之尊”的含义。故宫中的其他建筑高低起伏，对称平衡，左右呼应，组成有机和谐的一组建筑群。凭借中轴线的建筑手法，强化渲染封建帝王至尊无上的地位。

故宫中很多建筑取名使用了“和”字，这也是“中和”思想的体现。例如，太和殿、保和殿、中和殿，此意本于《周易·乾·彖辞传》：“保合大和，乃利贞。”“大”通“太”，“大和”即“太和”，系指天地万物都能保持其自然规律和谐地运行就能有利于天下，使天道正常地发展。“中和”出于《礼记·中庸》“致中和，天地位焉，万物育焉”，“保和”有保持太和景象的意思，即处理任何事要不偏不倚、恰到好处，保持和谐，天地万事万物均能兴旺发达。此外还有熙和门、太和门、协和门等。故宫建筑还处处体现着“天人合一”、“君权神授”的思想。故宫又称紫禁城，紫是指紫微星垣，它位于三垣星宿（太微垣、天市垣、紫微垣）中央，又称紫宫。传统的“中和”思想，还必须“神人以和”。为了表示神人以和，于是把皇帝、皇后起居的后三大宫称为“乾清宫”、“交泰殿”、“坤宁宫”。“乾”、“坤”是天地，为神灵居住处。乐是根据天的道理而作，礼是按照地的道理而制的。“致礼乐之道，举而错之天下，无难矣”（《礼记·乐记》）。统治者详审地研究礼乐的道理，用来施加于天下就没有难事了。于是在通天接地的皇帝圣人继位、节日庆贺、朝会大典的地方——太和殿东西檐下摆有乐器，一侧是玉磬，另一侧是金钟；还有笙、箫、琴、瑟、笛、篪等。它们总称为中和韶乐。

“故圣人作乐以应天，制礼以配地”①，天地相和而兴业，天人合一，神人以和而稳位。

总之，故宫在建筑上、色彩上、宫殿的名称上及乐器的摆设上都体现了封建礼制控引下的“中和”、“天人合一”、“君权神授”、“神人以和”等传统思想，使故宫建筑具有我们独特的民族风格。

二、布达拉宫

（一）简介

布达拉宫（图 6-4）坐落在中国西藏自治区拉萨市中心的红山上，是西藏著名的宫堡式建筑群，藏族建筑艺术的杰出代表，占地面积 13 万多平方米，高 110 余米，东西长 360 多米，山下海拔 3650 米。整个建筑依山修建，规模宏大，巍峨壮观，被誉为“世界屋脊上的明珠”，也是中国最著名的古代建筑之一。

图 6-4 布达拉宫

布达拉宫是西藏历代达赖喇嘛进行政治、宗教活动和居住的场所，始建于 7 世纪的吐蕃王朝松赞干布时期，当时称红山宫，是吐蕃王朝的政治中心。9 世纪，吐蕃王朝解体，吐蕃陷入长期战乱，红山宫逐渐废圮。1645 年，五世达赖喇嘛阿旺洛桑嘉措，在红山重建布达拉宫，历时三年，于 1648 年建成了以白宫为主体的建筑群。

白宫东西长约 320 米，南北宽约 200 米，是达赖喇嘛当年进行政教活动的地方。主要殿堂东大殿，坐北朝南，宽 25.8 米，长 27.8 米，达赖喇嘛坐床等重大庆典都在这里举行。殿内北侧设达赖宝座，四壁绘有宗教故事和历史人物壁画。白宫顶部，包括朝拜殿、习经修法殿、护法神殿和达赖的卧室等建筑，是达赖喇嘛的寝宫。现在寝宫的一切陈设依然如旧。为了纪念五世达赖喇嘛，并安放他的灵塔，在五世达赖喇嘛圆寂 8 年后，于 1690 年由当时执政的最高官员桑杰嘉措

① 礼记. 1996. 上海：上海古籍出版社.

主持修建红宫，于1694年竣工，它是一座宫殿、佛堂和灵塔殿三位一体的多层建筑群。整座布达拉宫雄伟、庄严又绚丽多姿。

布达拉宫的范围，除红山上的建筑群外，还包括前面的南广场和北广场、龙王潭，构成了一个巍峨的整体环境。布达拉宫在17世纪的修建和以后的扩建中，由西藏地区的优秀画师创作了数以万计题材多样、内容丰富的精美壁画，有表现历史人物历史故事的，有表现宗教神话、佛经故事的，也有表现建筑、民俗、体育、娱乐等生活内容的。它是布达拉宫中内容丰富、价值极高的艺术品，大小殿堂、门厅、走道、回廊等处都绘有壁画。壁画技法细腻，色泽明艳，不愧是藏族绘画艺术的珍品。加上木构件上色彩对比强烈的装饰图案，都是布达拉宫建筑艺术的重要组成部分。另外，布达拉宫还收藏近万幅明清以来的大批木雕、石雕、泥塑等艺术品和卷轴画、贝叶经等历史文物及藏毯、幔帐、卡垫、华盖、经幡、玉器、陶瓷、金银器物等大批藏族传统工艺品。还有大量的经书和其他重要历史文献。它们不仅具有高度的艺术价值，而且反映了1000多年来藏汉等民族友好往来、文化交流的悠久历史。

（二）布达拉宫的艺术境界

1. 布达拉宫建筑环境特点与整体布局

布达拉宫是海拔最高的古代宫殿之一，一踏入拉萨，首先看到的就是布达拉宫，雪峰映衬，在蓝天之上，白云缥缈之间，朱壁白墙，层楼竞耸。幢幡琳琅，金碧辉煌，仿佛是超脱尘世而飘浮在空中的一座宫殿。位于拉萨城河谷盆地的红山上，方圆三百多公里，蓝天如洗，周围环绕着银光闪闪的雪山群峰，一派粗犷飘逸的高原景色。布达拉宫起建于山腰，建筑与山势融为一体，是宫殿和寺院结合化一的建筑群。

从布达拉宫的外观看，利用地形，依傍山势，强调雄伟感。建筑整体纵向布局，使其在空间上得到更深广的延伸。布达拉宫城包括四大部分：红山之上的红宫、白宫，山后的龙王潭和山阳脚下的“雪”。红宫位于整个建筑的中心和顶点，为世代达赖的灵塔殿和各类佛堂；白宫又称日光殿，合抱红宫，是达赖宫殿、大经堂及达赖的寝宫。龙王潭为布达拉宫后花园，方圆3公里，中央有湖，湖中有小岛，并建有大象房和龙王宫等。“雪”在布达拉宫脚下，安置有噶厦政府的作坊、印经所、监狱、马厩，周围是宫墙和碉堡。从“雪”通往白宫宫门有“之”字形石阶道相连，经过漫长的石阶道拾级而上，宛如攀登天梯，直至山腰，才可到达宫门入口。布达拉宫以建筑艺术体积的极致夸张和大力渲染，布局的强烈对比和互相陪衬，似乎在告诫那些匍匐在脚下的苦难众生，唯有皈依佛门，超脱尘世，才能通向天国的境地。

从整体布局看，藏传佛教宣传“三界”之说，建筑大都以自下而上的三个层次为布局结构，这种布局在西藏寺院建筑中是最具代表性的一种。这种纵向结构可分为：第一层次，下部是“欲界”的象征，这些建筑均居高临下，或近或远，均有村寨民居与寺院建筑构成群体建筑的整体系统。这些建筑主要靠“借景”来体现它的象征意义。第二层次是寺院，大都建于山阜之上，是“色界”的象征。由山脚下的村落民居到达山上阜上的寺院仿佛攀登天梯，有漫长曲折的石磴道连接。第三个层次，是寺院的顶部，大都是佛殿建筑。存放佛骨、佛塔，是“无色界”的象征。由此可见，西藏佛教建筑的整体布局处理，非常重视序列的结构逻辑和时空关系。寺院必须高于民居，主殿必须高于侧殿，佛堂必须凌驾于其顶，当人们进入空间序列时，情绪也由低至高再由高至低，格局也由小到大再由大至小，纷扰复沓而又错落有致，曲折回环且极注重把握尺度和章法。

2. 建筑的色彩设计和表现手法

西藏佛教建筑的色彩处理，有强烈的对比，用色十分大胆，突出体现了地方性和民族特点。布达拉宫建筑色彩基调是大片白墙面和从事政治活动的主体建筑红宫，形成十分强烈的对比效果，而在整个建筑中，局部小型的黄房子则在白宫和红宫之间起了过渡和呼应的作用。形似一对牛角的黑色的梯形窗框，象征着护法神祇，守护门窗洞口，借以避邪驱魔。从艺术效果看，它采用了黑色，因此扩大了碉房上小窗户的尺度感。正由于黑色的运用，立面外观显得坚实有力，和谐稳定。而闪闪发光的金顶、金饰则如火焰一般在阳光下闪耀。综观西藏建筑，把黑色直接用于外墙面，尤其是用在白墙的窗户边框上，使用得很广泛，并造成如此强烈的对比效果，说明藏式建筑用色鲜明突出，极为大胆，这即使是在全世界建筑用色领域里，也堪称是稀有之笔。

布达拉宫的建筑艺术，是数以千计的宫殿与藏传佛教寺庙相结合的建筑类型中最杰出的代表，在中国乃至世界上都是绝无仅有的例证。

（三）布达拉宫的建筑文化特征

1. 宫殿与藏传佛教寺庙文化相结合

布达拉宫，是数以千计的宫殿与藏传佛教寺庙相结合的建筑类型中最杰出的代表，在中国乃至世界上都是绝无仅有的例证。布达拉宫起初作为藏王的宫殿，五世达赖喇嘛受清顺治皇帝册封成为西藏政教首脑后，布达拉宫不仅成为政权机关所在地，也成为藏传佛教大活佛的居所，成为藏民心中的圣地。由此，布达拉宫体现出了政治与宗教文化的有机结合，也充分体现了汉藏之间的文化交流，象征了民族的团结和国家的统一。

2. 建筑与自然的完美的结合

处在世界之巅的布达拉宫被称为最接近蓝天白云的宫堡。它完美地整合在西藏优美独特的自然风光中。布达拉宫在其漫长的建造过程中，并没有作过图纸设计，而是分部合筑、层层套接，最终形成现有的规模。虽然没有设计图纸，但依山垒砌、群楼重叠的布达拉宫却殿宇嵯峨，气势雄伟。故有建筑学家称其“不像是人为的产物，更像是山上生长出来的建筑”。

三、凡尔赛宫

（一）宫苑沿革

凡尔赛宫（图 6-5）坐落在巴黎西南 18 公里的凡尔赛。这里原来是一片茂密的森林环绕中的小小村落，早在 1624 年，当时的国王路易十四，特别喜欢打猎，就在此修建了一座用于歇脚的红砖房子。经过“投石党事件”，他厌倦了整日喧闹、嘈杂的都市生活，于是下令在此修建了一座豪华的王宫。整个扩建工程前后用了大约 30 年。期间，动用了 36 000 名工人、6001 匹马。所有石料都是从全国各地征集来的上品，为了保证供应，民间 6 年之久不准使用石料。为了防止洪水，国王还下令削平了一座山丘，一些山林被整片移植，兴建了两条大运河。其中一条长 1070 米，宽 80 米；另一条长 1650 米，宽 62 米，引来赛纳河水。还修建了 1400 个喷泉，树立了上百个白色大理石的人物雕像，栽了上万株各种树木和 30 种花草……占地 110 万平方米，其中建筑面积 11 万平方米。整个王宫气势磅礴，布局严密协调。正宫呈东西走向，两端与南宫和北宫相接，形成对称的几何图案。宫顶摒弃了巴洛克的圆顶和法国传统的尖顶建筑风格，采用了平顶，更显得端庄雄浑。宫殿外壁上林立的大理石雕像，造型优美，栩栩如生。

图 6-5　凡尔赛宫

现在的凡尔赛宫，已是举世闻名的游览胜地，世界各国游人慕名而至，一年四季络绎不绝，参观人数多达几百万人。如今，南北宫已改为博物馆，收藏着大量珍贵的肖像画、雕刻、巨幅历史画及其他艺术珍品。除供参观外，法国总统和其他领导人也常在此会见、宴请来访的外国首脑和外交使团。

凡尔赛宫无疑是法国乃至世界建筑艺术史上的杰作。然而，它又何尝不是一部广大普通劳动人民的血泪史呢？由于它的建设更是由于王公贵族们的骄奢淫逸，把当时比较富有的法国，搞得国库空虚，不得不靠加重税收来转嫁负担。把原本就生活在水深火热之中的劳动群众，推向更加痛苦的深渊。为了生存，为了不再受奴役，劳动人民团结起来，发动了史无前例的资产阶级大革命，推翻封建王朝的统治，人民成为国家真正的主人。凡尔赛宫的辉煌，也正是千千万万劳动者血汗和智慧的结晶。

（二）精巧布局

凡尔赛宫的外观宏伟、壮观，内部陈设和装潢更富于艺术魅力。五百多间大小厅房，处处金碧辉煌、豪华非凡。其中最具代表性的应首推镜廊了。

镜廊建在国王和王后房间之间的阳台上，是王室成员去小教堂的通道。但它的主要功能是用于举办大型晚会和接见重要的外国使团。每年举行晚会时，摇曳的烛光、杯盏的银光、镜光与贵妇们浑身的珠光宝气交相辉映，把当时法国王宫生活的奢华体现得淋漓尽致。镜廊在宫殿的二层，长达 73 米，宽 10.5 米，高 12.7 米。靠花园的一边，是 17 扇巨大的拱形窗门，另一边是与拱形窗门对称的 17 面大镜子，从大窗子透进的阳光，通过镜子反射回来，整个大厅流光溢彩，从镜中可观赏花园中的景色，设计可谓独具匠心。玫瑰色和白色的大理石壁龛中有 8 座罗马皇帝半身雕像和 8 座古代天神的雕像，镜廊两旁排列着 24 把镀金的巨型火把及 20 多个水晶玻璃大吊灯更使人眼花缭乱。拱形天花板上有艺术大师画的 9 幅巨型油画和 18 幅圆形彩画，记述着历史上的一些重大事件。镜廊不仅是通往国王正殿的通道，又是宫廷举行盛大庆典和国宴的场所，如王子结婚时的盛装舞会和化装舞会，都曾在这里举行。镜廊两头分别连接着战争厅和和平厅，战争厅壁上，是十几幅描绘历史上多次激烈战争的油画，颂扬路易十四军事上的胜利和政治上的成功；和平厅则展现了战争以后一派歌舞升平的景象。

凡尔赛宫右侧是专供国王使用的餐厅、书房、休息室、浴室、娱乐宫、议事厅、警卫室等，装饰得十分豪华，到处可见精美的雕塑。最豪华的是路易十四的卧室，龙床用红、黄色图案的织锦缎帐围住，四壁都是精细的金光闪闪的人物和图案雕刻及饰品，在位 72 年的路易十四就是在这里去世的。王后在宫殿左侧也拥有十来间大小厅室，和国王的居殿呈极完美的对称结构。两宫房间除了数目一致，天花板的背景也都是同样的神话故事，唯一区别是拱壁上的画，国王寝宫采用男子形象，而王后寝宫用女子的形象。

凡尔赛宫外面的大花园整整占地几万平方米，犹如一幅壮丽动人的风景画，金秋季节更加富丽多彩。花园中建有南坛、北坛、橙园、水坛、拉多娜池坛、镜池、国王庭园、龙池、皇家林荫道等，树木花草栽种得匀称别致，气魄宏大。宫殿前是修整得很整齐的几何花坛，剪饰成圆锥形的小树散落在四周。在浓密翠绿的树丛包围下，一圈圈喷水池闪着银光。林荫路旁每隔几步就立着一座白色雕像，一些精美的铜雕倒映在湖中。

花园中心四角还建造了春、夏、秋、冬四个喷水池，池中是代表四季的栩栩如生的人物铜雕像。最引人注目的是拉多娜喷水池和阿波罗喷水池，造型别致，分布在庭园的一前一后，令不少游人驻足观赏。

（三）文化特征

凡尔赛宫是法国古典主义建筑的杰出代表。古典主义在建筑艺术上，推崇古罗马风格，崇尚理性。它认为，艺术最重要的是，形象与结构要像数学一样清晰明确，合乎逻辑。因此，凡尔赛宫充分体现古典主义建筑呈现整齐划一、有秩序、均衡、对称等特征。如严格按照纵横各分 3 段的古典式处理，正宫、南宫与北宫组成对称的几何图形，花园也是几何形的。

凡尔赛宫在外观上宏伟、壮观，而其内部陈设和装潢更富于艺术魅力。宫廷内部的金漆彩绘，白色石柱上的镶金绕银，墙壁上处处色彩逼真的壁画，拱顶的巨幅油画，各色大理石铺成的色彩斑斓的地面，无不体现出法国宫廷贵族阶级的奢华，也体现法兰西民族的特有的浪漫和艺术特征。

文艺复兴后，法国古典主义文化思潮兴起，西方古代建筑的主体由宗教建筑走宫廷和贵族的府邸。建筑不再是神教的象征，而是世俗君权的表现。那个时代的法国，在欧洲以人口最稠密、国力最兴盛著称，路易十四登基时已成为欧洲最强有力的中央集权国家，出于政治绝对的君权，也显示出文艺复兴以后浓重的、追求人间享乐的文化气象，这也充分表明受此文艺复兴的文化思潮影响，宫殿建筑在西方建筑史上开始占有主导地位。

第三节　宗教建筑

一、武当山古建筑

（一）简介

武当山（图 6-6）又称太和山，明代皇帝曾封其“大岳”、“玄岳”，位于中国湖北省丹江市西南部，主峰天柱峰海拔 1612 米。周围有 24 涧环流，72 峰拱立，灵岩奇洞幽藏其间，白云绿树交相辉映，蔚为壮观。武当山古建筑群建于唐贞观年间，包含有元、明、清三个朝代的建筑物，建筑体系形成于明代初年。在整个营建过程中指派风水家勘测选址，汇集全国能工巧匠精心施工，工部大臣亲临督工，因而使整个建筑群富具特色。武当山古建筑群历经沧桑，现存 4 座道教宫殿、2 座宫殿遗址、2 座道观及大量神祠、岩庙。在布局、规制、风格、材料和工艺等方面都保存了原状。建筑主体以宫观为核心，庵堂神祠分布于宫观附近地带，自成体系，岩庙则占峰踞险，形成“五里一庵十里宫，丹墙翠瓦望玲珑”的巨大景观。武当山古建筑群分布在以天柱峰为中心的群山之中，总体规划严密，主次分明，大小有序，布局合理。古建筑群类型多样，用材广泛，各项设计、构造、装饰、陈设，不论木构宫观、铜铸殿堂、石作岩庙，以及铜铸、木雕、石雕、泥塑等各类神像都达到了高度的技术与艺术成就。

图 6-6　武当山建筑

武当山古建筑群中的主要遗产有金殿、古铜殿、紫霄宫、复真观和“治世玄岳”牌坊等。主要建筑有以下几处。

1. 金殿

明代铜铸仿木结构宫殿式建筑，位于天柱峰顶端的石筑平台正中，面积约160 平方米。殿面宽与进深均为三间，阔 4.4 米，深 3.15 米，高 5.54 米。正脊两端铸龙对峙。殿内顶部作平棋天花，铸浅雕流云纹样，线条柔和流畅。屋顶采用“推山”做法。殿内于后壁屏风前设神坛，神坛上方高悬镏金匠额，上铸清圣祖爱新觉罗·玄烨手迹“金光妙相”四字。殿外檐际，悬盘龙斗边镏金牌额，上竖铸“金殿”二字。殿体各部分件采用失蜡法铸造，遍体镏金，无论瓦作、木作构件，结构严谨，合缝精密，虽经五百多年的严寒酷暑，至今仍辉煌如初，显示我国铸造工业发展的高度水平，堪称现存古建筑和铸造工艺中的一颗灿烂明珠。

2. 古铜殿

位于天柱峰前小莲峰上。元代大德十一年（1307 年）铸，高 3 米，阔 2.8 米，深 2.4 米，悬山式屋顶，全部构件为分件铸造，卯榫拼装，各铸件均有文字标明安装部位，格扇裙板上铸有“此殿于元大德十一年铸于武昌梅亭万氏作坊”，是中国现存最早的铜铸木结构建筑。

3. 紫金城

建于永乐十七年（1419 年），环绕于天柱峰，周长 345 米，墙基厚 2.4 米，墙厚 1.8 米，城墙最高处达 10 米，用条石依岩砌筑，每块条石重达 500 多千克，按天宫的模式建有东、南、西、北四座石雕仿木结构的城楼以象征天门。该石雕建筑在悬崖陡壁之上，设计巧妙，施工难度大，是明代科学与艺术相结合的产物。

4. 紫霄宫

位于武当山东南的展旗峰下，始建于北宋宣和年间（1119～1125年），明永乐十一年（1413年）重建，明嘉靖三十一年（1552年）扩建，清嘉庆八年至二十五年（1803～1820年）大修，是武当山八大宫观中规模宏大、保存完整的道教建筑之一。现存有建筑29栋，建筑面积6854平方米。中轴线上为五级阶地，由上而下递建龙虎殿、碑亭、十方堂、紫霄大殿、圣文母殿，两侧以配房等建筑分隔为三进院落，构成一组殿堂楼宇鳞次栉比、主次分明的建筑群。宫内主体建筑紫霄殿，是武当山最有代表性的木构建筑。殿内金柱斗栱，施井口天花，明间内槽有斗八藻井。明间后部建有刻工精致的石须弥座神龛，其中供玉皇大帝，左右胁侍神像，均出自明人之手。紫霄殿的屋顶全部盖孔雀蓝琉璃瓦，正脊、垂脊和戗脊等以黄、绿两色为主，镂空雕花，装饰华丽，为其他宗教建筑所少见。

5. 南岩宫

始建于元至元二十二年至元至大三年（1285～1310年），明永乐十年（1412年）扩建。位于独阳岩下，山势飞翥，状如垂天之翼，以峰峦秀美而著名。现存建筑21栋，建筑面积3505平方米，占地9万平方米。有天乙真庆宫石殿、两仪殿、皇经堂、八封亭、龙虎殿、大碑亭和南天门建筑物。主体建筑天乙真庆宫石殿，建于元至大三年（1310年）以前，面阔11米，进深6.6米，通高6.8米，梁、柱、门、窗等均以青石雕凿而成。

6. 复真观

建于明永乐十年（公元1412年），清康熙二十二年（公元1683年）重修。位于狮子峰前，现存建筑20栋，建筑面积3505平方米，占地6万平方米。中轴线上有照壁、梵帛炉、龙虎殿、大殿、太子殿。左侧道院建皇经堂、芷经阁、庙亭、斋房，随山势重叠错落。前有五云楼，五层楼翼角立柱上架设12根梁枋，交叉叠阁，为大木建筑中少见的结构，有一柱十二梁之称。

7. “治世玄岳”牌坊

建于明嘉靖三十一年（1552年）。位于武当山镇东4000米处，为进入武当山的第一道门户，又名玄岳门。系石凿仿大木建筑结构，三间四柱五楼牌坊，高11.9米，阔14.5米。明间与次间之比为5∶3。坊柱高6.4米，柱周设夹杆石以铁箍加固。柱顶架龙门枋，枋下明间为浮雕大小额枋上部出卷草花牙子雀替，承托浮雕上枋和下枋，枋间嵌夹堂花板，构成明间高敞、两侧稍低的三个门道。正楼架于龙门枋上，明间左右立枋柱，中嵌矩形横式牌匾刻嘉靖皇帝赐额“治世玄岳”。此坊结构简练，构件富于变化，坊身装饰华丽，雕刻精工，雕刻了人物、动物和花卉图案等，是南方石作牌楼之佳作，也是明代石雕艺术珍品。

此外，在全山各宫观中还保存着铜、铁、木、石各类造像1486件，其中明代以前制品近千件，宋、元、明、清碑刻、摩岩题刻409通，法器、供器682件，以及图书经籍等，均是珍贵的文化遗产。

（二）武当山古建筑群的建筑文化特色

武当山古建筑群集中体现了中国古代建筑装饰艺术的精华。在这里还衍生出武当道教、武当道乐和武当武术等文化范畴的精髓，为中华民族的传统文化增添了新内容。

武当山古建筑群历经沧桑，现存4座道教宫殿、2座宫殿遗址、2座道观及大量神祠、岩庙。在布局、规制、风格、材料和工艺等方面都保存了原状。建筑主体以宫观为核心，主要宫观建筑在内聚型盆地或山助台地之上，庵堂神祠分布于宫观附近地带，自成体系，岩庙则占峰踞险，形成“五里一庵十里宫，丹墙翠瓦望玲珑”的巨大景观。在建筑艺术、建筑美学上达到了极为完美的境界，有着丰富的中国古代文化和科技内涵，是研究明初政治和中国宗教历史及古建筑的实物见证。武当山古建筑群具有以下主要特征。

1. 规划严密，建筑杰出

武当山古建筑群分布在以天柱峰为中心的群山之中，总体规划严密，主次分明，大小有序，布局合理。建筑位置选择，注重环境，讲究山形水脉布疏密有致。建筑设计的规划或宏伟壮观，或小巧精致，或深藏山坳，或濒临险崖，达到了建筑与自然的高度和谐，具有浓郁的建筑韵律和天才的创造力。

2. 高超的技术与艺术成就

武当山古建筑群类型多样，用材广泛，各项设计、构造、装饰、陈设，不论木构宫观、铜铸殿堂、石作岩庙，以及铜铸、木雕、石雕、泥塑等各类神像都达到了高度的技术与艺术成就。

3. 道教建筑之瑰宝

武当山道教建筑群始终由皇帝亲自策划营建，皇室派员管理。现存建筑其规模之大，规划之高，构造之严谨，装饰之精美，神像、供器之多，在中国现存道教建筑中是绝无仅有的。

（三）成就和意义

1. 反映出我国古代科技的伟大成就

在建筑艺术、建筑美学上达到了极为完美的境界，有着丰富的中国古代文化和科技内涵，是研究明初政治和中国宗教历史及古建筑的实物见证。武当山金殿及殿内神像、供桌等全为铜铸镏金，铸件体量巨大，采用失蜡法（蜡模）翻铸，代表了中国明代初年（15世纪）科学技术和铸造工业的重大发展。

2. 具有重大的历史意义

武当山建筑群的兴建，是明代皇帝朱棣在扩展外交的同时，对内大力推崇道教，灌输“皇权神授”思想，以巩固其内部统治，具有重大的历史和思想信仰等意义。

二、巴黎圣母院

巴黎圣母院（图 6-7）位于巴黎城中，建在塞纳河下游的西岱岛上。岛很小，面积仅 0.25 平方公里，但它却是巴黎的摇篮。从建筑造型上看，是鬼斧神工；从环境设计上看，是天、地、水融为一体。巴黎圣母院这幢教堂建于 1163 年，随后的百年陆续加建，完成于 1250 年，历时 182 年。因此，其外貌既有罗马式建筑的特色，也有哥特式的独特精神，是法兰西早期哥特建筑的典型实例。

图 6-7　巴黎圣母院

教堂平面院内进深 130 米，宽 48 米，高 35 米，可容近万人。有一对高 60 余米的塔楼，当中，高达 90 米的尖塔正中的玫瑰窗直径 13 米。巴黎圣母院竣工至今已有 600 多年。它像一位饱经沧桑的老人，目睹了六个半世纪的法国历史。在巴黎圣母院里面和广场上上演过一出出历史大戏，巴黎军民曾在这里欢呼过英法“百年战争”的胜利。

（一）巴黎圣母院的建设

巴黎圣母院入口前面的广场是市民的市集与节日活动中心。教堂平面宽约 47 米，深约 125 米，可容近万人。

据记载，建院共动用民工数十万，木工、石工、金工和玻璃工等技术工人 1500 人。建院用的巨石是从数十里外的山上采下后用牛车拉到工地的，工程之艰巨浩大可窥一斑。整座教堂 1245 年基本完工。以后一百年中，陆续装修，1345 年正式完工，历时 182 年。

（二）巴黎圣母院的艺术设计特色

圣母院整个建筑为石砌，占地5500平方米，两侧支撑物面积800多平方米。它突破了以往传统教堂建筑的外形粗笨、呆板，内部昏暗、窄小的束缚，教堂的建筑形式和向往天国的神秘气氛结合得十分完美，扩大了内在空间，增加了外观艺术装饰，开了一代建筑新风，被誉为“中世纪建筑中最完美的花”。

1. 艺术设计特色之一——尖拱、拱肋和飞扶壁

哥特式教堂由石头的飞扶壁和骨架券组成。其基本单元是在一个正方形或矩形平面四角的柱子上做双圆心骨架尖券，屋面石板架在券上，形成拱顶。采用这种方式，可以在不同跨度上做出矢高相同的券，交线分明，拱顶重量轻，减少了券脚的推力，简化了施工。飞扶壁由侧厅外面的柱墩发券，平衡中厅拱脚的侧推力。为了增加稳定性，常在柱墩上砌尖塔。由于采用了尖券、尖拱和飞扶壁，哥特式教堂的内部空间高旷、统一、单纯。装饰细部也都用尖券作主题，建筑风格与结构手法形成一个有机整体。这种拱顶有一个很大的优点：结实、有弹性，而且轻巧。其实哥特艺术教堂建筑风格的三大特征——尖拱、拱肋和飞扶壁，这三者都不是哥特时期的发明，就连前面所说的彩色玻璃窗户也不是。但是经过长时间的经验累积，哥特式样建筑师正好把这三项技术结合成一体，将以往罗马式建筑的厚重结实风格，转变为强调垂直向上、轻盈修长的独特形式；再加上彩色玻璃窗户将光线在宗教上的神秘感表达出来，因此人们身处在哥特式建筑之内，会感受到一股神秘壮丽、恍如身置天堂般的气氛。

2. 艺术设计特色之二——高而尖的建筑

首先在体量和高度上创造了新纪录，塔楼高60余米，当中尖塔高达90米。其次是形体向上的动势十分强烈，轻灵的垂直线直贯全身。不论是墙和塔都是越往上分划越细，装饰越多，也越玲珑，而且顶部有锋利的、直刺苍穹的小尖顶。不仅所有的券是尖的，而且建筑局部和细节的上端也都是尖的、整个教堂处处充满向上的冲力。建筑的最大特点是高而尖，且由竖直的线条构成。最上面一层是由许多美丽的白色雕花栏杆组成的一条走廊，连接南北两座各高69米的巨型钟楼。北钟楼则设有一个387级的阶梯。南钟楼上悬挂着一座重达13吨的巨钟。在这座钟的铸料中，加入了金、银成分。据说，现在挂在南钟楼的那口重达13吨的巨钟可不是一般的铜钟，它是由全巴黎的妇女捐献的金银首饰熔铸而成的，可谓价值连城。两座钟楼后面屋顶正中直插蓝天的尖塔高达90余米，巍峨入云，塔顶是一个细长的十字架，远望似与天穹相接，高耸挺拔，辉煌壮丽，显示了天主教的威严。

3. 艺术设计特色之三——精雕细凿的雕刻

哥特式艺术接近生活和写实，遍布欧洲，因此也称国际哥特式风格。晚期的

哥特式艺术已明显孕育着文艺复兴的到来。巴黎圣母院最壮观的是西门墙，尤其是正门三个大拱门似的浮雕，共有千余人物，非常细致。墙上面的浮雕在法国大革命期间曾遭受到严重损坏，后来再经过整修还原。除了浮雕，其他各部分都还保留着原来的面貌。巴黎圣母院最美的是它的西立面，即正面。正面呈立方形，庄严和谐，布满了雕像，这些享有盛誉的浮雕故事是专为当时那些不识字的信徒们雕刻的。从上而下共分三层。最下面一层是并排凹进去的三个尖形拱门，巨大的门四周布满了雕像，共有千余人物，非常细致，精雕细凿。门上刻有表现《圣经》故事的浮雕。雕刻精巧无比，多为描述圣经中的人物，给整个建筑增添了华贵感。

4. 艺术设计特色之四——绚烂高大透光的“玫瑰花窗”

哥特式平面艺术最令人印象深刻的彩色玻璃，不但具有抽象意义的装饰作用，还能散发出缤纷的光线，使教堂显得更加壮丽与神秘。画上的圣像和五彩装饰图案，在光的照射下令人目眩神迷，透光的画面在白天的阳光和夜晚的烛光下摇曳闪耀不定，这一切更增加了教堂内部的光怪陆离和神秘恐怖，非尘世的特殊效果，达到了基督教征服人心的目的。一般来说，哥特式教堂内部的彩色玻璃分为三类：一是位于进门口上部的玫瑰花窗，如巴黎圣母院北面进门口上面的玫瑰花窗，经常以红色的圆形构图加以装饰。二是位于高窗上的彩色玻璃的图像，是圣母或使徒等人的大型独身像。三是位于地面楼层墙壁上，多装饰以《圣经》为题材的故事图像的彩色玻璃。

5. 艺术设计特色之五——窄长而极高的内部空间

巴黎圣母院内部装潢严谨肃穆，院内进深 130 米，高 35 米，宽 48 米。教堂内部两长列直通屋顶的高达 24 米的柱子东西向排列着，形成了一个高而窄长的空间。平面呈横翼较短的十字形，整个建筑庄严和谐。柔和明媚的阳光，透过彩色玻璃窗，射入长殿，又平添了几分神秘，恍若置身于仙境天国。那高深莫测的穹顶和邈远深邃的圣坛，在四周无数烛光的映照和袅袅升腾的香火烟雾缭绕下，更给人以朦朦胧胧的感觉。祭台中央有天使、圣女围绕殉难耶稣的大理石雕塑，侧祭台有 29 个。教堂回廊、墙壁、门窗布满以圣经为内容的雕塑与绘画。

（三）巴黎圣母院的文化阐释

巴黎圣母院是法国历史上的重要宗教建筑。德国历史学家绍尔伦德曾肯定地说，这座大教堂是“法国身份的组成部分”。它是一个“记忆库”，同千年历史兴衰密不可分，同巴黎历史上的风云变幻密不可分。

巴黎圣母院是欧洲建筑史上一个划时代的标志。在它之前，西方的教堂建筑大多数笨重粗俗，沉重的拱顶、粗矮的柱子、厚实的墙壁、阴暗的空间，使人感到压抑。巴黎圣母院冲破旧的束缚，创造了一种全新的轻巧的骨架券，这种结构减轻了拱顶，升高了空间，形成了空灵、纤瘦、高耸、尖峭的基本风格特征。尖峭的形式，是尖券、尖拱技术的结晶；高耸的墙体，则包含着斜撑技术、扶壁技术的功绩。这种以高、直、尖和火焰般向上飞腾为特征的哥特式造型风格，是教会弃绝尘寰和向往天国的宗教思想的体现，也是城市显示其强大向上和蓬勃生机的精神反映，开创了欧洲建筑史上的一代新风。在西方古典文化对神灵及精神寄托者的崇拜思想影响下的西方建筑是别具特色的，而那空灵的意境和垂直向上的形态，则是宗教精神内涵最确切的表述。

第四节　陵　　墓

一、秦始皇陵及兵马俑坑

（一）秦始皇陵

秦始皇陵（图 6-8）位于陕西省西安市以东 30 公里的骊山北麓，它南依骊山的层峦叠嶂，山林葱郁；北临逶迤曲转、似银蛇横卧的渭水之滨。高大的封冢在巍巍峰峦环抱之中与骊山浑然一体，景色优美，环境独秀。陵墓规模宏大，气势雄伟。陵园总面积为 56.25 平方公里。陵上封土原高约 115 米，现仍高达 76 米，陵园内有内外两重城垣，内城周长 3840 米，外城周长 6210 米。内外城郭有高 8～10米的城墙，今尚残留。墓葬区在南，寝殿和便殿建筑群在北。

图 6-8　秦始皇陵

据史书记载，秦始皇嬴政即位的次年即开始修陵园。到公元前 208 年完工，历时 39 年。当时的丞相李斯为陵墓的设计者，由大将军章邯监工。共征集了 72 万人力，动用修陵人数最多时近于 80 万，几乎相当于修建胡夫金字塔人数的 8 倍。

秦始皇陵规模巨大，是中国历史上第一个也是最大的皇帝陵。陪葬物丰富，居历代帝王陵之首。陵园的建造原则，是使秦始皇死后照样享受荣华富贵。因此，仿照秦国都城咸阳的布局建造，大体呈回字形，陵墓周围筑有内外两重城垣，周长分别为3870米和6210米。根据考古发现，陵区内的大型地面建筑有便殿、寝殿、园寺吏舍等。秦始皇陵陵区，分为葬区和陵园区两部分。陵园占地近8平方公里，建外、内城两重，封土呈四方锥形。秦始皇陵的封土，状呈覆斗，形成了三级阶梯，底部近似方形，面积约25万平方米，高115米，但由于经历两千多年的风雨侵蚀和人为破坏，现封土底面积约为12万平方米，高度为87米。整座陵区总面积为56.25平方公里。建筑材料是从湖北、四川等地运来的。为了防止河流冲刷陵墓，秦始皇还下令将南北向的水流改成东西向。

陵园的南部有一个土冢，高43米。筑有内外两道夯土城墙。内城周长3890米，外城周长6249米，分别象征皇城和宫城。在内城和外城之间，考古工作者发现了葬马坑、陶俑坑、珍禽异兽坑，以及陵外的人殉坑、马厩坑、刑徒坑和修陵人员的墓室。已发现的墓坑有400多座。

秦始皇陵的冢高55.05米，周长2000米。经调查发现，整个墓地占地面积为22万平方米，内有大规模的宫殿楼阁建筑。陵寝的形制分为内外两城。内城为周长2525.4米的方形，外城周长6264米。秦始皇陵的规模之大远非埃及金字塔所能比。

秦始皇陵以其规模宏大、埋藏丰富著称于世。1956年，被陕西省人民政府公布为省级重点文物保护单位；1961年，被中华人民共和国国务院公布为第一批重点文物保护单位；1987年，联合国教科文组织把秦始皇陵列入世界文化遗产保护目录，成为全人类共同的财富。秦始皇陵荣膺国家5A级旅游景区。

中国秦始皇陵是世界上最大的地下皇陵。秦始皇陵地下宫殿是陵墓建筑的核心部分，位于封土堆之下。考古发现地宫面积约18万平方米，中心点的深度约30米。陵园以封土堆为中心，四周陪葬分布众多，内涵丰富、规模空前，除闻名遐迩的兵马俑陪葬坑、铜车马坑之外，又新发现了大型石质铠甲坑、百戏俑坑、文官俑坑及陪葬墓等600余处，数十年来秦陵考古工作中出土的文物多达10万余件。在陵园里设立有多处文物展台，展示了秦陵近20年来出土的部分文物；布置有水道展区，重现当年陵园内科学周密的排水设施。相信随着考古工作的进展，肯定还会有更大的、意想不到的发现。

秦始皇陵共发现10座城门，南北城门与内垣南门在同一中轴线上。坟丘的北边是陵园的中心部分，东、西、北三面有墓道通向墓室，东西两侧还并列着4座建筑遗存，有专家认为是寝殿建筑的一部分。秦始皇陵集中体现了“事死如事生”的礼制，规模宏大，气势雄伟，结构独特。

秦始皇棺椁安放在陵墓地宫中心，四周广及56.25平方公里，有陪葬坑和墓葬400多个。主要陪葬坑有兵马俑坑、铜车马坑、珍禽异兽坑、马厩坑等，已陆续有5万多件重要历史文物出土。迄今发现的装饰最华丽、体形最大，结构和系驾最逼真、最完整的，是1980年发掘出土的一组两乘大型的彩绘铜车马——高车和安车，被誉为“青铜之冠”。

（二）兵马俑坑

图6-9　兵马俑坑

兵马俑坑（图6-9）是秦始皇陵的陪葬坑，位于陵园东侧1500米处。1974年春，被当地打井的农民发现。由此埋葬在地下两千多年的宝藏得以面世，为研究秦朝时期的政治、军事、经济、文化、科学技术等，提供了十分珍贵的实物资料，成为世界人类文化的宝贵财富。兵马俑坑现已发掘3座，俑坑坐西向东，呈“品”字形排列，其中一号坑为“右军”，它东西长230米，南北宽62米，深5米左右，长廊和11条过洞组成了整个坑，与真人马大小相同、排成方阵的6000多个武士俑和拖战车的陶马被放置在坑中。在一号坑的东北约20米的地方是在1976年春天发现的二号坑。二号坑为“左军”，南北宽84米，东西长96米，面积为9216平方米，建筑面积为17 016平方米。二号坑是秦俑坑的精华所在，内有一个由步兵、骑兵、战车三个兵种混合编组的曲阵，有陶俑、陶马1300余件，战车89辆。三号坑是统帅地下大军的指挥部，南北宽24.5米，东西长28.8米，面积为500多平方米，有武士俑68个，战车1辆，陶马4匹。这个军阵是秦国军队编组的缩影。1980年又在陵园西侧出土青铜铸大型车马2乘，引起全世界的震惊和关注。这些按当时军阵编组的陶俑、陶马为秦代军事编制、作战方式、骑步卒装备的研究提供了形象的实物资料。兵马俑的发现被誉为“世界第八大奇迹”、“二十世纪考古史上的伟大发现之一”。秦俑的写实手法作为中国雕塑史上承前启后的艺术为世界瞩目。

（三）秦始皇陵与秦文化

秦朝的历史很短暂，但却是我国历史上一个极为重要的朝代，对后世有极其深远的影响。秦朝的版图基本沿用至今。它建立一套完整的中央集权制度，如设郡县、车同轨、书同文、废井田、辟驰道、统一度量衡等一系列政治措施被历代所继承，成为多民族文化共存，国家统一最重要的基础。

秦始皇陵是秦文化的杰出代表，是中华民族建筑文化的重要组成部分。秦始皇陵是世界上规模最大、结构最奇特、内涵最丰富的帝王陵墓之一。秦始皇陵兵马俑是可以同埃及金字塔和古希腊雕塑相媲美的世界人类文化的宝贵财富，而它的发现本身就是20世纪中国最壮观的考古成就。已发掘的秦兵马俑无论在数量上、质量上，都是世界上所罕见的。它为研究秦代军事、文化和经济提供了极为珍贵的实物材料。它的发掘被誉为“二十世纪考古史上伟大的发现之一”。这些陶俑具有鲜明的个性和强烈的时代特征。秦始皇陵兵马俑是以现实生活为题材而塑造的，艺术手法细腻、明快，手势、脸部表情神态各异，具有鲜明的个性和强烈的时代特征，显示出泥塑艺术的顶峰，为中华民族灿烂的古老文化增光添彩，给世界艺术史补充了光辉的一页，具有很高的艺术价值。它们充分表现了2000多年前中国人民巧夺天工的艺术才能，是中华民族的骄傲和宝贵财富。

二、埃及金字塔

（一）历史沿革

埃及金字塔是古代埃及人创造的光辉灿烂文明的重要见证，它为后人发掘和认识古埃及的文明发展状况提供了有益的线索。埃及金字塔位于尼罗河西岸吉萨地区，距开罗西南约13公里。大约在公元前27世纪修建。金字塔底座方形，愈上愈窄，直至塔顶成方锥形。金字塔形象宏伟、工艺精密、工程浩大。

古埃及人对神持有一种普遍的虔诚信仰，在他们的思想观念中有一种根深蒂固的“来世观念”，把冥世看做是尘世生活的延续。因此，古埃及人活着的时候，就诚心备至地为死后做准备。每一个有钱的埃及人都忙着为自己准备坟墓，并用各种物品去装饰墓穴，以求死后获得永生。法老或贵族更是花费几年，甚至几十年的时间去建造坟墓。所以，金字塔是古埃及奴隶制最高统治者——法老的陵寝。

埃及境内有大约80处金字塔遗址，其中最为著名的是吉萨大金字塔，这组金字塔一共有三座，其主人分别为古埃及第四王朝的第二代法老胡夫、第四代法老卡夫勒和第六代法老孟考勒。金字塔是王陵，它的结构分为两部分：一是作为墓室的地下建筑；一是金字塔的墓上建筑。周围有一系列附属建筑，有规律地占据相应的位置，它们形成了金字塔群体建筑的特色。

（二）埃及金字塔的建筑美学和对后世的影响

作为法老陵墓的金字塔，建于古埃及王国时期，至今在开罗近郊仍有80多座，其中第四王朝法老胡夫的金字塔以其规模宏大最为著名，被列为世界古代七大奇迹之首（图6-10）。

图 6-10　埃及金字塔

古埃及金字塔是底座为四方形的锥体，对其造型美黑格尔曾给予过高度评价。当代建筑美学专家汪正章说："各种体现着崇拜意识的建筑空间和实体，必然导致一种独特的建筑美学风范的产生——这就是建筑的'崇高美'。它往往以巨大的体量、严峻的风格、夸张的尺度、威壮的气势，诉诸建筑形式，从而给人以某种建筑美的独特感受，由崇拜而引发出来的崇高美实际上已经摆脱了狭义崇拜意识的羁绊，变成了一种独立存在的美学格调，古埃及金字塔就属于这类建筑。"那么，古埃及金字塔究竟给人们哪些美感呢？我们认为，这种美感是多方面的，就体量来讲，它的大体量给人以雄壮感，高体量给人以神圣感；就形式来讲，方形底座的角锥体给人以稳定感，四面皆为等腰三角形，给人以简洁感、平衡感。这就是黑格尔所说的金字塔所反映的"抽象性"。

美国埃及文史专家威尔逊认为，金字塔的建筑美学与埃及的自然环境有紧密关系。他说："尼罗河在两条狭长的土地之间，在岩石与无垠沙漠几近对称中流淌，这一自然中的对称，成为埃及理想中智慧与艺术的原则，即追求平衡对称与二元性的美感。古埃及金字塔和神庙等建筑无不严格依此原则而建造。""久稳的日照和粗阔的阴影则导致金字塔相应的单纯、朴素。"

在分析金字塔的美感时，还要注意建筑美有狭义和广义之分。通常说的狭义建筑美是指单体的建筑美，而广义建筑美则是把建筑物放到广阔的特定空间背景中去观赏。从这方面来看，金字塔的广义建筑美别有一番景象，它屹立在千里沙漠中，灰白色石块与黄色沙漠组合一起，白黄相间，显示的是和谐；它高耸在几乎终年无雨的万里晴空下，直刺云天，显示的是壮阔。

关于古埃及金字塔作为一种建筑式样，对后世是否有影响，有的学者持否定看法，认为古埃及灭亡后，其他地区或国家没有出现过仿效古埃及金字塔的建筑物，著名世界史专家吴于魔先生就持这种看法，他说："在世界历史上，不少民族都接触过埃及古代灿烂文明，他们从埃及学去许多有益的东西，但是没有一个仿效金字塔。自古至今除尼罗河西的几座庞然大物以外，世界上任何一个地方都没有出现过模拟金字塔的建筑。”吴先生的这些看法值得商榷。实际上，从古到今世界上确有一些地区出现过仿效金字塔的建筑物。

古代非洲东部的努比亚人建立的麦史埃王国（公元前 n 年～公元 3 世纪）曾仿效埃及修建了 300 多座金字塔，有的是石砌的，有的是砖砌的。20 世纪 80 年代法国著名艺术博物馆卢浮宫扩建时，修建有角锥体式的玻璃金字塔，高 21.64 米，底边长 35.4 米，为著名美籍华人建筑师贝聿铭设计。该塔精巧而雅致，与周围景物十分协调，不仅大大增加了卢浮宫的空间，扩大了视野，而且还保留了卢浮宫原有的宫殿式建筑风格。1997 年竣工的长沙“世界之窗”入口处的玻璃金字塔，是仿卢浮宫的那座金字塔修建的。美国洛杉矶好莱坞电影城中有一戏院呈金字塔形状。此外，在美国还出现过削去尖顶的金字塔式样的建筑物，高 99 层的汉考克大楼就是这样的建筑，它底座较大，从外形上增加了建筑物的稳定感。在亚洲也出现过类似金字塔式样的建筑物，阿联酋首都阿布扎比附近曾修建有供旅游者参观的油桶金字塔，它由空油桶堆成，外形为角锥体，48 层，高 150 米，由 39 万个空油桶堆成。它是这个石油富国的象征物。

（三）埃及金字塔的文化内涵

金字塔列“世界古代七大奇观”之首，是其中仍然较完整保存的建筑奇迹，也是古埃及文化最重要的符号。

金字塔是古代埃及法老专制权力的象征，它向世人展示出法老至高无上的权威。金字塔也是古代埃及人来世信仰（相信有来世，期待能死而复生）的具体体现。金字塔是通往天堂的天梯，《金字塔铭文》中这样写道：“为他（法老）建造起上天的天梯，以便他可由此上到天上。”这很好地证明了这一观点。同时，角锥体金字塔形式又表示对太阳神的崇拜，因为古代埃及太阳神“拉”的标志是太阳光芒。金字塔象征的就是刺向青天的太阳光芒。《金字塔铭文》中写道：“天空把自己的光芒伸向你，以便你可以去到天上，犹如拉的眼睛一样。”后来古代埃及人对方尖碑的崇拜也有这样的意义，因为方尖碑也表示太阳的光芒。

建筑金字塔的历史从第三王朝到第十三王朝，跨越了十个朝代。金字塔闪耀着古埃及人民智慧和力量的光芒。直到今天，规模宏大、建筑神奇、气势雄伟的金字塔依然给人留下许多未解之谜。神秘的埃及金字塔吸引着许多科学家、考古学家和历史学家前往探究，也吸引着世界各地的无数游客前去观光游览。

第五节 园林建筑

一、承德避暑山庄及周围寺庙

（一）简介

承德避暑山庄（图 6-11）是中国现存最大的皇家园林，占地 564 万平方米，环绕山庄蜿蜒起伏的宫墙长达万米。避暑山庄建造于 18 世纪初，山庄及周围寺庙位于河北省承德市，由皇帝宫室、宏伟壮观的寺庙群和皇家园林组成。

图 6-11 承德避暑山庄

避暑山庄借助野趣和自然的风景，形成了东南湖区、西北山区和东北草原的布局，共同构成了中国版图的缩影。宫殿区建于南端，是皇帝行使权力、居住、读书和娱乐的场所，至今珍藏着两万余件皇帝的陈设品和生活用品。避暑山庄这座清帝的夏宫，以传统手法，营造了 120 多组建筑，融汇了北方草原和江南水乡的特色，成为中国皇家园林艺术荟萃的典范。

寺庙由环列在山庄外的东部和北部山麓的 12 座雄伟壮观、金碧辉煌的喇嘛寺庙群组成，它们是博仁寺、普乐寺、博善寺、普宁寺、安远庙、广缘寺、普佑寺、普陀宗乘之庙、须弥福寿之庙、罗汉堂、广安寺、殊像寺，共占地 47.2 万平方米。这些寺庙将藏汉文化艺术融于一体，寺庙殿堂中，完好地保存和供奉着精美的佛像、法器等近万件，共同构成了 18 世纪中国古代建筑富于创造性和融合性的杰作。

避暑山庄及周围寺庙是一个紧密关联的有机整体，同时又具有不同风格的强烈对比，避暑山庄朴素淡雅，其周围寺庙金碧辉煌。这是清帝处理民族关系重要举措之一。

（二）承德避暑山庄的文化价值

承德避暑山庄是多种建筑形式的自由组合与变化，是人工园林与山林景观的对比与和谐，是各民族建筑文化的交流与融合。山庄的建筑有镇江金山寺样式的“上帝阁”，有苏州“狮子林”一般模样的“文园狮子林”，有似于杭州西湖苏堤、白堤的“芝径云堤”，有酷似宁波范氏“天一阁”的“文津阁”。在外八庙中，还可以看到新疆的“伊犁庙”、拉萨的“布达拉宫”、西藏的“扎什伦布寺”。

避暑山庄不是一座普通的园林，而是中国清朝皇帝为了实现安抚、团结中国边疆少数民族巩固国家统一的政治目的而修建的一座夏宫，康乾时期最重要的历史任务是把处于纷争、散漫状态的中国重新统一起来并促进经济、文化的发展。当年，清帝每年有半年时间在这里处理朝政，接见各民族首领、宗教领袖和外国使节，加强了清政府与各民族上层人物的联系，以及和其他国家的交往，取得了单纯靠军事力量难以取得的效果，为稳定边疆和巩固多民族国家的统一，起到了重要的作用。万树园是清帝在山庄进行政治活动的重要场所，他们曾在此野宴少数民族上层首领和各国使节。游人面对着萋萋芳草、追逐的群鹿、座座蒙古包和“天苍苍，野茫茫，风吹草低见牛羊”的草原风光，眼前仿佛闪现出贵宾满座、笑语喧哗，清帝盛宴邀请少数民族首领和各国使节的壮观场景。

避暑山庄及周围寺庙是中国古代帝王宫苑与皇家寺庙完美融合的典型范例，它产生于中国封建社会最后一个盛世——康乾盛世，历经康熙、雍正、乾隆三代帝王，历时 89 年，集中全国人力物力建造而成。它与私园并称为中国两大园林体系，其园林建造实现了“宫”与“苑”形式上的完美结合和“理朝听政”与“游息娱乐”功能上的高度统一，是帝王苑囿与皇家寺庙建筑经验的结晶。走进这座海市蜃楼般的建筑群，可以观赏到另一类风景。这是一片皇家园林，因此表现出不同凡响的文化景观。名人书写的牌匾、楹联、诗词到处可见，有康熙帝以四个字题名的景色 36 处，有乾隆帝以三个字题名的景色 36 处，史称“康乾 72 景”。梨花伴月、卷阿胜境、月色江声、风泉清听、水流云在、沧浪屿等 72 景充满诗情画意，仅名称都会让人浮想联翩。例如，“月色江声”景点位于避暑山庄湖区中部、上湖与下湖之间，在天然成趣的基础上仿杭州苏堤建了芝径云堤接连三岛，颇得园林艺术“一池三山”之神韵，隔湖与水心榭、环碧岛和如意洲遥遥相望，周围的湖光山色秀美宜人，岛上民居风格的建筑与周围的湖水、山石和植物的巧妙结合，使园林景观富于变化。

避暑山庄标志中国古代造园与建筑艺术的巨大成就，是中国现存最大的古代帝王园囿。它是中国古代造园艺术和建筑艺术的集大成者，是具有创造力的杰作。对园林进行具体分析，以中国传统建筑包括造园艺术的审美内容，主要表现在三个方面，即环境气氛给人以意境感受，造型风格给人以形象知觉，象征含义给人以联想认识。它们全面体现了传统建筑（和园林）的美学思想。在造园上它继承和发展了中国古典园林的传统造园思想并创造性地运用了各种造园技法、造园素材，使其成为建筑园林化与自然山水园的杰出代表；在建筑上它继承、发展并创造性地运用各种建筑技艺撷取中国南北名园名寺的精华，在模仿中创造性地表达了“移天缩地在君怀”的建筑主题；在园林与寺庙、单体与组群建筑的具体构建上避暑山庄及周围寺庙实现了中国古代南北造园和建筑艺术的融合。

避暑山庄及周围寺庙是世界了解中国文化的实物资料，它把中国古典哲学、美学、文学等多方面文化的内涵融注其中使其成为中国传统文化的缩影。避暑山庄是一座具有世界性价值的艺术杰作，只有列入世界文化遗产加以保护才能使其得以永久传世并更好地发挥其所具有的世界意义。

二、苏州园林建筑

（一）简介

苏州素有“人间天堂”的美誉。苏州古典园林的历史可上溯至公元前 6 世纪春秋时期吴王的园囿，明清时期，苏州成为中国最繁华的地区，私家园林遍布古城内外。全盛时期，苏州有园林 200 余处，现在保存尚好的有数十处（图 6-12）。

图 6-12　苏州园林

苏州古典园林的物质内容和精神内容都极其深广，厅堂的命名、匾额、雕刻、装饰，以及花木寓意、叠石寄情等，不仅是点缀园林的精美艺术品，同时也储存了大量的历史、文化、思想和科学信息，是中国传统思想文化的载体。

（二）苏州园林的建筑

苏州园林是明清时期江南民间建筑的代表作。它宅园合一，是具有自然意趣的“城市山林”，具备完美的居住条件。作为私家宅园，它可居、可赏、可游。

建筑玲珑轻巧，色彩朴素淡雅。其建筑类型齐全，保存完整，系统而全面地展示了苏州园林建筑的结构、布局、造型、色彩、风格，以及装修、陈设、家具等各个方面内容，反映了那一时期中国江南地区高度的居住文明，体现了当时城市建设的科学技术水平和艺术成就，曾影响到整个江南城市的建筑格调。

苏州园林内建筑上的部件，名目繁多，仪态万千。建筑物的设计和布置都别具匠心，大到门窗的朝向，小到门窗的雕花都是相当精致的。有着高超技术水平和深厚文化底蕴的木雕更是值得一提。木雕是古建筑中重要的装饰，其内容是多元化的。在苏州园林中，多以民间故事等比较平民化的内容为主。有木雕就必然有漆饰。私家园林中的漆饰多以青绿色为主，不像皇家园圃般金碧辉煌，再配以少量的朱红，使建筑显得灵秀而内敛。苏州园林建筑中的铺地也很有特色。在铺地的设计中，表现出古人对吉祥符号的执著追求，用双钱图案意寓财富，用吉祥结寓意吉祥等。

（三）苏州园林建筑的文化意义

苏州古典园林不仅是中国，也是世界文化遗产。苏州园林洋溢着浓郁的书卷气和文墨气息。走进园林，其中丰富的建筑文化、诗词艺术、山水文化，让人流连忘返。蕴涵在园林中的古代文人的人文心态，以及园景与诗文相统一的深邃意境值得细细品味。苏州园林大多为封建时代的官员、文人、士大夫所筑，他们把园林看作“一片冰心在玉壶”的壶中天地。因此，在园林建筑中普遍蕴涵着虚静淡泊的隐逸思想和天人合一的人生观。园林又是他们生活起居和进行文化活动的重要场所，是文人写意山水的典范，使苏州园林每处风光都像一幅幅美丽的山水画。所以，它不仅是历史文化的产物，同时也是中国传统思想文化的载体。园林厅堂的命名、匾额、楹联、书条石、雕刻、装饰，以及花木寓意、叠石寄情等，不仅是点缀园林的精美艺术品，同时储存了大量的历史、文化、思想和科学信息，物质内容和精神内容都极其深广。其中，有宣扬人生哲理、陶冶高尚情操的；有反映和传播儒、释、道等各家哲学观念、思想流派的；还有借助古典诗词文学，对园景进行点缀、渲染，使人于栖息游赏中，化景物为情思，产生意境美，获得精神满足的。而园中汇集保存完好的中国历代书法家手迹，更是珍贵的艺术品，具有极高的文物价值。另外，以山石、流水、花木和建筑等基本要素再造了大自然的缩影，具有丰富的文化内涵。园林的建筑规制又反映出中国古代江南民间的生活方式和礼仪习俗，是了解和研究古代中国江南民俗的实物资料。

苏州园林艺术充分体现了中国人的聪明才智，世无伦比。在园林风格和景观意境的表现上，体现着中国文人的审美观。无论从园林的布局到园内的主题分配，从园林的内容到功能，从景物本身的内涵到景物之间的关系都隐藏着博大精深的中国传统文化，使人达到“人处园中走，静观细品深，淡语皆有味，浅语皆有致”的境界。幽静、精致的风韵使人寓情于景，寓意于物，以物比德，感觉到园林真正的美。

（四）苏州园林建筑的艺术内蕴

园林建筑乍看起来一切犹如随意摆布，既无轴线引导，又不讲求平衡、对称或对位关系，纯属偶然，但实际上却又深刻而含蓄地受到视觉关系的制约。苏州园林虽小，但造园家们通过各种艺术手法，独具匠心地创造出丰富多样的景致。近景用黄石或围栏遮挡；中景可望，但迂回才能到达，亭廊可让视线穿过而人不可越过；远景则用借景。这种收收放放，高高低低，点点线线，造就了园林丰富的层次感。在园中漫游，或见“庭院深深深几许”，或见“柳暗花明又一村”，或见小桥流水、粉墙黛瓦，或见曲径通幽、峰回路转，或是步移景易、变幻无穷。至于那些形式各异、图案精致的花窗，那些似不经意散落在各个墙角的小品，那些如锦缎般在脚下延伸不尽的铺路，更使人观之不尽，回味无穷，给人以小中见大的艺术效果。

中国园林是具有丰富艺术成就和独特风格的园林艺术体系，苏州园林则是这一体系中的杰出代表。它以不同的形式、流派和风格，达到了和谐统一。我国园林建筑专家杨廷宝在论苏州园林时如是说：“中国古典园林精华萃于江南，重点则在苏州。大小园墅数量之多，艺术造诣之精，乃今天世界上任何地区所少见”。园林不仅是绿，还包括了美学和园林艺术的内容。其艺术手法有主与从、正与反、静与动、对景与借景等。具体说来，文人山水园林的境界可分为三个层次：第一个层次是自然美的境界；第二个层次是艺术美的境界；第三个层次是理想美的境界。

（五）苏州园林建筑的个案赏析

1. 拙政园的“造景”

苏州的这些园子，是造园家们刻意地在创造一种美好的景致，造成一道风景，这就是“造景”。拙政园中部是全园的中心，其造景是做得最好的。它利用原来自然的溪池，水池是长长的，池的北面堆了两座小山，南面是整齐而又自然伸展的岸壁。从东面向西看，在花园之外园外耸立着巍峨高峻的北寺塔的身姿，眼前美丽的花池绿树和远处的高塔形成风景的对比，而高高的塔身恰好又倒映在水池之中，这是借景的妙笔。在水池的四周、山上、岸边、池端、廊道都建有亭子，这些亭子按照造景的要求，与周围的环境组成一个个画面。它们在空间布局上是对峙的，在景观上是对视的。方亭对方亭，长方形对长方形，六角亭对六角亭，每一个亭子在外形上是相同的，但细细观察又不尽相同。例如，“雪香云蔚”亭对着“远香堂”，都是长方形歇山屋顶，但一是有竖脊的，一是无脊卷棚。水池东端的“梧竹幽居”方亭有圆形的门框，四面有四个月洞门，而对面水池西端的“别有洞天”也是方亭月洞门，但是一个圆洞，是一个墙壁加厚了的深月洞门，四个圆洞对一个圆洞。这些亭子从其题名额匾和周围种植的树木花卉也可看出造园者的匠心。“雪香云蔚”植梅，春景；“荷风四面”植莲，夏景；“待霜”植枫，秋景；“绣绮”植腊梅，冬景，这是四季景色的对应。整个园林是大园和小院的对比，是开敞和隐蔽的对比，组成不同的景区。用对景、借景、幻景、造景等手法创造了拙政园的旖旎风光。

2. 留园的建筑布局

留园是苏州园林中建筑布局最有特点的，它的楼阁重叠，装饰精良，建筑和庭院的空间组合得最为精妙，但这些建筑的布局和空间组合，不是玩弄技巧，故弄玄虚，而是有其实用功能要求的。最华贵的楠木厅，柱子梁架都是用名贵的楠木为材，是接待客人饮茶的场所。因前面的庭院里有五座假山石，故名为“五峰仙馆”。后一座是合院的主厅，厅堂用雕花门罩将一个厅堂分隔为南北两个部分，故名鸳鸯厅。两部分的屋架是两种不同的样式，一用圆形梁木，一用扁形梁木。南面宴请男宾，北边招待女宾。留园空间设计最成功的部分，是在茶厅与酒厅之间有一组庭院，这是用作举行大型宴会前陆续汇聚的客人暂时歇息的地方。在宽15米、长37米的用地范围内，分隔成15个空间，有花坛假山，有书房楼阁，有毫石丛竹，有敞廊小亭。题名的就有：“鹤所”、“石林小屋”、“静中观”、“揖峰轩”和“还我读书处”。空间用廊子、漏窗、短墙、围栏相隔又通过透空的窗洞、敞开的围廊、低矮的栏杆形成一处处既独自成院、精致成景的场所，又相互连通的天井、院落。客人们可以在这里闲坐、交谈、下棋、听琴、阅书、赏花、品茗、嬉戏。人以群分，客人中的老者、青年、女眷、儿童都可以分别找到属于自己的场所，都可以寻到自己的乐趣，就避免了宴会等候的无聊与烦心。当餐食准备好了，主人客人到齐了时，一声招呼，都能听见，不致造成四处找寻的尴尬。这一组庭院的建筑小品，又恰是两个豪华厅堂的过渡和丰富，是造园者的独到的匠心。这些庭院的小景，都是经过细细推敲的精致的佳作，像“竹林小筑”的方窗洞后的孤石藤蔓，是背光下的剪影，“鹤所”天井内芭蕉叶碧绿欲滴，白粉墙恰似白纸画面。高墙小门内潜藏着静谧的读书处，四处通廊的围合、大小假山的空隙是捉迷藏的天地，你可以在这里细细品味，慢慢地欣赏：留园的造园家把空间玩弄得这样纯熟和玲珑剔透。

（六）苏州园林的文化意境

苏州园林素有“文人园”之称，因为这些园林的主人们造园的目的是在享受城市里丰富的物质文明的同时，又能感受到自然山林的闲情逸致，再加上他们都是“学富五车”之辈，于是以自然山水为楷模，用种种造景手法，凿池堆山，营建亭榭，莳花植木，构成引人入胜的景象，其文化内涵能使人浮想联翩。因此，有传统文化修养的、读过些古诗古文的人游园会更有兴致。这些造园者们用亭、台、楼、阁组成美好的景色，园中的题名，匾额、楹联字字珠玑，蕴意深邃，是经过反复推敲的，务求与周围的环境相契合，而又有意境。它们成为与观赏者相通的语言，用这些文字来引导观者去领悟、思考、联想。尽管有的要费一番思索，但却回味无穷，这更增加了游园的乐趣。

复习思考题

1. 作为宫殿建筑的代表，故宫的建筑体现了中国传统的“中和”思想，这种“中和”思想体现在哪些方面？

2. 承德避暑山庄作为皇家园林的代表，其建筑特色是什么？它与江南园林有哪些异同点？

3. 分析一下中外园林建筑的异同点。

4. 以具体建筑为例介绍一下自己对中国古建筑文化内涵的理解。

扩展阅读

1. 中国建筑艺术在线．http：//www.zh5000.com/JS/jian/jian-index.htm.

2. 建筑论坛．http：//www.abbs.com.cn/bbs/index.html.

3. 中国民居．http：//bj.house.sina.com.cn/decor/minju.

参考文献

柏瑞克·纽金斯．1990. 世界建筑艺术史．顾孟潮，张百平译．合肥：安徽科技出版社．

常青．1992. 西域文明与华夏建筑的变迁．长沙：湖南教育出版社．

陈从周．1980. 园林谈丛．上海：上海文化出版社．

陈从周．1984. 说园．北京：书目文献出版社．

陈从周，路秉杰，潘洪萱．1993. 中国民居．上海：上海学林出版社．

陈全方．1988. 周原与周文化．上海：上海人民出版社．

陈植，张公弛．1983. 中国历代名园记选注．合肥：安徽科技出版社．

邓庆坦，邓庆尧．2010. 当代建筑思潮与流派．武汉：华中科技大学出版社．

费孝通．2001. 二十世纪：文化自觉与跨文化对话．北京：北京大学出版社．

国家文物局．1981. 中国名胜词典．上海：上海辞书出版社．

何晓昕．1990. 风水探源．南京：东南大学出版社．

贺业钜．1985. 考工记营国制度研究．北京：中国建筑工业出版社．

黑格尔．1984. 美学．第三卷．北京：商务印书馆．

建筑历史研究所．1986. 北京古建筑．北京：文物出版社．

李国豪．1990. 建苑拾英．上海：同济大学出版社．

李雄飞，王悦．1991. 城市特色与古建筑．天津：天津科学技术出版社．

李允鉌．1982. 华夏意匠．天津：天津大学出版社．

梁思成．1981. 清式营造则例．北京：中国建筑工业出版社．

梁思成．1982. 梁思成文集．第一卷．北京：中国建筑工业出版社．

梁思成．1984. 梁思成文集．第二卷．北京：中国建筑工业出版社．

梁思成．1985. 梁思成文集．第三卷．北京：中国建筑工业出版社．

梁思成．2006. 中国建筑艺术二十讲．北京：线装书局．

林黎明，孙忠家．1984. 中国历代陵寝纪略．哈尔滨：黑龙江人民出版社．

刘敦桢．1957. 中国住宅概说．北京：中国建筑工业出版社．

刘敦桢．1979. 苏州古典园林．北京：中国建筑工业出版社．

刘敦桢．1980. 中国古代建筑史．北京：中国建筑工业出版社．

刘敦桢．1987. 刘敦桢文集．北京：中国建筑工业出版社．

刘致平．1957. 中国建筑类型及结构．北京：中国建筑工程出版社．

刘致平．1985. 中国伊斯兰教建筑．乌鲁木齐：新疆人民出版社．

娄宇．2009. 中外建筑史．武汉：武汉理工大学出版社．

罗小未．2004. 外国近现代建筑史．北京：中国建筑工业出版社．

罗哲文．1985. 中国古塔．北京：中国青年出版社．

罗哲文．1990. 中国古代建筑．上海：上海古籍出版社．

罗哲文，罗扬．1984. 中国历代帝王陵寝．上海：上海文化出版社．

罗哲文，王振复．2001. 中国建筑文化大观．北京：北京大学出版社．

潘谷西 . 2004. 中国建筑史 . 北京：中国建筑工业出版社 .
潘洪萱 . 1991. 十大名桥 . 上海：上海古籍出版社 .
钱君，张星逸，许明农 . 1988. 瓦当汇编 . 上海：上海人民美术出版社 .
清华大学建筑系 . 1985. 中国古代建筑 . 北京：清华大学出版社 .
屈浩然 . 1991. 中国古代高建筑 . 天津：天津科学技术出版社 .
田尚 . 1991. 中国的寺庙 . 北京：中国青年出版社 .
同济大学、清华大学等四院校 . 2011. 外国近现代建筑史 . 北京：中国建筑工业出版社 .
万书元 . 2001. 当代西方建筑美学 . 南京：东南大学出版社 .
王其亨 . 1992. 风水理论研究 . 天津：天津大学出版社 .
王其钧 . 1991. 中国民居 . 上海：上海人民美术出版社 .
王绍周 . 1991. 上海城市近代建筑 . 南京：江苏科技出版社 .
王世仁 . 1987. 理性与浪漫的交织 . 北京：中国建筑工业出版社 .
王毅 . 1990. 园林与中国文化 . 上海：上海人民出版社 .
王振复 . 1987. 建筑美学 . 昆明：云南人民出版社 .
王振复 . 1989. 中华古代文化中的建筑美 . 上海：上海学林出版社 .
维特鲁威 . 1986. 建筑十书 . 高履泰译 . 北京：中国建筑工业出版社 .
吴文藻 . 1990. 吴文藻人类学社会学研究文集 . 北京：民族出版社 .
萧默 . 1989. 敦煌建筑研究 . 北京：文物出版社 .
萧默 . 2009. 建筑谈艺录 . 武汉：华中科技大学出版社 .
萧默 . 2009. 世界建筑艺术 . 武汉：华中科技大学出版社 .
许祖华 . 1997. 建筑关学原理及应用 . 南宁：广西科学技术出版社 .
杨鸿勋 . 1987. 建筑考古学论文集 . 北京：文物出版社 .
杨宽 . 1985. 中国古代陵寝制度史研究 . 上海：上海古籍出版社 .
杨力民 . 1986. 中国古代瓦当艺术 . 上海：上海人民美术出版社 .
姚承祖 . 1959. 营造法原 . 中国建筑工业出版社 .
伊东忠太 . 1984. 中国建筑史 . 陈清泉译 . 上海：上海书店 .
云南省设计院云南民居编写组 . 1986. 云南民居 . 北京：中国建筑工业出版社 .
张驭寰 . 1985. 吉林民居 . 北京：中国建筑工业出版社 .
中国古都学会 . 1985. 中国古都研究 . 杭州：浙江人民出版社 .
中国建筑技术发展中心建筑历史研究所 . 1984. 浙江民居 . 北京：中国建筑工业出版社 .
中国建筑技术发展中心建筑历史研究所 . 1985. 新疆维吾尔建筑装饰 . 乌鲁木齐：新疆人民出版社 .
中国建筑科学研究院 . 1983. 中国古建筑 . 北京：中国建筑工业出版社 .
中国科学院土木建筑研究所，清华大学建筑系 . 1958. 中国建筑 . 北京：文物出版社 .
邹德侬，戴路，张向炜 . 2010. 中国现代建筑史 . 北京：中国建筑工业出版社 .
邹德侬，窦以德 . 1999. 中国建筑五十年：1949—1999. 北京：中国建材工业出版社 .

附录　鲁班精神和鲁班文化

第一节　鲁 班 生 平

一、鲁班的称谓

鲁班（附图1）之名在神州大地上家喻户晓，千百年来一直被人们传颂，历代工匠尊称他为鲁班仙师、公输先师、巧圣先师、鲁班爷、鲁班公、鲁班圣祖、鲁班祖师等。古代圣贤赞誉他为“机械之圣”。近现代史学家称赞他为“古代伟大的发明家”。

附图1　鲁班

鲁班本姓公输，名般，又称公输子、公输般、公输盘。先秦古籍《世本》、《礼记》、《吕氏春秋》、《战国策》等称鲁班为“公输般”，《墨子·公输》则称为“公输盘、公输子”，《孟子·离娄》称为“公输子”。此后的《说文》、《后汉书》等称为“公输班”。“般、盘、班”古代通用。“子”是先秦时期对名人的尊称，故公输般称为公输子。

公输般既然不姓鲁，为什么人们又称他为鲁班呢？东汉经学家赵岐在《孟子》注中说：“公输子，鲁班，鲁之巧人也；或以为鲁昭公之子。”东汉经学家高诱在《吕氏春秋》注中指出：“公输，鲁班之号。”南朝学者薛综在《文选·西都赋》注中也充分肯定了这一点：“鲁班，一云公输子。”明朝午荣等编的《新镌京板工师雕镂正式鲁班经匠家镜》（通称《鲁班经匠家镜》，以下简称《鲁班经》）卷一“鲁班仙师源流”记载：“师讳班，姓公输，字依智。”据《鲁班书》记载：“鲁班是鲁国人氏，姓公输子，法名班”。从以上史料可以这样理解：公输般是鲁国人，般与班同音，人们又称他为鲁班，后以鲁班名世。

二、鲁班的出生地

对于鲁班的出生地，一般的说法是在春秋战国时期的鲁国。这没有什么争议，但家在鲁国何地，则是一桩“悬案”。鲁班故里在滕州（附图 2）的说法更有可信性。原国家图书馆馆长、著名国学大师、哲学家任继愈先生提出：“鲁班故里就在古代小邾国、今之滕州市。……滕州市古为三国五邑之地，春秋战国之际曾为鲁国附庸，除了史书记载墨子与公输般的一些交往之外，从鲁班的身世、生活的时代背景和地理环境，滕州的古地名史志资料和考古文物，鲁班的发明创造与滕州古代的科技成果，滕州的民间传说，当地保留的一些遗迹，墨子与鲁班的关系等多方面综合分析，可以论证滕州为鲁班故里。”

当代著名墨家传人张知寒先生“墨子故里在滕州”的考论，已得到国内外广大专家学者的赞同。而鲁迅在《故事新编·非攻》中写道：“墨子说道：‘我们的老乡公输般……造了钩距，教楚王和越人打仗还不够，这回是又想出了什么云梯，要怂恿楚王攻宋去了。宋是小国，怎禁得这么一攻。我去按他一下罢。’”据《滕县乡土志》记载：滕县城内有鲁班庙，城外有鲁家寨，县境西北有鲁班桥，东北有公家堂门，东部有卞庄，这都与鲁班故里有关。

附图 2　滕州鲁班纪念馆

三、鲁班的生卒年代

在海内外关于鲁班的诞辰日和相应的纪念活动日期很多，大都因区域而异，如《鲁班经》中认为，鲁班出生于鲁定公三年（周敬王十三年）五月初七，即公元前 507 年，在民间广泛传播的《鲁班书》中，记载鲁班生于春秋战国时期，甲午年的五月初五午时，死于五月初五辰时，他是初七送的葬，所以鲁班的纪念日为五月初七。除此外，在海内外关于鲁班的诞辰和纪念日有：三月十五、四月初二、六月十四、六月十七、七月初七、十二月廿四等。比较集中的有：五月初七和六月十三。

大多民间传说、文献记载鲁班的出生地在鲁国，大多数专家也认可这种说法。梁启超认为，鲁班约生于鲁哀公初年（公元前494年前后），约卒于公元前440年前后。据古史记载，鲁班最早参与的大事是鲁国季康子之母的丧葬，季康子之父桓子死于鲁哀公三年（公元前492年），其母之死不会太远，如此推算鲁班应出生于鲁昭公与鲁定公之间。鲁班最晚参与的大事是为楚国制造攻城的云梯，据《墨子·公输》记载，此事在楚惠王四十年（公元前449年）以后，楚惠王五十年（公元前439年）以前，那时鲁班60岁左右，而墨子40岁左右。根据这些资料，当代学者卢南乔、赵凯球认为，鲁班生活于公元前510年～公元前440年前后。这是较为正确的。

四、鲁班的身世

鲁班出身于一个工匠的世家，在《礼记·檀弓下》中记载："季康子之母死，公输若方小。敛，般请以机封，……弗果从。"这是最早的关于鲁班的记载，从中我们不难看出鲁班地位的低下。而更多的是鲁班的传说，如鲁班学艺。传说鲁班家境不富裕，从小在外学艺，靠自己的艰辛、才智，发明创造了很多物品并和上层社会相敌对，为民解困，为民请愿，始终都和广大的民众相连。

鲁班的父母是善良、纯朴、厚道的山民，过着"日出而作，日入而息"的平淡生活。他母亲则更是异常艰辛。怀了鲁班后，每天仍然拖着沉重的身子上山下地劳动；回到家里，上伺候老，下照顾小，还得喂猪养鸡，拆洗、缝补，忙得不可开交……

鲁班的父亲是当地有名的石匠，经常承接加工石磨盘的活。在当时，如果说"石磨的出现，带来了粮食加工的一场大革命"的话，那么，石磨盘则是更加完善了这一加工器具的功能。它不仅使磨出的粉、面、糊、浆不至于散落，而且也起到了稳定、加固石磨的作用。

一次，鲁班的父亲接到这个活以后，就忙了起来。加工石磨盘，选材是关键。只有当地上好的石材才能达到经久耐用的要求。一连几天过去了，鲁班的父亲没找到合适的石料，等找到石材后眼看工期已近。他心急如焚，每天天一亮就上山，下午天黑了才下山。白天的饭就靠妻子送到山上吃。看着丈夫辛劳的样子，鲁班的母亲也同样着急。但是没办法，饭得一口口地吃，石头得一錾一錾地打。连日来，鲁班的母亲累得腰酸腿疼，难以入寝。一天夜里，她辗转反侧刚入梦乡，忽听得丈夫吃力地喊道："快来帮我！"这时她看到丈夫已经把一个青兰透亮、光芒四射，又圆又大的石磐掀起，就赶忙上前用力一抬，顿时，一阵剧痛……一声嘹亮的婴啼，划破了沉寂的夜空，鲁班诞生了。

有志方有梦。班母梦磐得子，蕴涵"坚如磐石"、"安如磐石"之意，故命为

“盘”。这也是鲁班父母对其光大“公输功业”的坚信和厚望吧。

鲁班的母亲仅生鲁班一人，因此把他视为掌上明珠，等鲁班渐渐成人后，便打发他四处云游学艺。15 岁时，跟随孔子的弟子子夏学诗、学文。随后，和母亲一起迁居历山（今千佛山）南边的小和庄，跟鲍老董学习木工技术。由于鲁班聪明伶俐，又非常刻苦好学，仅 3 年的时间，不用说一般的木工活，就像宫殿、桥梁等大工程也都完全掌握，成了济南地区远近闻名的木工大师。

第二节　鲁班的创新精神

人们通常都认为鲁班是建筑业的鼻祖，土木工匠的祖师。而历史上真实的鲁班却是一个跨学科、跨行业，一生勤劳不息、刻苦钻研、勇于实践，发明了很多物品的科技发明家。鲁班是古代劳动人民的优秀代表，也是智慧和力量的化身。滕州古为三国五邑之地，经济发达、文化繁荣、科学技术先进、生活环境优越，是东方著名的“君子之国”，为鲁班的成长准备了必要的条件。鲁班丰富的实践经验和非凡的聪明才智，使他成为一个多才多艺的伟大发明家。

鲁班的发明创造有多种，散见于战国以后的书籍中，主要有以下几方面。

一、机封

鲁班发明机械一事，见于《礼记・檀弓下》：“季康子之母死，公输若方小。敛，般请以机封，将从之。公肩假曰：‘不可！夫鲁有初，公室视丰碑，三家视桓楹。般！尔以人之母尝巧，则岂不得以！其母以尝巧乎，则病者乎，噫！’弗果从。”依照传统习惯，季康子之母应该按照“三家视桓楹”的规格入殓。“视桓楹”，就是在下葬时要用人力拉住系在椁四角的四根绳子，还要用人背着两个大如楹柱的木牌，伴着鼓声，有节奏地一起动作，慢慢地将棺椁置入坑中。鲁班感到这种劳动十分艰苦沉重，因而建议实行机械下葬，“转动机关，窆而下棺”（《礼记・檀弓》孔颖达疏），这是一种代替人力将棺椁放到坑中的工程起重机械。就是采用类似木把杆加木葫芦（滑轮）的吊装机具。

季家墓应属较复杂的墓葬工程“殓”应系“下于棺椁”的技巧。郑玄、孔颖达对“机封”均有注疏，当时他所采用的“殓棺”方法，但当时盛行厚葬，这种方法未被采纳。

二、农业机具

先进农机具的发明和采用是中国古代农业发达的重要条件之一。

据《世本》上记载，石磨也是鲁班发明的。磨，最初叫石岂（wèi），汉代才叫做磨，是把米、麦、豆等加工成面的机械。人类进入农业社会以来，去掉谷物壳皮、破碎豆麦就成为人们日常的烦琐劳作。早期采用的方法是用石头把谷物压碎或者碾碎，后来人们又把谷物放在石臼里面用杵来捣。这虽然是古代粮食加工工具的一大进步，但是仍然比较费时费力。接着，人们又发现与捣碎相比，研碎效果又好又省力。传说鲁班在劳动人民智慧的启示下，用两块比较坚硬的圆石，各凿成密布的浅槽，合在一起，用人力或畜力使它转动，就把米面磨成粉了。这就是两千多年以来我国各地广泛使用的磨。磨的发明是把杵臼的上下运动改变做旋转运动，使杵臼的间歇工作变成连续工作，大大减轻了劳动强度，提高了生产效率，是一个很大的进步。鲁班究竟怎样发明磨的真实情况已经无从查考，但是从考古发掘的情况来看，距今六千到六千五百年前后的仰韶文化时期，已经有石辗棒和石制研磨盘。龙山文化时期（距今四千年左右）已经有了杵臼。因此，到鲁班的时代发明磨，是有可能的。《物原·器原》还说鲁班制作了砻、碾子，这些粮食加工机械在当时是很先进的。另外，《古史考》记载鲁班制作了铲。

三、木工工具

古代的许多器具都是木制的，因此，对木匠来说，拥有精巧的工具十分重要。现在我们看到木工使用的墨斗、钻子、刨子、凿子、铲子等工具时，或许不以为然，但是在两千多年前的奴隶社会时期，这些都是了不起的发明，由于这些发明，才大大提高了木工工匠的劳动效率，土木工艺也有了崭新的长进。

相传是鲁班发明了曲尺。《孟子·离娄》说："公输子之巧，不让规矩不能成方圆"。足见当时已有"规"与"矩"。现在沿用的曲尺可能是鲁班在"矩"的基础上改进而来的，现代木工称它为"鲁班尺"（附图 3)。《续文献通考·空考·度量衡》说：鲁班尺"即今木匠所用曲尺，盖自鲁班传至于唐……由唐至今用之"。曲尺构造简单、功能多，因此至今仍在应用。关于鲁班尺最早的记述是在南宋时期陈元靓所著的《事林广记·引集》卷六"鲁班尺法"中。明代刻本《鲁班营造正式》卷六有曲尺直尺图，图名为鲁班直尺；在曲尺图中并注明：曲尺者有十寸，一寸乃十分。凡是营建房屋门的尺度，均用鲁班尺。

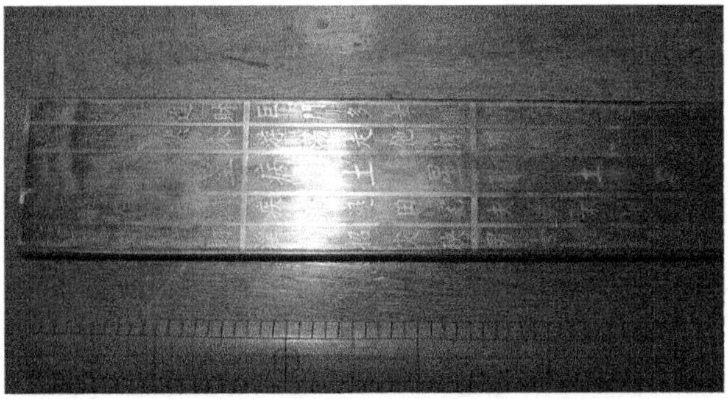

附图 3　鲁班尺

相传鲁班还创造了弹线的墨斗。鲁班创造了木匠画线用的墨斗，那是他看到母亲在裁衣服时，用一个粉袋划，受到启发的结果。墨斗刚做好时，鲁班每次弹线，都得请母亲帮忙，捏住墨线的一头。有时，母亲正在做衣服或煮饭，也不得不放下，赶来帮忙。有一天，鲁班母亲对他说："你做个小勺子，不就可以代替我捏着墨线了吗？"鲁班一听，对呀！他很快做成了一个。从此，一个人就可以弹墨线了。直到现在，木工师傅们还把这个小勾子叫"班母"呢？

明朝黄一正编《事物绀珠》还谈鲁班发明了刨。传说一次，鲁班见农人用耙子把地耙得很平，他从中受到启发，回家便制了一把平刃平面的刀，上面盖了块铁片，这回鲁班不砍了，他用这把刀在木料上推。一推，木料推下来薄薄一层木片，推了十几下，木头的表面又平整又光滑，比过去用斧头砍可强多了，可这东西拿在手里推时既卡手又使不上劲，鲁班又做了一个木座，把刨刀装在里面。刨子，就这样诞生了（附图 4）。

附图 4　刨子

传说锯也是鲁班发明的。有一年附近乡贤聚义，商定要在历山上建舜祠，这一任务理所当然地落在鲁班身上。工程浩大，木材需用量很大，众徒弟都上山去伐树，而由于没有专用的伐树工具，要伐倒一棵树很费时间，所以工程进展比较缓慢，如果耽误了工期，那影响就大了，鲁班于是亲自上山查看。当时正值盛夏，天气炎热，干活的人赤腿露臂，当然鲁班也不例外。为了迅速察看现场，鲁班快步如飞，没走多远，"哧啦"一声，就感觉腿上被一东西划了一下，甚感疼痛。低头一看，腿上鲜血直流。他便用手扒开草丛，发现划破腿的是一种植物，叶子细长，四周长满了小齿。拿起一片叶子，鲁班突然受到很大的启发。于是他又快速跑回工地，和铁工师傅一起打了一条长长的窄窄的铁片，一侧边沿凿了很多的齿，两人架在木料上，试着拉了拉，结果不大工夫，就把一根很粗的木头锯断了。这样，直到现在木工还用的"锯"就发明出来了。

由于有了锯，工作效率大大提高，舜祠随后也就比较顺利地建成了。这么大的工程，在鲁班的带领下，圆满完成，于是他名声大振。后来有一年，朝廷修建宫殿，鲁班又理所当然地被征召了。

四、锁钥

在周穆王时已有简单的锁钥，形状如鱼。鲁班改进的锁钥。他制造的锁，外面不露痕迹，机关设在里面，必须借助配合好的钥匙才能打开。

五、兵器

钩和梯是春秋末期常用的兵器。

鲁班将钩改制成舟战用的“钩强”。钩强见于《墨子·鲁问》：“昔者楚人与越人舟战于江，楚人顺流而进，迎流而退，见利而进，见不利则其退难。越人迎流而进，顺流而退，见利而进，见不利则其速退，越人因此若势，亟败楚人。公输子自鲁南游楚，焉始为舟战之器，作为、钩强之备，退者钩之，进者强之，量其钩强之长，而制为之兵，楚之兵节，越之兵不节，楚人因此若势，亟败越人。”可见“钩强”在水战中有防御和进攻两用的特点。其构造据《通典·岳五·守拒法附》中说：“钩竿如枪，两旁有曲刃，可以钩物。”这种兵器类似江南一带水运竹排所用的工具。钩强这种能钩能拒、能攻能守的舟战新式武器，在楚、越长江水战中大显威风，使楚国转败为胜。

云梯是攻城的器械，《墨子·公输》记载：“公输盘为楚造云梯之械，将以攻宋。”《战国策·公输般为楚设机章》写道墨子往见公输般时说：“闻公为云梯。”这也证实了鲁班制造云梯的事迹。云梯构造，据《史记索隐》说：“梯者，构木瞰高也。云者，言其升高入云，故曰云梯。”唐人杜佑撰的《通典·岳十三·攻城战具附》，将其构造叙述得更为详细：“以大木为床，下置六轮，上立双牙，牙有检，梯节长丈二尺，有四桄，桄相去有三尺，势微曲，递互相检，飞于云间，以窥城中。”又说：“有上城梯，首冠双辘轳，枕城而上，谓之飞云梯。”据此推测，云梯已有装配的“梯节”和多轮平板车的雏形，上部构造估计与现在消防所用攀登云梯相仿（附图5）。

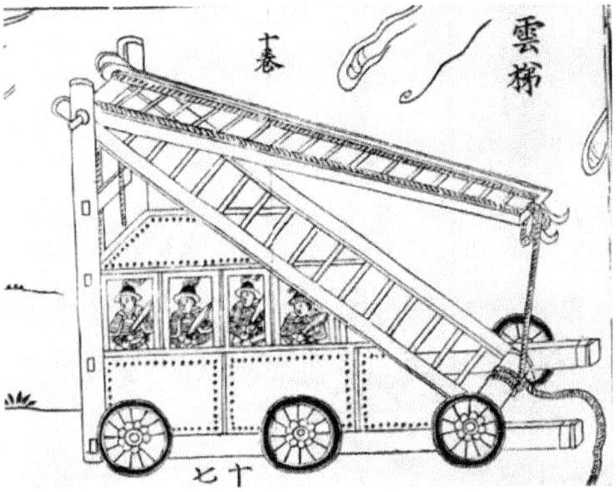

附图5　云梯

春秋战国时期，各国都城墙高池深，易守难攻，原有的攻城器械如临冲、楼车等已显得落后，鲁班借鉴原有攻城器械的长处，发明创造了攻城的云梯。鲁班造的云梯既能瞭望城内的情况，又能乘梯登上城墙，这在当时是很先进的攻城器械。

六、仿生机械

鲁班发明木鹊。这是一种以竹木为材的飞行器械。后人称之为飞鸢、木鸢（附图 6）。《墨子·鲁问》说："公输子削竹木以为鹊，成而飞之，三日不下，公输子自以为至巧。"不仅鲁班认为这是一件杰作，后人也都倍加称赞，《论衡》、《列子》、《韩非子》、《淮南子》、《文选》、《初学记》、《太平御览》等都曾引述，可见其影响之大。这种用木料制成的飞行器，是人类征服空间世界的最早试验之一，它是后世滑翔机的雏形。估计类似现代的"竹蜻蜓"或"飞机模型"。至于"飞之，三日不下"则为夸张之词。另据《鸿书》记载，他还曾制木鸢以窥宋城。

《论衡·自纪·儒增》记述了一种传言，说他制作出备有机关的木车马和木人御者，可载其母。木车马。《论衡·儒增》说："犹世传言曰：'鲁般巧，亡其母也。'言巧工为母作木马车，木人御者，机关备具，载母其上，一驱不还，遂失其母。"这大概是世界上最早的机动车。这个记载虽有失实之处，但在当时确是了不起的发明创造。

附图 6　鲁班造木鸢

七、雕刻

鲁班在雕刻方面有很深的造诣，传说鲁班刻制过精巧绝伦的石头凤凰。据《列子·新论·知人篇》记载，有鲁班雕刻凤凰的故事。故事说，有一次，鲁班雕刻一只凤凰，当他还没有雕成时，就有人看了讥笑道，你刻的凤凰一点都不像，脑袋不像脑袋，身体不像身体。鲁班听了非常生气，但并没有灰心丧气和停止工作，他决心用自己的实际行动回答他人的讽刺。因此，他更加努力学习、刻苦钻研，经过他的不懈努力，最后终于将凤凰刻成。他刻出的凤凰栩栩如生、非常逼真，赢得了众人的赞誉，那些曾经讥笑他的人也不得不佩服鲁班的高超技艺和刻苦精神。这充分表现了鲁班不怕讥讽、刻苦钻研的精神。《列子·新论·知人篇》中形容鲁班刻的凤凰："翠冠云耸，朱距电摇，锦身霞散，绮翮焱发。"

《述异记》记载鲁班曾在石头上刻制出"九州图"，这大概是最早的石刻地图。

八、土木建筑

《事物纪原》和《物原·室原》都说鲁班创制铺首。铺首即安装门环的底座，多为铜制，作虎、螭、龟、蛇等形。《营造法式》卷二"门"引《风俗通义》记载，系鲁班发明，并详细记述其形制。《物原·室原》说："鲁般又饰门窗以铺首。"《事物纪原》引百家书，也认为公输般见蠡首而作铺首。铺首就是门窗上的构件，古代常做成蠡形、螺形、龟蛇形等，其衔环既是一种增加美观的装饰，又是便于启闭门窗的实用构件。把这两种功能巧妙地结合在一起，是鲁班的又一发明创造。

由此可见，鲁班不仅是能工巧匠，而且是伟大的发明家。鲁班的主要发明如附表1所示。

附表1　鲁班的主要发明一览表

石器类：石磨、石臼、石碾、石礤、石盘、鲁班石、井台、井石、门石
木器类：桌子、床、凳、柜、箱、木钻、木犁子、耙子、砻、木锄头
铁器类：锯、斧头、锤子、锄头、榔头、铁锨、镰刀
土木类："L"形矩尺、圆规、曲尺、班首、鲁班锁、墨斗、刨子
建筑类：卯、榫、亭子、宫殿、门板、窗棂、桥、床
仿生类：木鸢、木车马、麦秆工艺
兵器类：云梯、钩强、钩距、沙盘
锁钥类：铜锁、钥匙
雕刻类：木雕、石雕
机　封：机封
其他生活用具：铲铲、伞、栓、独木舟、船、桨、橹、木筏

九、鲁班创新精神的启示

鲁班出身于工匠家庭，凭借自身的长期实践和经验积累，掌握丰富的生产劳动技能，进行了众多伟大的创新。可以说，不断地进行技术创新是鲁班精神的精髓。鲁班众多的发明和创新对后世产生了极大的影响。首先，它们有效地促进了社会生产力的发展。生产工具是生产力发展的最重要标志。鲁班凭借其发明、创新精神，发明了众多的生产工具，如锯子、曲尺（鲁班尺）、刨子、石磨、鲁班锁、云梯等，使人们从原始生产劳动方式中解放出来，极大地促进了生产力的发展。其次，积极地促进了科学技术的发展。在我国封建社会，科学技术并不受到统治阶级的重视，科学技术的进步主要依赖于民间的工匠。鲁班丰富的生产技艺和劳动技巧，通过民间的工匠得以保存、流传和发扬光大。最后，鲁班成为具有创新精神和高超技艺的能工巧匠的象征，在中国历史上产生了深远影响，成为激励后世不断创新的文化符号。后人在颂扬鲁班的高超技艺和创新精神时，寄托了人们认识自然、改造自然的强烈愿望。鲁班的形象是经过长期集中、丰富的典型化过程而逐渐定型的，并成为善于发明、勇于创新的代名词。

值得注意的是，鲁班事迹中体现了创新人格的重要性。创新人格是创新的关键要素，因为创新本身具有双重性：创新有可能造福人类，也有可能祸害人间，所以创新精神的关键是创新人格。创新人格内在于主体，创新知识可以相对容易地从教育或者实践中获取，而创新人格的获得一定要经过人们自身的内在与外在的训练，才能转变为人们的创新精神乃至行动。

以鲁班为例，在战国初年的时候，楚国的国君楚惠王想重新恢复楚国的霸权；他扩大军队，要去攻打宋国，所以他把鲁班请去当了楚国的大夫，鲁班替楚王设计了一种攻城的工具，比楼车还要高，看起来简直是高得可以碰到云端似的，所以叫做云梯。楚国想进攻宋国的事，也引起了一些人的反对，反对最厉害的是墨子。墨子，名翟（dí），是墨家学派的创始人，他反对铺张浪费，主张节约，特别主张“非攻”，所以墨子赶往楚国劝鲁班不要帮助楚惠王攻打宋国；这样战国时代的历史上独一无二的发明家的战争爆发了，而两位发明家在沙盘上的演练比试决定了两个国家的命运。他们俩在地下围着当做城墙，再拿几块小木板当做攻城的工具，公输般采用一种方法攻城，墨子就用一种方法守城。一个用云梯攻城，一个就用火箭烧云梯；一个用撞车撞城门，一个就用滚木礧石砸撞车；一个用地道，一个用烟熏。公输般用了九套攻法，把攻城的方法都使完了，可是墨子还有好些守城的高招没有使出来。楚惠王亲自看到墨子守城的本领，知道要打胜宋国没有希望，只好说：“先生的话说得对，我决定不进攻宋国了。”

重要的是，墨子不仅制止了一场战争，更唤醒了鲁班的道德良心，塑造了鲁班的创新人格。鲁班在与墨子进行了《止楚攻宋》“短兵相接”的一番“较量”以后，他的身心受到了强烈的震撼，从而也完成了他“不拿云梯当阶梯”的人生重大转折。本来在春秋战国时期，群雄并起，百家争鸣，凡是有点政治抱负的人，都游说各国，以达到显贵的目的。鲁班也不例外，他自恃才华横溢，想名扬于世。原以为有了一定的“本事”，就可以天下无敌了。殊不知这种“创新的本事”容易被别有用心的人利用。好、坏在一念中，这一念之差险些把自己陷入不义之师的泥沼。他深深地反思着：虽然自己在楚王面前失去了面子，但人品却是立身之本，绝不能舍本而求末，他应该感谢墨子才对。墨子不仅及时制止了一场战争，救民于水火，而且也救了自己。

后来鲁班去找墨子当面赔礼道歉。他翻过罗汉山，走不多远，只听得人声鼎沸，号子阵阵，此起彼伏，举目张望，是一片繁忙的劳动景象。鲁班上前打听，原来是墨子组织的人在开挖水渠，要将泉水汇流成河，以利于沿河百姓。这使鲁班陷入了沉思：墨子的一行一动都是为民兴利，这种博大的胸怀，实在令人钦敬。猛然，公尚过来对他说，墨子带领众弟子在化石沟挖泉已经几天没下山了。“这不，这儿正等着他建桥的方案呢！”鲁班听到这里，心中暗想：“这可是向墨子赔不是的好机会。我若帮他造了桥，又能为民造福，也化解了我俩不愉快的情结”，就随口说：“你老师就是让我来帮你建桥的。”此后的一段时间里鲁班同墨子的弟子们一起，架起了一座横跨沂河两岸的桥梁。

由此可见，创新人格是主体在后天学习活动中逐步养成，在创造活动中表现和发展起来，对促进人的成才和促进创造成果的产生起导向和决定作用的优良的理想、信念、意志、情感、情绪、道德等非智力素质的总和。创新人格不仅对创造活动的成功和创造成果的产生能起导向作用、内在动力的作用，而且诸如高尚的理想和信念、为人类造福的道德目标等，能够在一个人的成才过程中起关键性的导向作用。在科学和艺术史上，很多像鲁班这样的人才，正是因为在实践中不断锤炼自己的创新人格，才有了伟大的创造成果，更是自己的创造活动起到了促进国富民强的积极作用。

十、鲁班创新精神的现代价值

鲁班创新精神的精髓是：“工作态度上的孜孜不倦、兢兢业业；技术要求上的精益求精，以及在科技上的不断探求和创新。”鲁班创新精神的内核是勤于思考、立足实践、善于钻研、巧于创新、注重细节、锲而不舍、不怕困难、绝不半途而废、精益求精。鲁班既是一个精益求精的能工巧匠，又是一个发明家。鲁班的创新精神在现代具有极强的现实意义。

正如前述，鲁班是在感受到小草边缘细齿的锋利和蝗虫啃吃叶子的启发下发明了锯。在一般人看来，小草边缘的细齿和蝗虫吃叶子，都是再平常不过的生活小事，不值得大惊小怪，而鲁班却能敏感地发现问题，在强烈的好奇心驱使下，萌生发明创造的念头，并且勇于提高实践，把自己的想法变成现实。这启发我们，多注意生活当中一些小事，注意观察、思考和钻研，就有可能从中找到解决问题的方法和思路，总会有所收获，甚至获得某些创造性发明。同样，我们从事建筑事业应该注重细节，细节决定成败，在现阶段的建筑业中，比较一个施工单位施工水平的高低往往已经体现到了一个工艺、一个部件、一处布置这样很细微方面的比拼。注重并把握工作中每一个细节，勤于思考、勇于创新、不断改进，对于提高自身的施工水平，使工程整体施工质量跃上一个新的台阶大有裨益！

《列子·新论·知人篇》中还记载了鲁班雕刻凤凰的故事，从中我们可以学到鲁班的创新也来源于刻苦钻研、勇往直前的精神，正是因为鲁班勤于动脑、大胆实践，终于发明创造出很多新颖的木工工具，既使木工们从原始、繁重的劳动中解放出来，又大大地提高了劳动效率和生产质量。鲁班的开拓创新精神，永远值得后人学习。同样，我们应该抱着工作无止境，创新促提升的理念，对工作尽心尽力，对质量尽善尽美、策划严谨、注重过程、严格验收。做每一件事情、完成每一项工作都应该高标准、严要求，在施工过程中做到持续改进、精益求精、力争创新性地完成施工任务！

另外，作为能工巧匠，鲁班创新的特点在于注重实践，还注重言传身教。鲁班的弟子对鲁班技艺的继承也主要在实践层面，他的弟子跟他学习手艺，虽然不会像孔子弟子那样记录老师的言论，但是他的弟子使鲁班的发明创造世代相传。他四处传艺，惠及四方，在中国科技史上作出了杰出贡献。鲁班被称为土建、工匠的“始祖”还远远不够，他还是中国古代科技文化的集大成者，是中国当之无愧的科技发明第一人。例如，《墨子·鲁问》中记载：“公输子削竹木为鹊，成而飞之，三日不下。”这是人类征服空间世界最早的实验之一。

学者们认为，作为以发明创造为核心的鲁班文化蕴涵着中华民族的自主创新精神。鲁班的勤劳智慧、勇于创新的风范，是中华民族的精神品格的集中体现；反过来，鲁班文化对中华民族的精神又产生深刻、恒久的影响，因此值得大力提倡、永久发扬。我们应当学习鲁班，在科技兴国的实践中，提倡勇于创新、勇于探索、勇于实践的精神。鲁班精神不仅适用于建筑界，对各行各业，对创建创新型社会都有现实意义。

鲁班的创新精神留给当代中国人重要启示。“科学技术是第一生产力”，技术创新是推动我国社会发展和经济转型的根本力量。弘扬鲁班创新精神，对于推动社会创新氛围的形成，增强民族自主创新能力，建设创新型国家具有积极的意义。鲁班的发明创造既有原始创新也有集成创新。所谓原始创新就是原创和首创，是一种观念上的根本性创新，由原始创新将会带出其他科技创新。例如，鲁班发明的曲尺、墨斗、刨子、凿子，以及木制飞鹊、攻城用的“云梯”、舟战用的“钩强”等，这些都具有原创性。所谓集成创新是对各个创新要素和创新内容进行选择、集成和优化，形成优势互补的有机整体的动态创新过程，如鲁班在总结前人发明的基础上创制了“机关备制”的木马车等。集成创新也是一种重要的创新。改革开放以来，我国经济经历了长期持续性的高增长，但是这种增长是粗放式的，是以大量的资源消耗和环境破坏为代价的。努力弘扬鲁班创新精神，持续增强民族自主创新能力，对于解决自然资源与环境的瓶颈制约，转变当前社会发展中经济发展落后方式，推动产业结构调整，提升国家竞争力、实现中华民族振兴都具有积极意义。

在鲁班自身上体现出的终身学习的理念和持续创新精神，也给高职教育留下重要启示。高职是面向生产、建设、服务第一线培养应用型、管理型高端技能型专门人才。要实现这一目标，就要立足学生的发展，以终身学习的理论为指导，持续发展学生的创新能力。而鲁班这一文化符号上所体现出的终身学习和技术创新的文化内涵显然是具有重要启示意义的。

第三节 鲁班文化

一、鲁班文化与儒家文化的关系

春秋战国时期，齐国和鲁国先后成为中国文化的中心，出现了以孔子、孟子为代表的儒家，以鲁班为代表的巧匠家，以墨子为代表的墨家，以孙子为代表的兵家，以邹衍为代表的阴阳家和以淳于髡为代表的纵横家等。齐鲁文化是中华文明的主干，其基本精神与中华民族精神一致。从此之后，中国文化就以齐鲁文化为核心和主体，不断吸收其他异质文化，逐渐发展成熟起来。齐鲁文化奠定了中华传统文化的基础，也建构了我们民族精神的基本框架。

在肯定齐鲁文化的同时，我们也应该看到，长期以来，我国重视治国平天下的儒家学说，而不太重视技艺，甚至视科技发明为“奇器淫巧”。因此，也忽略了以鲁班为代表的巧匠文化。但是，这与孔子及早期的儒者并没有必然的联系，早在20世纪二三十年代，就已经有学者提出要分清“真孔子”、“假孔子”，要把孔子之学与后儒的偏见加以区分。中国先哲强调“形而上者谓之道，形而下者谓之器”，“德成而上，艺成而下”，不过是强调“德”与“艺”的先后关系、主次关系，并没有轻视“艺”的意味。孔子曾经称赞他的弟子冉求说：“求也艺，于从政乎何有?”（《论语·雍也》）意思是冉求多才多艺，让他治理政事有什么困难呢？孔子又说：“若臧武仲之知，公绰之不欲，卞庄子之勇，冉求之艺，文之以礼乐，亦可以为成人矣。”（《论语·宪问》）认为像冉求这样多才多艺的人，再用礼乐来成就他，也可以算是完人了。孔子将“冉求之艺”与“臧武仲之知”、“公绰之不欲”、“卞庄子之勇”并举，不仅没有轻视之意，相反，孔子对冉求是赞扬的。同样，孟子也曾赞赏“公输子之巧”（《孟子·离娄上》）。但是，十分不幸的是，后世儒家却衍生出来对于科学的轻视，认为科学不过属于“艺”和“器”的部分。

后世儒家的偏见造成了对鲁班文化长期的不公正对待。现在，我们国家大力提倡“依靠科技进步，坚持自主创新，建设创新型国家”。适逢此时，开展鲁班文化研究，弘扬鲁班精神，有重大的现实意义。作为中国的科技圣人，鲁班可以说是中国最伟大的科学家之一，我们应当大力发扬鲁班精神，振兴中国科技。同时，必须明确，科学的发展要有深厚的人文文化为其先导和支撑，只有这样，才能给科技的发展提供源源不断的动力。片面强调发展科技，而忽视人文底蕴，是非常危险的。

鲁国故都曲阜有孔子文化与巧匠文化相映生辉，这里不仅有作为东方智慧集大成人物的孔子的林庙，还将规划建设鲁班庙或鲁班纪念馆。可以相信，这不仅有助于改变对鲁文化及孔子儒学的偏见，而且还引发人们进一步的思考：孔子、鲁班同在春秋末年的鲁国都城，而曲阜是鲁国故地、孔子故里、儒学故乡，原始的儒家文化及原始的鲁班文化都是以鲁国文化为母体，脱胎于鲁文化；所以以孔子为代表的儒家文化及以鲁班为代表的巧匠文化就是共同构成齐鲁文化的双璧，今天科学的发展仍然要有人文文化为其先导，并为其提供源源不断的动力，不能只强调和偏爱科学或人文其中某一个方面。可以认为，以孔子为代表的原始儒家文化和以鲁班为代表的巧匠文化，都是鲁国文化结出的文明硕果；使巧匠文化与儒家文化合璧才是继承与发扬中国传统文化的正确方向（附图 7）。

附图 7　鲁班传说

二、与鲁班文化相关的纪念设施和纪念日

鲁班作为中国古代手工业技术发明创造的典范，表现出的中华儿女积极进取、勇于创新的精神，是中国传统文化的亮点，对中华民族性格有深远持久的影响。鲁班已经成为一种文化符号，人们采用各种各样的方式纪念与学习他，以传承与发扬鲁班文化。

（一）济南千佛山的鲁班祠

有记载说，鲁班当年学艺就是在千佛山东南部，后来又隐居于山上，在这里搞了许多发明。因此，从明清开始，济南陆续建立了许多纪念鲁班的场所，但现在许多建筑都损毁了，遗存下的历史遗迹并不多。

位于千佛山山顶处的鲁班祠（附图 8），坐南朝北，四楹出厦，红墙青瓦，花棂门扉。门外设有香炉，并立有祭祀者捐款的功德碑。祠内有鲁班的高大塑像。塑像呈坐姿，衣着简朴，头绾发髻，面貌和善，须髯垂于胸前，人物表情充满着智慧。在塑像上面，有一块写有“巧圣仙师”的匾额。两侧各有一童子侍立，一个捧书，一个捧墨斗。鲁班塑像雕刻精美，外罩神龛，悬挂帷幔，前有香案，案面上摆满了供品，俨然以庙堂规格装饰，被当做了神灵供奉。

相传该祠始建于宋元时期，清咸丰年间重修过。原祠中，塑像旁边还放置有锛、锯等木工工具，墙壁上绘有有关鲁班传说的壁画。后来祠堂被损毁了，现在的祠堂是 20 世纪 80 年代重修的。近年来，不但有内地人前来祭拜鲁班，东南亚诸国的华人和我国台湾地区的木瓦工人也来这里寻宗问祖，并且祭奠仪式非常隆重。

附图 8　千佛山的鲁班祠

（二）滕州鲁班功德堂

“百工圣祖”——鲁班功德堂（附图 9）矗立在滕州界河镇灵泉山山腰之中，巍峨雄伟，蔚为壮观。鲁班被称为工匠始祖，他的科学创新精神成为中华民族宝贵的精神财富。为了弘扬鲁班文化，传承鲁班精神，滕州市委、市政府高度重视鲁班精神的研究与开发，成立了鲁班研究会，开展了卓有成效的鲁班研究工作，取得了一系列的成果。经权威专家学者的一致认定，鲁班故里为滕州，“鲁班造磨处”遗址在位于界河镇境内的灵泉山。

鲁班功德堂分为四部分，即鲁班功德堂、鲁班广场、鲁班石器园和“鲁班挥臂打石磨”的石雕。其中，鲁班功德堂是 200 多平方米的仿古大殿，堂内墙壁绘鲁班《圣迹天下图》，正堂供奉鲁班像，陈列圣祖发明的器具。鲁班广场位于鲁班功德堂正前方，面积近 800 平方米。广场中央为“鲁班挥臂打石磨”的石雕。雕塑高 4.2 米，雕塑稿样经我国著名雕塑设计者、山东艺术学院教授池清泉审修订稿，广场周围陈列石碾、石磨等。

鲁班石器园位于上山的环山路旁，园里摆放石磨、磨盘、碌碡、石槽等石器共计 780 余件，并利用石器制作成石凳、石桌等，摆放在栗子园内，为游客提供休憩场所。

据悉，鲁班功德堂是目前全国规模最大的纪念鲁班的场所，同时也是各地工匠凭吊工匠祖师鲁班的重要场所，是灵泉山森林公园一处极富人文特色的旅游景点。

附图 9　鲁班功德堂

（三）湘潭鲁班殿

鲁班殿（附图 10）位于湘潭市自力街兴建坪，初建于清乾隆年间，1912 年被焚，1915 年由泥木工人集资重修。重修后庙堂宽阔，殿门高耸，雕塑精美，一直是泥木工人集会、活动的场所。

附图 10　湘潭鲁班殿

进门有戏台，相传农历五月初七为鲁班诞辰，泥木工人于此集会纪念。1926 年，湘潭成立泥木工会，此地为会址。后来开办公输小学，专门招收泥木工人子弟入学。

现在鲁班殿保存比较完整的是殿门上“湘潭古城全景图”泥塑。此图分三部分。右部分为文昌阁至小东门图景，原文昌阁的全貌清晰可见。中部分为古城城内至窑湾图景，蜿蜒的城墙和观湘、文星诸城门，以及城墙上的城楼、垛口，都一目了然。城墙外是半边街的吊楼，依次往前是大埠桥的石拱、万寿宫的高墙、关圣殿的飞檐、石嘴垴的石壁，以及唐兴寺、唐兴桥、窑湾等，凡三街六巷，均形貌逼真。左部分为杨梅洲图景，市街房屋，别具风格。

在这些景物下面，是浩荡的湘江，江面百舸争流，江岸码头码历历在目。此图实为研究湘潭古城发展的重要资料，也为游人寻古访幽增添了情趣。

（四）天津公输子祠

天津的公输子祠，整个建筑占地面积为800平方米，是我国东北部最大的鲁班纪念场所。

（五）蓟县鲁班庙

蓟县鲁班庙（附图11），又称公输子庙，占地800多平方米，位于蓟县县城鼓楼北大街的东侧，由山门、大殿和东、西配殿组成。整座建筑工精料细，布局严谨。它的用料，是清初在遵化修建康熙、乾隆陵时，工匠们节省下来的一些木料、砖瓦。这个说法在庙内尚存的清光绪三年（1877年）《重修公输子庙碑记》得到旁证。碑载："东陵吉地，在蓟城南蔡庄赁地数十亩作木厂。众匠人曾到鲁班庙谒庙焚香，自兴工至今一切平安，皆仰祖师默佑。产生重修之愿。会同本郡乡绅，各厂算房（帐房），样式房（设计模型单位），各作匠，出资共成善举。"现场核查，这座建筑是严格按照官式做法修建的。大殿木柱用的是铁糙木，此木比水重，较铁硬，蓟县本地不出产，可能是皇家用料。木框架使用斗拱，在古代建筑中称大式做法，民间是不能使用的。鲁班庙使用了最简单的一斗三升做法，既表达了工匠们对祖师的尊崇，又不太超越规则。殿顶采用歇山顶绿琉璃瓦。瓦顶式样也是有严格限制的，最高等级是庑殿顶，其次是歇山顶。琉璃瓦在民间不能使用，官制黄琉璃最高，绿琉璃次之。鲁班庙是尽量提高规格等级，但又不大破格，可谓匠心独具。因多年来整个建筑被学校占用，没遭大的破坏，市文物部门除按原样整修、油饰之外，尽量保持原样，使其有古建特色，并请该县泥塑专家于庆成重塑了鲁班像和四位弟子像，弟子手拿曲尺和线盒等工具，并配置了鲁班生平事迹展览。

附图11　蓟县鲁班庙

（六）上海浦东鲁班殿和香港鲁班庙

20世纪后期，随着著名港口城市上海的不断发展，在素有"泥刀之乡"美称的浦东，涌现出了一批杰出的营造商。例如，1883 年上海第一个开设营造厂并成为上海近代营造业开创者的杨斯盛、被称为一代建设宗师的王松云、著名的营造商陶桂松等，逐步壮大为上海滩上实力最强的施工专业队伍，先后承建或参与承建了上海海关大楼、国际饭店、汇中饭店（现称和平饭店）、中国银行大楼、永安公司新大楼（现称七重天宾馆）等近百座优秀建筑。发展壮大后的浦东营造团队，不忘一代工匠大师鲁班，为了发扬祖国优秀历史文化，也为了便于同行间的联络、交流，由著名营造商杨斯盛牵头，于 1894 年策划，筹建了鲁班殿，并作为行业公会的会馆，鲁班殿选址在原南市区城隍庙旁的硝皮弄。每年农历六月十三，在鲁班殿举办各种瞻仰纪念活动，上海营造界的人士都会踊跃参加。可惜的是，当年的鲁班殿已于 20 世纪 60 年代中叶“破四旧”时被拆除，原址上改建了福佑路小学。

20 世纪 40 年代，不少浦东营造商移居台湾、香港，有的到泰国、新加坡、马来西亚定居，为当地的开发建设作出了杰出贡献。例如，移居台湾的叶进财、叶根林父子，30 多年不辞辛劳，为台北城市建设作出了非凡的成绩，获得了“叶半城”的美誉。中国改革开放后，叶家又捐赠巨资在家乡浦东建造了上海第一所现代化寄宿制高级中学——进才中学，该中学现已成为爱国主义教育基地。定居泰国的丁兰卿、丁培德父子充分发挥其聪明才智，中标参与泰王宫的修建，得到了泰国国王普密逢的嘉奖，并与其合影留念。丁培德过世时，国王还派专人送花圈以表哀悼。定居马来西亚的黄亦嘉父子，长期致力于马来西亚沙捞越的开发建设，营造了不少漂亮的大楼，成为当地著名的侨领。在浦东营造商最集中的香港，正赶上建筑市场大有用武之地的黄金时期，著名营造商徐德、陶伯育、黄雄熙等大展身手，建造了众多有历史纪念价值的建筑，如中国银行、汇丰银行、香港会所等。大厦一幢幢建起来了，却发现香港没有鲁班殿，无法组织业内人士进行相应的活动。好在有一位姓金的师傅于 1949 年赴港时带有上海老城隍庙鲁班殿的照片，众人在香港上海街选定了一所房子，按照片的图形塑成了鲁班雕像，修建了香港鲁班庙(附图 12)。

附图 12　香港鲁班庙

中国迎来了改革开放的春天，定居香港的浦东营造前辈也纷纷回浦东参观考察，并参与家乡的开发建设。陶伯育先生还捐资助学，在川沙镇建造了一流的侨光中学。1984 年，中英签订了联合声明，香港要回归祖国了。定居香港的浦东营造业前辈也想：何不趁家乡腾飞的大好时机，把先祖鲁班的金身请回“建筑家乡”浦东？倡议很快得到认同。在具体实施过程中，营造前辈钱振明先生作出了很多贡献。钱老和众多浦东建筑同行移居香港几十年，在艰苦的创业阶段，以鲁班先师勤奋刻苦、精益求精、勇于创新的精神鞭策自己，成就了自己的实业。为了家乡浦东的开发建设，为了重塑鲁班形象，不顾年高来回奔波，在新区宗教部门的大力协助下，经多方联系，精心选择，1993年，终于把鲁班雕像由香港移居到浦东新区龙王庙道观，并筹措了专门资金建造了鲁班殿。2004年4月，又建立了“鲁班基金”，用于联络海内外崇仰鲁班师祖的建筑营造业、木业制造和销售业同行，开展技术和信息交流活动，弘扬中华民族优秀传统文化，并开展各种慈善事业和社会公益事业活动。鲁班殿创始人之一的钱振明先生、著名企业家费钧德、吴庭元先生担任基金会名誉理事长，上海国泰创业建设有限公司董事长兼总经理包建国先生为首任理事长。

此后，每年的农历六月十三，浦东鲁班殿都会举行隆重的庆典活动。鲁班先师的精神不断发扬光大、代代相传。

（七）鲁班节

香港农历六月十六为“鲁班节”，这天全港建筑工人放假，白天去青莲台鲁班庙参拜祭祀，夜晚摆筵畅饮。他们认为，饮了祖师诞辰酒，可保一年平安，且技艺更精。

鲁班节也是云南省通海县西城一带的蒙古族人民的传统节日，每年农历四月初二举行，为期一天。居住在这里的蒙古族人民从其他兄弟民族那里学会了建筑技术。他们修建的房屋，不仅造型别致、美观，而且经久耐用，颇受附近各族人民的称赞。为了纪念和庆祝在土木建筑方面取得的成就，他们就把每年农历四月初二定为鲁班节。节日这天，外出修建的泥、木、石匠，无论路途远近都要赶回家里来欢度节日。各村寨都要杀猪宰羊、搭台唱戏。人们还把檀香木雕刻的鲁班像抬着，敲锣打鼓，游至各村寨，然后，大家汇集场上，唱歌跳舞。他们最喜欢的舞蹈叫“跳乐”。跳舞时，先由男青年作为先导，他们怀抱龙头四弦琴，边弹边跳，后面的人群分成两行，有时围成圆圈、有时互相穿插，队形多变、且歌且舞，场面十分活跃。传说，最早学木工技艺的是一个名叫旃勒的蒙古族小伙子。他勤奋好学、聪明伶俐。他决心要拜木匠祖师鲁班为师，踏遍了崇山峻岭，走遍了城乡村镇，终于有一天他遇到了鲁班。鲁班见这个蒙古族后生拜师虔诚，学艺非常认真，十分喜爱，就把自己的绝技传授给了他。当旃勒提前满师时，鲁班非常赏识他，特地送给他一本《木经》。鲁班说：“勤学头脑明，苦练技术精。我一生的高招绝技都写在这本书上了，望你回去后，把书上的技艺传给你们的家族兄弟，让他们也像你一样成为一个高明的木匠。”旃勒立即手捧《木经》宝书，向鲁班叩首谢恩。旃勒回到云南家乡，始终没有忘记祖师爷的教导，将自己的名字改成旃“班”，并广收门徒。这样代代相传，云南蒙古族人民也就普遍的掌握了木工技艺，同时也学会了泥工、石工、竹工等技术。因为鲁班祖赐《木经》和旃班每年收徒之日都是农历四月初二，所以将这一天定为鲁班节。每年此日旃班都要亲自讲授《木经》，并招来徒弟进行锯、刨、砍、钻、划线、雕花等技术大赛。他还选用最好的檀木亲手雕塑了一尊鲁班神像，让徒子、徒孙们奉拜，永远牢记鲁班的教诲和恩典。节日后，各村寨忙着收小麦、油菜籽，犁田插秧。干完这些农活后，工匠们又成群结队地外出承包建筑。

（八）鲁班师傅诞

每年的农历六月十三是“鲁班师傅诞”，我国尤其是港澳台地区的木匠多有庆祝这节日。例如，上架行木艺工会就很重视这个节日。他们每年祝贺“鲁班师傅诞”时，有一项传统活动——派“师傅饭”，就是在师傅生日那天，用大铁锅煮白米饭，再加上一些粉丝、眉豆、虾米等。相传吃了“师傅饭”的小孩子，不仅能像鲁班那么聪明、健康、伶俐，而且长得快、长得高。另外，在“鲁班师傅诞”这一天，还会请一台木偶戏来演出，或者请一班艺人来唱八音。

由于鲁班享有盛名，中国各处多有以鲁班命名的地区和公司。例如，贵州省仁怀市鲁班镇、北京市崇文区龙须沟附近的鲁班胡同、海南省中沙群岛的鲁班暗沙、四川省广元市以西 15 公里处的三堆镇附近的鲁班峡。

鲁班在中国社会各阶层有十分广泛的影响。除各大中城市久已遗存的鲁班庙宇和街道名称外，江、浙、两湖一带还流传有“鲁班字”，据说自鲁班之后，历代木工匠师沿袭采用已两千多年。据山东《建筑志》主编舒奉先提供的材料：湖南省沅江县建筑工程公司 80 岁的老木工匠师傅锡远，还能清楚鲁班字的书写方法。鲁班字实际是用简洁的字体，表示各种施工操作方法。

我国台湾的鲁班庙，是世界上最大的鲁班庙，面积达 2000 平方米；马来西亚鲁班庙，同样受到当地社会的关注和尊重。

（九）鲁班奖的设立与颁发

鲁班奖是行业性荣誉奖，属于民间性质，由中国建筑业联合会于 1987 年设立，全称是“建筑工程鲁班奖”，目的是鼓励建筑施工企业加强管理，搞好工程质量，争创一流工程，推动我国工程质量水平的普遍提高。当时每年数额 20 个，有严格的评选办法和申报、评审程序，并有严格的评审纪律。评审由评审委员会负责，协会只负责受理申报、组织初审和工程复查，不得干预评奖工作。评委由各地区和国务院有关部门的专家组成，以无记名投票方式选定。

1996 年 7 月，根据建设部的决定，将于 1981 年政府设立并组织实施的国家优质工程奖与建筑工程鲁班奖合并，奖名定为中国建筑工程鲁班奖（国家优质工

附图 13 “鲁班奖”金像

程）（以下简称鲁班奖）。该奖是我国建筑行业工程质量方面的最高荣誉奖，由建设部、中国建筑业协会颁发，每年评选一次，奖励数额为每年 45 个。

建设部、中国建筑业协会对荣获“鲁班奖”的单位，授予“鲁班奖”金像（附图 13）和荣誉证书，对主要参建单位颁发奖状，并通报表彰。获奖企业在获奖工程上镶嵌统一荣誉标志。中国建筑业协会还将编纂专辑，把其载入史册。

鲁班作为中国古代建筑专家和能工巧匠的代表，是当之无愧的。因此，中国建筑业协会确定设立“鲁班奖”作为建筑业的最高荣誉奖。这是继承中国建筑优秀传统、发扬中华民族建筑文化精华的一项决策，是有科学的历史根据和深远的现实意义的。

三、鲁班文化价值

（一）鲁班文化的教育价值

鲁班文化是一本具有重大意义的教科书，当中蕴涵的科学技术、社会知识、人生哲理和伦理道德等有独到的教育作用，潜移默化地教育着人们。

首先，鲁班文化传递着思维方法——打破常规、突破惯常的思维方法。鲁班发明机械一事，就说明了这一点。《礼记·檀弓下》记载：“季康子之母死，公输若方小。敛，般请以机封，将从之。”依照传统习惯，季康子之母应当按照“三家视桓楹”的规格入殓，所谓视桓楹，就是在下葬时要用人力拉住系在椁四角的四根绳子，还要用人背着两个大如楹柱的木牌，击鼓为节，一齐动作，慢慢地将棺椁埋葬到坑里去。鲁班对于这种艰苦的劳动深有感受，善于分析和归纳的鲁班把这种传统而复杂的下葬习惯从具体中复杂，又从复杂中具体，敢于打破习惯性思维，提出实行机械下葬，“转动机关，窆而下棺”（《礼记·檀弓》孔颖达疏）。

其次，鲁班文化传递着某种哲理和人生的经验。《鲁班学艺》就是通过鲁班学艺的艰辛、刻苦，让人们明白了一个很简单的道理，任何高超的技艺都不可能一蹴而就，而要通过艰苦努力和长期的实践并不断进行总结才能获得。与鲁班本人及发明物品相关的成语典故有许多，如“鲁班门前弄大斧，孔夫子门前卖经”、“有眼不识泰山”、“不以规矩，不成方圆”等。这些成语典故每每给人以警示，给人以启迪，意义深远地影响着后人。

最后，鲁班文化传递着各种社会生活知识。当人们在传诵鲁班优美的传说时，除了获得精神上的享受外，也可以获得许多实用的知识。

（二）鲁班文化的科技价值

鲁班在建筑、木匠知识、技艺的传承，对后世工艺、技术的影响上是不可忽视的，鲁班文化具有不可忽视的科技价值。

首先，体现在对现代科学技术发展的影响上。在鲁班的诸多业绩中，科技发明是占主要的，鲁班的发明涉及了诸多行业。他的创造和发明加快了科技发展的进程，使人们从当时原始的、繁重的劳动中解放出来，有力地促进了社会生产力的发展。

其次，体现在木匠工艺传承、技术革新等方面。古代的许多器具是木制的，因此精巧的工具对木匠来说十分重要。鲁班在两千多年前的奴隶社会时期发明了现在还在使用的墨斗、刨子、钻子，以及凿子、铲子等木工工具，这是十分了不起的，也正是由于这些发明的出现，才使得木工工匠的劳动效率成倍提高，土木工艺出现了崭新的面貌。例如，《孟子·离娄》说："公输子之巧，不让规矩不能成方圆。"足见当时已有"规"与"矩"。现在沿用的曲尺，推测是鲁班在"矩"的基础上改进而来的，现代木工称它为"鲁班尺"。

最后，体现在鲁班的科学想象上。《墨子·鲁问》记载的鲁班发明"木鹊"，不仅作者认为这是一件杰作，后人也为之津津乐道，《论衡》、《列子》、《淮南子》、《韩非子》、《文选》、《初学记》、《太平御览》等都曾引述，可见其影响之大。鲁班处于当时科技水平下，能有用木料制成的飞行器的想象就是伟大创举。"科学技术一经与科学想象相结合，就会给人以遐想、启示和力量"。这种力量往往引起科学的创新，促进科学的发展，推动社会的进步。然而现代社会一般人都认为"纸莺"（风筝）的发明，是源于鲁班造木莺的传说。

（三）鲁班文化的经济价值

首先，鲁班文化是经济发展的重要精神动力。鲁班文化为经济发展活动提供价值导向和精神动力。在我国的工程建设领域就得到了充分的体现。中国建筑工程鲁班奖（国家优质工程）是我国建设工程质量的最高奖，要求得奖工程的质量应达到国内领先水平。

20多年来，共有近千家建筑业企业承建的1000多个工程项目获得了"鲁班奖"。"鲁班奖"的创立正是鲁班文化价值取向和精神动力体现之一，它弘扬了鲁班精神的精髓之一——精益求精，它向全社会昭示了建筑业把工程质量视为生命的决心和行动，它是坚决贯彻党和国家一贯倡导的"百年大计，质量第一"方针的决心和意志。“鲁班奖”已成为我国工程建设巨大成就的见证，是全行业不断创造精品工程的一个展示。创建“鲁班奖”活动，帮助获奖企业树立了品牌和信誉，为企业赢得了更大的市场和效益。“鲁班奖”的创立体现了一种行业精神，就是精益求精、追求卓越的精神。创建“鲁班奖”工程已不仅是建筑企业努力奋斗的目标，也日益成为广大业主树立社会形象的追求，体现出鲁班文化在经济发展中强大的精神动力。

其次，鲁班文化是经济活动的重要资源。一是鲁班之名家喻户晓，蕴涵着丰富的文化价值，它本身就是一个民族品牌，输入关键词“鲁班”在互联网上检索，可以发现，以鲁班命名的公司、产品不计其数，这就是鲁班品牌价值的充分体现。它能使企业在竞争中先声夺人，争得更有利的投资机会和市场地位，创造更多的商机，带来更大的经济效益。二是鲁班在海内外的纪念设施和纪念日本身就是丰富的旅游资源。三是鲁班发明的各种各样物品造型和模型、承载着广为流传的鲁班传说的图书和音像制品，甚至是鲁班塑像，这些有形资产，它可以供人们娱乐、观赏和使用。可以说，饱含精神的鲁班文化在经济活动中就是一个品牌，它是经济活动的重要资源，创造了更多的商业机会。

总之，鲁班不仅是建筑业的鼻祖，土木工匠的祖师，而且是一个跨学科、跨行业，一生勤劳不息，刻苦钻研，勇于实践，发明了很多物品的科技发明家。他是中国科技发明之父，有着发明创造的光辉业绩，所以鲁班成为技巧的同义词、标志词和象征性的符号。而鲁班文化更值得认真研究、大力弘扬，这有着重要历史、理论和现实意义。鲁班文化是中国传统文化的亮点，鲁班文化的实质是积极进取、勇于创新，鲁班文化对中华民族性格有深远持久的影响。今天弘扬鲁班文化既是作为实现科教兴国和民族复兴的强大动力，也是为中华儿女树立勤劳智慧和自主创新的榜样。

复习思考题

1. 列举鲁班的发明有哪些？从中我们可以学习到鲁班的什么精神？
2. 以鲁班为例阐述创新人格的重要性。
3. 阐述鲁班文化的现代价值。作为未来的建筑人，我们应该向鲁班学习什么？

扩展阅读

1. 中国鲁班网 . http：//www. lubanyj. com.
2. 鲁班年表初拟 . http：//www. chinamozi. net/news _ view. asp? id＝1648.
3. 中国鲁班文化研究 . http：//www. luban－e. cn.
4. 国学网 . http：//www. guoxue. com.